JN252010

産業集積のネットワークとイノベーション

與倉 豊 著

古今書院

目　次

第1章　産業集積論の理論的・実証的課題

I　産業集積をめぐる新しい議論

　本書の主題は，産業集積の成長・発展メカニズムを理論的かつ実証的に解明することにある．産業集積は，経済学や経済地理学といった学問の専門の別を超えて注目を集めている研究分野である．主流派の経済学では 2008 年に「貿易のパターンと経済活動の立地に関する分析の功績」によりノーベル経済学賞を受賞した Paul Krugman を始めとして，Anthony Venables や藤田昌久などの経済学者たちが，産業集積の成長・発展メカニズムの解明に精力的に取り組んでいる．

　一方，日本の経済地理学の動向に目を向けると，小田（2004, 2012）や藤川（1999），松原（2006），山本（2005）のように，Marshall（1890）や Weber（1909）といった古典的な集積論者の成果を再評価し，今日的な課題にも適応可能な論点を抽出した上で，欧米の「新しい集積論」から学ぼうとする姿勢がみられる．上記の論者達の産業集積研究に対する態度は，関連諸分野の研究蓄積までサーベイされている点でバランスがとれている．そこで，本章ではそのような論者達の研究姿勢に倣い，経済学の中で特に注目を浴びている研究分野の1つである，新しい空間経済学[1] に着目していく．そして，新しい空間経済学をめぐる主流派経済学および地理学の議論を整理し関係づけていくことにより，産業集積論のより一層の深化を狙っていくこと，これが本章の目的となる．

　新しい空間経済学では産業集積の概念的な理論を演繹的に構築することを目的としている．特に近年は，Marshall（1890）が指摘する3種類の外部経済（①熟練労働者のプールの存在，②サプライヤーと顧客との近接性に基づく連関効

果,③情報・技術のスピルオーバー)を理論軸とし,厳密な数理モデルを用いることによって独自の集積論が形成されている[2]. それゆえミクロ経済学の利潤最大化および一般均衡論的アプローチといった手法に免疫がないと,新しい空間経済学の内実を理解することは困難である. また,経済地理学では計量革命の終わりとともに,実地研究が偏重されるようになり,近代経済学と袂を分かつこととなった. Clark (1998) や Amin and Thrift (2000) および Barnes (2004) にみられるように,経済地理学者のなかには経済学,特に新古典派経済学のアプローチに対して不信感を抱いているものも多い.

本章ではそのような現状に鑑み,Ⅱ節で新しい空間経済学の成果を概観した上で,Ⅲ節において主流派経済学および経済地理学からの評価を整理し,互いの研究成果の接合が両学にとって利するところが少なくないことを示していく. そしてⅣ節において今後の検討課題を示し,最後に本書で採用する方法論の特徴について述べる.

Ⅱ　新しい空間経済学の概要

1999 年に出版された,藤田昌久,Paul Krugman, Anthony Venables といった新しい空間経済学の論者 3 人によるテキスト『空間経済学 (The Spatial Economy)』の第 1 章では,新しい空間経済学が採用する独自の分析手法として,① Dixit-Stiglitz 型の独占的競争モデル (Dixit and Stiglitz, 1977)[3],② Iceberg (氷塊) 型の輸送費用 (Samuelson, 1952)[4],③コンピュータを用いたシミュレーションによる分析,④企業や労働者 (消費者) といった生産要素の移動性を組み込んだ動学モデル,以上 4 点があげられている (Fujita, Krugman and Venables, 1999, pp.6-9).

『空間経済学』では,2 財 (農業品と工業品) - 2 地域 (地域 1 と地域 2) - 1 生産要素 (労働者) の中心-周辺モデルを基礎モデルとし,1 つ 1 つ現実離れした仮定を緩めることで多様なモデルへの拡張を行っており,この中心-周辺モデルこそが斯学の根幹であるといえる[5].

　この中心－周辺モデルでは収穫一定のもとにある農業部門の労働者は地域間を移動できないが，収穫逓増のもとにある工業部門労働者は移動できるといったように生産要素間で異なる移動性を仮定している．それによって，2地域が工業化した中心地域もしくは農業に特化した周辺地域にどのように収束していくかを示すことが可能となっている．

　このモデルでは実質賃金の低い地域から，高い地域の方へ工業労働者が移動することにより，その移動先の市場が大きくなり（したがってその地域の実質賃金も増加し），そのことがさらなる工業労働者の移動を招くことになる．すなわち，一部の工業労働者の移動が引き金となって，自己増殖的な集積プロセスが働くことになる．

　このような経済活動の空間的集中を促進させる力を新しい空間経済学では集積力と名付けているが，そのような力に反対する分散力という概念も存在する．分散力を生み出すものは，移動不可能な農業労働者の存在であり，集積力によって引き起こされる集積プロセスは2地域の実質賃金が等しくなった時点で収束することになる．新しい空間経済学では，そのような収束点を均衡点と呼ぶ[6]．この均衡点が1つなのか複数あるのか，またその均衡点では工業労働者が1地域に集積しているのか，それとも分散しているのかに関しては，輸送費や財の代替の弾力性，および工業品への支出割合といった，モデルにおけるパラメータの初期値（すなわち歴史的初期条件）に大きく依存することになる．

　このように中心－周辺モデルでは，一般均衡論においてモデル化が困難であった，①企業レベルにおける規模の経済性，②不完全競争，③輸送費の導入を可能とし，集積力と分散力の相互作用によって空間的パターンが自己組織的に発現していくメカニズムを明らかにした（Krugman, 2000, pp.50-51; Fujita and Krugman, 2004, p.142）．

　次節では，以上のような新しい空間経済学の成果に対して，主流派経済学および経済地理学からどのような評価が与えられてきたのかを整理していくことによって，斯学が有する可能性について言及していくことにする．

Ⅲ　新しい空間経済学に対する評価

　新しい空間経済学の論者と経済地理学者は次のような問題意識を共有しているといえる．両者とも経済活動において，集積が重要な役割を果たしていると認識している．一方，両者は方法論において大きな違いを有している．すなわち，前者が近代経済学に基づいた演繹的な論証を用いるのに対し，後者は「緊密な対話（Clark, 1998, pp.78-82）」を基にした帰納的な論証を重視しているといえる（Marchionni, 2004, p.1741）．

　これまでも，経済地理学者によって新しい空間経済学への批判的な検討が数多くなされてきた（Johnston, 1992; Hoare,1992; Berry, 1999 など）．しかしながら，それら批判は新しい空間経済学の論者からほとんど黙殺されているのが実状である．Sjöberg and Sjöholm（2002）はその理由の1つとして，経済地理学者からの批判の多くが両学の異同を強調するだけの凡庸な主張に留まっているからであると述べている（p.471）．その主張は正しい．そこで本節においては，経済地理学者および主流派の理論経済学の論者[7]による新しい空間経済学に対しての批判的検討のなかから，両学の発展的な可能性を探ろうとしているものに焦点を当て，新しい空間経済学が有する課題を検討する上での論点を抽出していく．

1.　新しい空間経済学に対する経済地理学からの評価

　Krugman は 1990 年代半ばに自身の研究領域を「新しい経済地理学」（the New Economic Geography）と表すようになり，その一部として（古い）経済地理学があるかのように示唆したことから（水野，2009，pp.19-20），経済地理学者もその成果についてさまざまな反応を見せている．

　新しい空間経済学の誕生と，経済学者による地理への関心の深まりを好意的に受け取りながらも，経済地理学者の立場から新しい空間経済学の有する問題点と課題を指摘した先駆的なレビュー論文として，Martin and Sunley（1996）の議論を挙げることができる．

　Martin と Sunley はその議論の中で，新しい空間経済学と経済地理学の成果とを融合させることが相互に便益をもたらすものであると繰り返し述べ，両学の交流を望ましいものと考えている（Martin and Sunley, 1996, p.261, p.268, p.285）．まず彼らは Krugman による新しい空間経済学と，Scott や Storper といった経済地理学者を中心に理論的進展が図られた新しい産業地理学[8]との比較検討を行い，両者とも Marshall の外部性[9]に重きを置いているものの，外部経済や取引コストの解釈が異なっていると指摘している．そのことを踏まえて Martin と Sunley は，新しい空間経済学の重要な成果の1つとして，外部経済と地域的な産業集積を交易（trade）と結びつけることにより，新しい産業地理学で欠落していた理論を補強したことを挙げている．また，地理学で扱われてこなかった不完全競争や金銭的外部性をモデル化した点も評価している．

　一方，新しい空間経済学が有する理論的な問題点として，第1にモデル化しやすい外部性にのみ注目し，技術的なスピルオーバーに対して関心が払われていないことを挙げている[10]．また，2つめの問題点として，新しい空間経済学が指摘するところの「歴史的な経路依存プロセス」や，「ロックイン効果」の概念に対して疑問を投げかけている．地理学において「慣性（inertia）」や「埋め込み（embeddedness）」といった議論はすでに存在しており，Krugman が言うところのロックイン効果や自己増殖的発展といった概念は新しいものではないと述べている．また，Krugman がロックイン効果の要因を，Marshall の外部性の1つである連関効果のみに限定し，局地的な制度や社会的，文化的構造といったモデル化しにくい要素を考慮していない点を批判している[11]．すなわち，Martin と Sunley は，新しい空間経済学の定義する「歴史的な経路依存プロセス」やロックイン効果による集積要因の説明よりも，経済地理学で議論されてきたフレキシブルな専門化や制度的厚みといった概念の方がより説得的であると考えている．

　さらに，Martin と Sunley は新しい空間経済学において，どのような地理的スケールにおいて局地的な外部経済や集積のプロセスが働いているのか明示されていないとし，経済学者がスケールについて無関心であることを強く批判している．これが3つめの問題点である[12]．

　以上のように Martin と Sunley は，新しい空間経済学が依拠する方法論にいくつか大きな欠陥があることを指摘しながらも，経済学と経済地理学との間に共通の研究領域があることを示唆している点が興味深い．しかしながら，Martin と Sunley のように新しい空間経済学に対して好意的な立場から批判的検討を加えたものは，以降少なくなっていく．その代わりに経済地理学者による新しい空間経済学の評価は，方法論の問題点を強調するものが主流となっていった．

　Clark（1998）は経済学と経済地理学が依拠する方法論の違いを整理することにより，社会科学で採るべき分析方法を提示した．Clark は「様式化された事実（stylized facts）」と「緊密な対話（close dialogue）」という 2 つの方法論の関係を次のように論じている．主流派経済学が依拠する様式化された事実の追求というアプローチと，多くの経済地理学者が得意としている経験的観察，特に緊密な対話に基づいた多様性を解明するアプローチにはそれぞれ異なる利点が存在する．社会科学の発展のためには，片方のアプローチだけでは不十分であり，両方のアプローチを相互に採っていくことが重要であるとする（Clark, 1998, pp.76-78）．

　そして，Clark は Krugman の研究スタイルを，緊密な対話をないがしろにして様式化された事実のみを追求する分析方法であるとし，強く批判している．経済の多様性を無視し，単純化，もしくは理想化されたモデルの追求に傾倒している Krugman の研究に対して，Clark はかなり懐疑的な立場をとっているといえる．また Clark は，Krugman が強調する収穫逓増が実際には経済に重大な影響をもっていないのではないかと疑問を投げかけている．

　このように新しい空間経済学の方法論に対して，経済地理学者の多くが戸惑いを持っていることを受けて，地理学では Marchionni（2004）のように新しい空間経済学と経済地理学とが交流する必要はないと主張する向きもでてきている．その論拠は次のようなものとなっている．Marchionni は，新しい空間経済学の方法論を批判する経済地理学者の多くが，「リアリズム」を狭義的にとらえていると批判する．すなわち，経済地理学者の要望通りに，「なぜ他の場所でなく，そこの場所で集積が起こるのか」というような，文脈特殊的な集積の

ケースを数理モデルで説明しようとすると，新しい空間経済学が有している一般性を減じさせることになるとしている（Marchionni, 2004, p.1746）.

そして，Marchionni は両学問の方法論における差異を次のように検討している．両学問とも集積という現実世界の現象を明らかにするという点で共通の目的をもっているものの，新しい空間経済学では，なぜ集積が今も持続しているのかという「集積に共通したメカニズム」の解明に力が注がれている．一方，経済地理学では「文脈特殊的，地域特殊的」な集積を説明することに重点が置かれているとする(p.1749). Marchionni は，扱う分析ツールが両学問間で異なっている実状に鑑みると，2 つのアプローチを 1 つに統合する必要はないと論じている.

経済地理学者の多くは新しい空間経済学に対して不満を多く持っているように思われる．その代表者である Martin は前述したように 1996 年の論考(Martin and Sunley, 1996）では新しい空間経済学に対して好意的であったが，1999 年の論考（Martin, 1999）ではかなり厳しい評価を与えている．Martin（1999）は経済学で新しく勃興した 2 つの潮流として「新しい空間経済学」と「新しい成長論」をとりあげ，その課題をまとめている．Martin はその議論のなかで，地理学と新しい空間経済学との相互交流の可能性を否定し，経済学者との交流は非主流派の経済学（制度派経済学やポストケインジアン）との間だけにとどめるべきであるとする [13]．その理由を次のように述べている．すなわち，数学的モデル化の構築に傾倒し，モデルを裏付ける実証分析を欠いている空間経済学は「リアリズム」を犠牲にしており，経済地理学の業績の方が現実を表現できる豊かな地図を描いていると主張している（Martin, 1999, p.83） [14].

また，Olsen（2002）によると，新しい空間経済学に対する経済地理学からの批判は次の 3 種類に大別できるとする．1 つには，新しい空間経済学では，Marshall の 3 つの外部経済のなかで，労働市場のプールの存在と，知識のスピルオーバーに関する外部性を無視している点である．第 2 に，空間スケールの扱い方が雑な点をあげる．第 3 に，数式モデルへの極端な傾倒である．Olsen によると以上の 3 つの問題点は帰するところ，新しい空間経済学が採る分析単位が，既存の経済学のそれと変わらない点にあると主張している．すなわち，

新しい空間経済学では，「企業」，「産業」，「経済」の3つを暗黙的に分析単位としており，それらの定義がモデル化のために単純化されていると主張する．

　一方，フィールドワークによる経験的な研究成果から，新しい空間経済学の方法論の限界を指摘した研究もある（Pinch and Henry, 1999）．Pinch と Henry は，イギリスのモータースポーツバレー[15]を事例対象として，地域経済の成長要因を記述的にまとめている．Pinch と Henry は，「歴史的な偶然性」と「外部的な規模の経済（累積的な因果関係により生み出される地域レベルの収穫逓増）」という，新しい空間経済学における局地的な産業発展を説明する上での重要な概念が，事例対象地域の発展を部分的にしか説明できていないと主張する．そして，Storper が掲げた「取引されない相互依存性（Storper, 1997）」の方が決定的に重要な役割を果たしており，説得力を有すると主張している．

　このように，経済地理学者のなかにも新しい空間経済学に対して好意的な評価をもつものもいるがそれは少数であり，多くは懐疑的な立場をとっているといえる．また，たとえ新しい空間経済学に対して好意的な評価を持っていたとしても，地理学との方法論の違いを理由に，両者の相互交流を有益なものとみなすことはほとんどなかったといえる．

2.　新しい空間経済学に対する経済学からの評価

　上記のような経済地理学からの批判に反して，経済学では，新しい空間経済学の誕生を経済学の研究フロンティアを押し広げるものとして高く評価しているものが多い．

　佐藤ほか（2011, p.3）は新しい空間経済学の根幹をなすものとして Krugman（1980, 1991a）が開拓した新貿易理論[16]と新経済地理学の2つを挙げ，輸送費の存在，規模の経済および不完全競争が，企業の立地を左右する点に特徴があるとする．そして「新貿易理論では，労働は国際間を移動できないと仮定するが，新経済地理学では，労働は地域間を自由に移動できると仮定する．この違いにより，新貿易理論は人口移動が比較的生じにくい国際経済を分析するのに適しており，新経済地理学は国内の地域経済を扱うのに適していると考

えられる」と指摘する.

　Ottaviano and Puga（1998）は，新しい空間経済学では，既存の開発経済学の成果を中心－周辺の発現モデルとして定式化したことが画期的であったとする．すなわち，ペルーの「成長の極」，Myrdal の「循環的・累積的因果関係論」，Hirschman の「連関効果」の概念を援用することにより，同様の要素賦存を有する国々が，産業が集積した中心地域と，産業がない周辺地域へと分岐することをモデルで示すことができるようになったと指摘している．そして Ottaviano と Puga は，新しい空間経済学に求められる今後の方向性を，以下のように述べている．まずモデルが現実のデータと整合的であるかどうか実証研究による裏付けが必要であると指摘する．また新しい空間経済学における，Dixit-Stiglitz 型の独占的競争の生産関数や輸送費および市場構造についても修正が必要であるとする．そのほかに戦略的な企業行動，多国籍企業の扱い方，完全雇用の仮定の修正，伝統的な産業と異なる立地決定を持ちうる情報技術セクターの取り扱い，政策的含意などを今後の課題としている．

　また Schmutzler（1999）は，新しい空間経済学において拡張可能な点を次のようにまとめた．すなわち，①混雑費用の導入，②土地や住宅部門の導入，③周辺地域のアメニティを求めて集積地帯から退出する可能性，④多数地域モデル，⑤自己実現的な期待の存在，⑥ロックイン効果の存在，⑦中間財の導入の7点を挙げている．また Neary（2001）も，新しい空間経済学で示唆された結果を，個人の需要曲線や企業の供給曲線を描くことにより論理的に導出し新たな知見を抽出している．

　このように経済学者による新しい空間経済学の評価は概ね好意的なものであり，新しい空間経済学のモデルの拡張を思案している．しかしながら，新しい空間経済学の方法論に対する批判的な検討が，経済学からも多く出されている[17]．

　たとえば Parr（2002）および Parr et al.（2002）では，新しい空間経済学において，範囲の経済やネットワーク外部性といった集積要因が決定的に欠如していると強く批判している．また McCann（2005）は輸送費用が距離に対して指数関数的に増加するという Krugman の Iceberg 型輸送費の定義が，現実の輸

送費と大きく乖離しているとする．そして，そのような誤った仮定に基づく新しい空間経済学のモデルは実証分析や政策提言において限界があると批判している．

　さらに Henderson（2004）も，中心－周辺モデルを都市に応用した Fujita, Krugman and Mori（1999）などの諸研究を概観した上で，都市規模が大きくなるほど生活コストが減少するとモデルでは予測されるが，データからそのような事実は得られないこと（Henderson, 2004, p.293），デバロッパーなどの土地開発に関わる市場の要素を含んでいないこと（Henderson, 2004, p.295）などを大きな問題点としてあげている．

　また，新しい空間経済学が EU への政策的含意において，経済統合によって中心－周辺の2局化が進展するとの立場を採ることに対して，Dluhosch（2000）はそれを強く批判している．Dluhosch はアメリカとイギリスにおける工業の歴史の実際を概観したうえで，次のように中心－周辺モデルと現実との乖離を指摘している．中心－周辺モデルでは財の代替の弾力性が一定であると仮定するので，たとえ市場が大きくなったとしても費用競争は起きない．しかし実際は，経済統合によって費用競争が起きているとする（Dluhosch, 2000, pp.75-76）．また市場の統合により，工程間分業が進展し，各企業の技術の特化も進むとする．そのような技術特化の進展により，比較優位を求めての地域的な立地の分散が進行すると主張している．Dluhosh はこのような現象を，中心－周辺モデルにおける「自国市場効果（home market effect）」と対比させるように，「域外市場効果（foreign market effect）」と名付けており（Dluhosch, 2000, p.84），周辺地域においても衰退ではなく，累積的な成長プロセスが進行しうると主張している．

　さらに Dluhosch は，輸送コスト以外の距離のコストの重要性についても言及している．近年は空間的に離れた経済活動の調整コストが減少していること，特にコミュニケーションコストの減少が，距離のコストの減少に寄与していると指摘している[18]（Dluhosch, 2000, pp.115-128）．

　これまでみてきた経済学者による論考の中には，新しい空間経済学と地理学との交流を思案したものはなかった．最後に，地理学者との交流を進めるべき

であると明示的に述べている，新しい空間経済学のモデルに混雑費用を導入させたオランダの研究グループの議論を紹介する[19]．Brakman and Garretsen（2003）は，地理学の成果を生かすことにより，新しい空間経済学のフロンティアを拡張すべきであると主張している．彼らは，新しい空間経済学において求められる課題を次のように羅列的に6点述べている．第1に，生産要素である「ヒト」の移動に関する議論の充実，第2に輸送コストの定義の改善，第3に全てのスケールにおいて働く立地要因と，一部のスケールのみにおいて影響する立地要因とを厳格に峻別すべきであるとする．そして第4に「制度」が果たす役割についての再考を，第5に企業による戦略的行動概念の導入を求め，最後に新しい空間経済学の成果を政策に応用する必要があるとしている．

　以上のように経済学者のなかにおいても，経済地理学と新しい空間経済学との間に相互補完的な関係性が築かれうることが指摘されている．他方，次節で述べるように，地理学者も経済学者との交流をあきらめたわけではない．地理学者の間でも，自己批判的に地理学の研究領域を定置し，新しい空間経済学との交流の可能性が検討されている．

3.　経済地理学と経済学との相互交流の可能性

　経済学と経済地理学との交流において，世紀の変わり目に大きな契機が訪れた．すなわち，2000年の *The Oxford Handbook of Economic Geography* の刊行（Clark *et al.*, 2000）と，2001年における *The Journal of Economic Geography* の創刊である．*The Oxford Handbook of Economic Geography* では，同一のトピックに対し，経済学者と経済地理学者がそれぞれ専門の立場から論じるという形式をとるという新しい試みがなされている．また，*The Journal of Economic Geography* は経済学と経済地理学の両方から編集者および編集委員を迎え，両学のアカデミックな交流の場を築くこととなった（Duranton and Rodríguez-Pose, 2005, p.1697）．両学の交流の可能性についてはそれぞれの立場から議論されており（Phelps and Ozawa, 2003; Overman, 2004），*Environment and Plannning A* の2005年11号では，経済学と経済地理学との交流（対話）についての特集号も組ま

れている[20]．その特集号では経済学者と経済地理学者の 2 人のゲストエディ
ターによって，次のような興味深い指摘がなされている．すなわち，Duranton
and Rodríguez-Pose（2005）は，経済学と経済地理学とも互いの研究法につい
て無理解であることこそが，両学の相互交流を阻むものであると主張してい
る[21]．

　上記のような両学の間の障害を踏まえた上で，この節では，新しい空間経済
学と地理学とが交流することによりどのような利点があるのか，また専門の異
なる学問同士において交流そのものが可能であるのかを，Sjöberg and Sjöholm
（2002）による議論をもとに解き明かしていく．ただし，Sjöberg と Sjöholm は
経済学と経済地理学とが融合できないという考え方を真っ向から否定してはい
ない点に注意する必要がある．彼らは，両学の方法論の違いに焦点を当てるだ
けでは発展的な議論が生まれないとし，両学が交流することにより刺激を与え
あう関係が望ましく，またそのような関係が築かれることは不可能ではないと
主張しているのである（Sjöberg and Sjöholm, 2002, pp.468-472）．

　新しい空間経済学に対する Sjöberg と Sjöholm の評価は，既存研究における
それと大きく違わない．彼らは新しい空間経済学の評価すべき点として，①累
積的因果関係や正の輸送費といった主流派経済学が取り扱えなかった現象を，
経済学の議論の俎上に乗せることができたこと，②同程度の要素賦存を有して
いる国家間で，産業内貿易が存在することを説明できるようになったことの 2
点をあげている．

　また問題点として①モデル化しづらいという理由で知識のスピルオーバーを
分析対象から外していること，②現実とかけ離れた Iceberg 型の輸送費の仮定，
③戦略的な企業行動の欠落，④不十分な動学性の扱い方，⑤不完全競争のなか
で独占的競争しか扱われておらず，寡占競争が含まれていないことの 5 点をあ
げた．

　しかし彼らは，Krugman の理論が上記のような問題点を有していても，学問
的魅力を失っていないと主張する．その論拠としてまず，Perrons（2001）の批
判的な議論[22]を引用し，Krugman の新しい空間経済学と経済地理学との間に
共通性があることを主張している．すなわち両学が，因果関係的な発展を引き

起こすメカニズムの解明を目的としている点，また経路依存性とロックイン効果の重要性を認識している点を共通点として見いだすことができるとする[23].

そして，そのような共通点を生かすことにより，地理学は新しい空間経済学に対して新たな視点を提供できると主張する．彼らは地理学が果たし得る役割として，①新しい空間経済学における動学性の概念[24]を発展させること，②知識のスピルオーバーが集積に果たす効果の解明[25]の2点をあげている．

IV　新しい空間経済学の課題

本章では，経済学者によって理論的な構築が進められた新しい空間経済学の成果を概観し，その新分野が射程とする研究領域と今後の可能性について，経済学者および経済地理学者による論考を整理しながら検討してきた．本章の考察をまとめると以下のようになる．

第1に，II節でみたように新しい空間経済学では厳密な数理モデルの構築により，従来の経済学の枠組では分析不可能であった現象を取り上げることができ，新たな知見を導き出すことに成功している．すなわち，新しい空間経済学では，相反する「集積力」と「分散力」の2つの力が歴史的経路依存性の制約の下で相殺し，自己組織化した空間パターンが発現することを明らかにすることができた．このことから，新しい空間経済学はミクロ経済学的裏付けや一般均衡理論の枠組が欠落していた旧来の都市経済学や地域経済学を補完するアプローチを提供しているといえる．

第2に，III節では新しい空間経済学に関する既存研究のサーベイによって，新しい空間経済学が有する問題点を整理し，経済地理学と新しい空間経済学の交流の可能性を探っていった．専門が異なる学問間の交流における障壁は，経済地理学における理論的，実証的関心と，新しい空間経済学のそれとの間に大きな隔たりがあったことに帰することができよう．しかしながら，Sjöberg and Sjöholm（2002）の議論でみたように，地理学独自の視点が新しい空間経済学の欠点を補完することが明らかとなり，また共通の研究領域を定置することで，

両学との間に相互補完的な関係が構築しうることをみた.

　最後に，以上の考察を踏まえた上で今後の展望について述べることにする.
新しい空間経済学では数理モデルの構築とその拡張化に腐心する一方で，実証
分析による理論モデルの裏付けが決定的に欠落していたと結論づけることがで
きる. 事実，その学の創設者である Krugman 自身が，モデルの計量的な実証
研究の少なさ [26] とその限界を認めている（Krugman, 1998）. その一方で近年,
藤田・久武（1999）や内閣府政策統括官（2003），園部・大塚（2004），山村
（2004）のように，我が国においても「集積の経済」に焦点を当てた実証研究
が生みだされつつある. 上記のような先行研究においては，都市経済学や地域
経済学で培われてきた計量経済学的なアプローチを踏襲した分析がなされてい
る [27]. 「集積の経済」は新しい空間経済学の鍵概念の 1 つであり，それら既往
研究の成果は新しい空間経済学の実証研究が向かうべき 1 つの方向を提示して
いると考えられる. しかしながら，それら実証分析で採用されている分析単位
や空間スケールは，地理学の観点からみるとかなり恣意的で説得力を持ちえな
いものとなっているといえる. 経済地理学の成果が役立つのはまさにそこにお
いてであり，実証するにふさわしい分析スケールについて議論を詰めていくこ
とは意義がある. 経済地理学と経済学との間で共通認識は成立しないという偏
見を捨て，両学の間の相互交流により「正のフィードバック」が発生していく
ことが望まれる.

V　本書の方法論的特徴と構成

　以上，産業集積の研究潮流の 1 つである新しい空間経済学の成果と課題を検
討してきた. 新しい空間経済学は，産業集積の発展・成長メカニズムの理論化
に成功したものとして評価できる. しかしながら筆者は，それらメカニズムが,
産業集積内で発生する外部性によってのみ説明されていることに満足しない.
むしろ，産業集積外とのさまざまな関係性が，どのように産業集積内の発展・
成長に対して影響を与えているのかについて，興味を惹かれる. それら課題を

克服するために，本書では「ネットワーク」と「イノベーション」の2つの観点を導入する．

　まず，第2章では，ネットワークを鍵概念として，産業集積内のみならず，産業集積外とのさまざまな関係性へアプローチを試みる研究蓄積をみる．そして第3章では，ネットワークが制度として機能し，企業レベルもしくは地域レベルでイノベーションが生成されるメカニズムを考察し，本書の理論的枠組を完成させる．

　上記の観点からの理論研究を通じて，第4章以降では，関連主体へのインタビュー調査や実地調査による実態把握とともに，社会ネットワーク分析や共分散構造分析など統計データ分析を中心とした実証研究を行う．

　第4章と第5章では経済産業省の「地域新生コンソーシアム研究開発事業」を事例に，共同研究開発の参加主体とその成果に関する資料をもとに，主体間のネットワークと地域イノベーションとの関連性について検証する．第4章では共同研究開発ネットワークの実証研究として，イノベーションに関わる組織間の知識フローに着目し，関係構造と組織のパフォーマンスとの関連性を分析する．産業集積地域における産（企業）・学（大学・高専）・公（公設試験研究機関）の共同研究への参加組織を分析対象とし，研究テーマを共有する組織間の知識フローを，社会ネットワーク分析を用いて把握し，参加主体の構造的位置を定量的に検討する．なお，本書の分析視角の新しさは，既存の社会ネットワーク分析の枠組に，集積内と集積外概念といった空間的次元を導入している点にある．また第5章では，都市経済学や地域経済学における「集積の経済」を用いたアプローチに着目し，産業集積およびネットワークによって生み出される外部性と，地域のパフォーマンスとの因果関係について考察する．その際には，集積内・集積外概念や，動学的な外部性概念を導入することによって，産業集積地域における知識や情報の「歴史的」蓄積がイノベーションをもたらし，「現在」の産業発展を促す源泉となっているのか検討する．

　第6章から第8章では，産業集積論で新たに提唱されている「テンポラリークラスター」の役割を検証する．第6章では長野県諏訪地域における産業見本市を事例に，地方開催型の産業見本市で構築されるネットワークと，既存の産

業集積の高度化との関連性について検討する．第7章では静岡県浜松地域における勉強会や異業種交流会で構築されたネットワークに着目し，そのパフォーマンスを明らかにする．第8章では九州半導体産業における国際会議の開催やビジネスマッチング事業への取り組みを分析し，企業間の多様なネットワークの形成過程について明らかにする．

　第9章と第10章では，会社年鑑や企業別外資導入総覧といった刊行資料を基に，主体間のネットワークを把握する．第9章では，製造業上場企業の複数事業所配置に関する資料を用いて，企業内に構築されたネットワークに着目し，日本の主要都市の拠点性と都市間結合を動態的に把握する．そして第10章では，日本企業による外資導入の実績に関する資料を用いて，イノベーションに寄与するグローバルな企業間の知識結合とネットワーク形成の状況を明らかにする．

　第11章では，本書の成果を整理し，産業集積，ネットワーク，イノベーションに関わるさまざまな主体への含意を提示した上で，残された課題に言及し本書を締めくくることとする．

注

1) 英語圏では‘new economic geography’や‘geographical economics’また‘spatial economics’といった名称で呼ばれている．一方，日本においては「新しい経済地理学」や「新経済地理学」といった名称で呼ばれることが多いが，その学の創設者の一人である藤田昌久は「新しい空間経済学」と訳している（藤田，1996，p.89，2003，pp.255-256）．

2) しかし，後でみるようにMartin（1999）では，新しい空間経済学を地域科学の焼き直しにすぎないと批判しており，その学の独自性について懐疑的である．

3) このモデルでは複数の差別化された財からなる工業品の消費量に関して，CES型（Constant Elasticity of Substitution: 代替弾力性が一定）の効用関数が定義されている．この仮定では，多様な（variety バラエティ）財を用いることによって効用が増加すると考え，工業品の消費において多様な財が少量ずつ選好されることになる．

4) Iceberg（氷塊）型の輸送費用は，交易される財を氷塊に見立て，財が出発点から到着点へと輸送される間に一定の割合が融ける（消費される）と仮定することに

よって，輸送費用に関して個別にモデル化をする必要がなくなり，解析処理がやりやすいというメリットがある．Samuelson（1952）では空間の連続性が想定されていなかったが，空間経済学は地理的な距離概念を導入し，輸送費用が距離に対して指数関数的に増加するモデルを提示している．

5）生産関数において企業レベルの収穫逓増を仮定し，ミクロ経済学的な基礎付けがされた中心－周辺モデルについては，Brakman *et al.*（2001），今川（2003），高橋（2003），與倉（2013a）などによる紹介が詳しい．なお，中心－周辺モデルは Krugman（1991b）で用いられた地理的集中モデルを始祖とする．Krugman（1991b）に基づいて地理的集中モデルを解説したものとしては，鈴木（2000）および山本（2000）を挙げることができる．

6）新しい空間経済学では均衡点として，安定均衡と不安定均衡の 2 種類が存在する．安定均衡では均衡点からの乖離が起きても（工業従業員の割合が一部増減しても），同じ均衡点に戻る必然性を有している．一方，不安定均衡では均衡点から少し乖離が起きると，集積プロセスが働き，片方の地域に全工業が集中してしまう．

7）本章では，主流派の理論経済学の論者を経済学者とよんでいる．そのなかで，特に新しい空間経済学のアプローチを採用しているものを，新しい空間経済学の論者と位置付けている．

8）Scott and Storper（1987）や Scott（1988）といった経済地理学者によって提起された「新しい産業地理学」もしくは「新産業空間論」の成果と課題については友澤（2000）および松原（2006）が詳しい．

9）Krugman（2000）によると，「Marshall の外部経済」は①熟練労働者のプールの存在，②特定サービスの供給，③情報・技術のスピルオーバーの 3 点に集約される．一方，山本（2000，pp.15-16）は「Marshall が論じたことは，産業の局地化が発生したならば，その局地化現象が持続する理由であったのに対して，Krugman が示しているのは局地化が発生するメカニズムにすぎない」とし，Krugman の議論と Marshall の議論とのズレを指摘し，Krugman のモデルにおける Marshall の外部経済の取り上げ方を批判している．

10）なお，Baldwin *et al.*（2003）の chapter.7 では技術のスピルオーバーのモデル化が試みられている．また，Fujita and Thisee（2002）の chapter.11 では R&D 部門の導入によって中心－周辺モデルを拡充している．

11）Dymski（1996）も次のように国家や政府の役割の重要性を指摘している．Dymski は，

Scott（1993）による南カリフォルニアの地域経済における NASA の需要の重要性
を指摘した論考を引用し，経済活動の集積において政府が果たしている役割が少
なくないことを主張した．そして，Krugman のモデルのようなミクロ的な行動の
基礎付けからは，地域レベルのマクロ的な構造を完全に把握することはできない
と断じている．

12）新しい空間経済学における分析スケールの問題に対しては，Brakman and
　　Garretsen（2003）や Overman（2004）でも繰り返し指摘されており，新しい空間経
　　済学が有する大きな課題の1つであるといえる．

13）この点において Martin は，経済学者と地理学者との交流についてその一切を
　　否定した Amin and Thrift（2000）と異なる立場を採っていると言える（Martin and
　　Sunley, 2001）．

14）この批判に対して，水野（2009, p.20）は経済地理学における理論的研究を狭め
　　ることにつながるとし，主流派経済学とは異なる数学的モデリングの可能性に目
　　を向けるべきであると主張する．

15）モータースポーツ産業の関連企業の集積地を指し，その名称はシリコンバレー
　　になぞらえたものである．

16）収穫一定と完全競争を仮定したリカードやヘクシャー・オリーンの伝統的貿易
　　理論では，生産技術や生産要素賦存量の差異による産業間貿易については説明す
　　るものの，先進諸国間で広く観察されるような，同様な要素賦存を有する国家間
　　での産業内貿易を説明することができなかった．新貿易理論では Dixit and Stiglitz
　　（1973）の分析枠組を用いて，収穫逓増および不完全競争を導入することで，その
　　限界を克服している．なお新貿易理論の先駆的な研究成果としては，Krugman（1979,
　　1980）および Helpman and Krugman（1985）がある．

17）地域科学系の立地論者の中に，新しい空間経済学が何ら「新しさ」を提供して
　　いないと批判する者も多いことが，既存研究で指摘されている（Isserman, 1996;
　　Martin,1999; Ottviano and Thisse, 2005）．Isserman（1996）では，そのような新し
　　い空間経済学に対して懐疑的な諸論考を整理している．Isserman は，新しい空間
　　経済学ではモデルにおける単純化の過程で多くの問題を残しているものの，Isard
　　（1956）以降の地域科学の成果に数理モデルを付加したものとして定置しており，
　　実証研究によって理論の補強が成されうると一定の評価を与えている（pp.43-46）．
　　また Ottaviano and Thisse（2005）も新しい空間経済学をめぐる経済地理学と主流派

経済学との論争を整理し，立地論に一般均衡論的枠組を導入した点は高く評価で
きると強く主張している（p.1708, p.1721）．

18）一方，新しい空間経済学の中心－周辺モデルに依拠し，その輸送コストを拡張
したものとしては，Peeters and Garretsen（2004）がある．なお，このように輸送
コストの重要性が低下しているとの主張は，地理学でもなされており，たとえば
Gertler（2004）は経済活動において，2地点間の距離で測られる「物理的近接性」
よりも，言語や文化的背景の類似による「文化的近接性」が重要となっていると
主張している．

19）この研究グループによって上梓された，新しい空間経済学のテキストである
Brakman *et al.*（2001）では，新しい空間経済学の成果が手際よく整理されている．

20）なお，経済学と経済地理学との交流の可能性についての議論の先駆けとして，
Antipodeの2001年2号ではAmin and Thrift（2000）への反論の特集号が組まれている．

21）同様の主張はPlummer and Sheppard（2001）でもなされている．Plummerと
Sheppardは，Amin and Thrift（2000）による質的（qualitative）研究に過度に重きを
置いた「地理学の文化論的転回」を強く批判し，計量的（quantitative）な把握の重
要性を主張している．

22）Perrons（2001）は「新しい空間経済学」と「経済地理学における文化論的転回」
を経済地理学における2つの新たな潮流であるとしている．Perronsは両アプロー
チとも企業を分析単位とすることにより地域全体の発展が分析対象として外され
ている点を指摘し，不均等発展の統合的な分析が十分されているとは言えないと
批判している．

23）先に挙げた *Environment and Plannning A* の経済学と経済地理学との交流に関する
特集号ではClarkが，金融市場における歴史的経路依存性の重要性を指摘した論稿
を寄せているが，そこではKrugman（1991b）の歴史的経路依存性を引用し，その
概念の修正が行われており，共通の研究領域を垣間見ることができる（Clark and
Wójcik, 2005, p.1772）．

24）SjöbergとSjöholmは，動学（dynamics）という用語が両学問間で異なる意味を指
していると指摘している．新しい空間経済学では，モデルがたとえ未発達であっ
たとしても，動学性を有していることを信じて疑わない．一方，経済地理学では
学習やイノベーションのような長い期間を経て醸成された環境こそ動学の本質で
あると考えていると指摘する．このように，局地的な企業が集積の形成に果たす

役割について，両学問間でコンセンサスが存在していない点こそ問題であると Sjöberg と Sjöholm は主張している.

25) Sjöberg と Sjöholm は地理学者が果たした大きな功績として，知識のスピルオーバーが異なる空間スケールで影響を与えていることを明らかにした点を挙げている.

26) Krugman は，新しい空間経済学の数理モデルの実証を行っている数少ない研究として Davis and Weinstein(1996)を挙げている(Krugman, 1998). Davis と Weinstein は，新しい空間経済学で提起された自国市場効果を，異なる分析スケールを用いて実証分析しており，OECD 加盟国を分析対象に国家スケールで分析した場合にはその効果が確認できなかったが（Davis and Weinstein, 1996），日本を事例に国家スケールより小さなスケールをとった場合にはその存在が確認できるという分析結果が得られている（Davis and Weinstein, 1999）. また，Brakman *et al.*（2004）では新しい空間経済学における検証可能な仮説の 1 つとして，「賃金が工業の中心地から距離減衰的であること」を提起している（p.262）. Brakman *et al.*（2004）では統合後の旧東ドイツと旧西ドイツにおける賃金構造の検証を行い，ドイツでは需要連関効果が局地的であり，距離の果たす役割が大きいといった知見が得られている.

27) そのような実証研究では Hoover（1937）が指摘した 3 種類の集積の経済（①大規模の経済，②地域的集中の経済，③都市化の経済）を理論軸としており，Glaeser *et al.*（1992）と Henderson *et al.*（1995）による，都市成長と集積の経済の因果関係モデルの拡張が 1 つの潮流となっている.

第2章　ネットワーク論の再構築

Ⅰ　ネットワークへの注目

　現在，ネットワークを鍵概念として，産業集積へのアプローチを試みる研究の蓄積が，欧米のみならず我が国においても進んでいる．産業集積地域における成長やイノベーションの源泉として，数多の研究者がネットワークを欠かせない概念として採用しており，学際的な研究の進展も図られつつある．

　しかしながら，ネットワーク概念そのものが指し示す分析領域は広範にわたるものであり，研究者間でコンセンサスは未だ存在していない．通信ネットワークや交通ネットワークのような物理的なインフラストラクチャーが存在するものから，人的ネットワークや企業間ネットワークのような容易に観察することが不可能な質的なものまでが，ネットワークの範疇に含まれてしまっている[1]．このようにネットワークは魅力的な概念ではあるものの，曖昧さを多く残しており，センシティブに扱わないと混乱した議論を招きかねない．そのような状況を筆者は，産業集積論の深化にとって有意義でないと考える．

　国内の経済地理学の動向に目を転ずると，ネットワークに関する実証分析が進められつつあるものの（松橋，2002，2004，2005；末吉・松橋，2005；山本・松橋，1999，2000など），欧米の「経済地理学の関係論的転回」や「関係性」概念に関連した理論面における研究（Bathelt, 2006; Bathelt and Glückler, 2003; Yeung, 2005）は，緒に就いたばかりであるといえる．

　そのような中で，水野（2007）は，特に知識の創造・流通におけるネットワークの役割に着目し，個人間や企業間に存在するさまざまな社会的関係の集合体を対象とする社会ネットワーク論の展開を整理している．水野はイノベーショ

ンを促すものとして，ネットワークを占めるアクターの多様性や流動性に光を当てている．そして，空間的次元が欠落している社会ネットワーク論を批判し，経済地理学からのネットワーク研究では，アクター間の「近接性」の導入が必要であると説いている．

　これに対して，本章では，組織間のM&Aや戦略的提携，コーポレントガバナンスなど，企業の境界が曖昧となっている現状を踏まえると，経済地理学的観点からもそれら新しい現象を分析するための枠組を構築することが肝要であると考えている[2]．そして，複雑かつ多様なネットワークの議論を整理する際には，アクターの種類を組織と都市に分け，ネットワークが占める空間的次元としてローカル，ノンローカル，グローバルの3つの空間スケールを定めて，ネットワークの形態に着目することが必要になると考える．

　そこで本章では，経済地理学や関連諸分野でこれまで扱われてきたネットワーク概念を紹介，検討することから始める．次節では，経営学や経済地理学におけるネットワークに関する2つのパースペクティブ（観点）を検討する．IIIでは，ネットワークの形態を構成要素と空間的次元との2つの観点から類型化することで，既存研究の整理を試みる．IVでは，経済地理学の関係論的転回と，ネットワークの中身・質に関する議論および社会ネットワーク分析を用いた実証研究の動向を検討し，Vにおいて今後の研究課題を述べる．

II　ネットワーク研究における2つのパースペクティブ

　Grabher and Powell（2004）は，社会科学全般におけるネットワークに関連した論稿46編を集めた論集のイントロダクションにおいて，ネットワーク研究には大きく2つのパースペクティブがあると述べている．

　すなわち，1つが個々のアクターの構造的な位置に着目する構造的パースペクティブである．このパースペクティブでは，アクターの活動が，その当該アクターの属性によって単純に決定されるものではなく，ネットワークの中における他のアクターとの関係によって決定されると考える．

　一方，もう 1 つのパースペクティブは，ネットワークが生起し，調整され，再結合され，崩壊するというプロセスにおいて，制度が果たす役割に着目するガバナンスパースペクティブである．このパースペクティブではアクター間の関係性の構造的側面には深入りせず，アクターが埋め込まれている制度や社会的文脈に焦点を置く（p.xii）．

　本章では，彼らによる 2 つのパースペクティブの整理を基に，ネットワーク論の潮流を概観し，既存のネットワーク研究が有する課題を検討していく．

1.　構造的パースペクティブ

　Granovetter（1973）は，アクター（個人）間の関係性（紐帯）の強弱に着目し，情報伝達に果たす弱い紐帯の役割を論じている．彼は大きなネットワークの中で，弱い紐帯の果たす役割を局所的なブリッジ機能（p.1364）と名付けている．これは，もしその紐帯が存在しなければ，他のアクターが情報を入手する際に，大きな余剰コストがかかることを意味する．その点で，弱い紐帯に強さがあると Granovetter は論じているのである．

　また Burt（1992）は，上記の Granovetter（1973）の議論を援用し，社会的構造において，仲介者としての位置がアクターに優位性を与えることを主張している．Burt は，相互に情報伝達などの関係性が欠落しているグループ間に存在しているギャップを「構造的空隙 structural hole」と定義し，グループ間を架橋するアクターが情報伝達において，決定的に重要な役割を果たすとする．そのようなアクターを Burt は「ブリッジ」と名付けており，貴重な情報の伝達において本質的に重要なものは，紐帯の弱さではなく，「構造的空隙」であると論じている．

　一方，Staber（2001）は，Piore and Sabel（1984）や，Granovetter（1985），Lash and Urry（1994）などの論考によって，1980 年以降，さまざまな形態の企業間の協働が観察されてきたとし，近年の関連諸分野における研究動向において経済活動が社会的ネットワークに埋め込まれているという考えが共通してみられるという．その上で Staber は，多くの研究者がイノベーションや地域発

展を促進させると思われるネットワークの「構造」[3] について驚くほど沈黙している点を批判している（p.537）．また，既存の議論では，ネットワークの存在が（構造と関係なく）協働を意味し，協働がイノベーションを導くという論理で展開されていることを問題点として指摘している．

　Staber は成功している産業地区（industrial district）におけるネットワーク構造の特徴を次のように3つ挙げて，上記の問題点を克服しようと試みている．それは，①ルースカップリング（緩やかな結びつき loose-coupling）[4]，②多様性（diversity），③冗長性／重複性（redundancy）である．それぞれの特徴は以下のように説明されている．

　第1に，ルースカップリングから構成されるネットワーク構造では，不確実性の高い環境のもとで，豊富な可能性のある解決策のプールをもち，生き残りも増える．Aldrich and Whetten（1981）が指摘するように，ネットワーク全体は安定的ではないものの，個々の要素はある特定の変化に対して自由に適応できる．緩やかな結びつきは誤りの繰り返しや介入の増加を減らし，それらの状況が存在しないときには相対的に非効率になることと引き替えに，ネットワークが新しい状況に適応できる可能性が高くなるとする（Staber, 2001, p.546）．

　第2に，組織が直面する環境や状況が流動的（flux）である場合には，新しい情報や資源へのアクセスは決定的なものとなるとし，ネットワークに参加するメンバーが多様であれば学習の利益が増すと主張する（pp.546-547）．

　第3に，冗長的・重複的なネットワークは，ある特定の関係が欠落する際に発生するネガティブな影響を軽減させることができるとし，多重な関係をもつことが企業のコストを減じているという証左が Kogut（1989）や Uzzi（1997）によって得られているとする（pp.547-548）[5]．

　このように Staber は，ネットワークが有する上記の3つの特徴が，不確実性の高い環境への適応において重要であると論じている．

　これに対して，Nooteboom（2006）は，ネットワークの構造とアクター間の紐帯の強度に光を当て，それらがイノベーションに与える影響について，Staber と同様に理論的な検討をしている．Nooteboom は，現在の資産（能力のような無形資産を含む）の効率的な利用を意味する「活用 exploitation」と，新

表 2-1　探求，活用とネットワーク

ネットワークの特徴	探求	活用
ネットワーク構造		
密度	高	低
安定性	低	高
中心性	低	多くの場合，高
紐帯の強度		
範囲	広	狭
相互理解への投資	高	低
持続期間	限定的	長
相互作用の頻度	高	多くの場合，低
機会主義的行動の調整	低	高
インセンティブの調整	中間～高	低～中間
信頼／開放性	高	一般的に低い

資料：Nooteboom(2006, p.156)のTable 7.2

しい能力の開発を意味する「探求 exploration」概念を採用し，通常，イノベーションは探求と活用が連続的に進行することで起きるとする（p.138）．Nooteboomはネットワーク構造がもつ 3 つの特徴（密度，安定性，中心性）および紐帯の強度が有する 7 つの特徴（範囲，相互理解における投資，相互作用の頻度，持続期間，他者の機会主義的行動の調整，誘因的調整，信頼と相互の開放性）を定義し，探求と活用を促進させる条件を表 2-1 のようにまとめている（pp.150-156）[6]．このように Nooteboom（2006）はイノベーションのプロセスを 2 つに分け，それぞれ異なる促進条件が存在することを明らかにしている．これは先に挙げた Granovetter の弱い紐帯概念や Burt の構造的空隙の理論を拡張したものとして評価することができる．

2.　ガバナンスパースペクティブ

　Grabher and Powell（2004）によると，経営学におけるガバナンスパースペクティブからの分析では，不確実性を減じたり，競争的地位を向上させたりするために，ネットワークをデザインし，管理し，コントロールする方法の解明に

重点が置かれる．このパースペクティブでは，資源の異なるタイプの特徴に注目し，組織や契約，所有の面から紐帯を概念化している．組織間の相互依存性や資源の補完性がどのようにネットワーク形成のプロセスに影響しているのか，また組織間ネットワークの特殊な形態とは何か，それらが分析の焦点となっている（pp.xii-xiii）．

　ここでは，まず「組織間関係論」に目を向けることにする．組織間関係とは各組織が相互に自立的であろうとしつつ，なお相互に直接的な依存関係を持つ組織間の関係を意味している．その生成・維持・展開を解明する組織間関係論に関して，国内でも多くの論者が有益な分析枠組を提供するものとして紹介している（桑田・田尾，1998；田中，2004；西口編著，2003；山倉，1993；吉田，2004など）．もともと北米の経済理論では，カルテルや結託，大企業による寡占的支配などのような，組織間関係の負の側面が強調されてきた（若林，2006，p.36）．これに対して，近年，日本に見られるような長期的な企業間の協力関係が有する正の側面が改めて見直され，評価されるようになってきている．そこで，ここでは，日本の議論を紹介し検討していく．

　山倉（1993）は，1970年後半以降，組織論の研究領域の1つとして組織間関係論が確立したとし，そのパースペクティブの歴史的な変遷をまとめている[7]．山倉によると，組織間関係論のパースペクティブはさまざまなものが併存しているが，特に①資源依存，②組織セット，③協働戦略，④制度化，⑤取引コスト，以上5つのパースペクティブを代表的なものとして挙げている（pp.33-34）．この中で，ガバナンス形態としての組織間関係を取り扱っているのが，「取引コスト・パースペクティブ」である．

　山倉はCoase（1937）を始祖とし，Williamson（1975）によって発展してきた取引コスト・パースペクティブの特徴を次のように3つにまとめている（pp.56-57）．まず第1に，パワーや資源依存の観点ではなく，取引コストの最小化という経済的「効率」の観点に立ち，①市場における取引，②組織内部における取引，そして③市場でも組織でもない中間形態の取引といった3つの取引様式の選択を取り扱っている．第2に，市場か，組織か，もしくは中間形態かといった境界問題に焦点を当てており，中間形態としてネットワークや長期

契約を位置付けている [8]．そして第 3 に，取引特定的投資といった概念を用い
て，組織間の取引そのものの特性について論じている [9]．

　この取引コスト・パースペクティブは，我が国のサプライヤー・システム研
究においても重要なパラダイムを提供するものとして採用され，理論的発展を
遂げている．特に，先駆的な研究者の 1 人である浅沼（1990）は，日本の自動
車産業と電機・電子機器産業を事例として，中核企業とサプライヤー企業間の
長期的関係がもたらす競争優位性を分析している．浅沼は，中核企業とサプ
ライヤーとの長期的関係が，中核企業からカスタム化された部品の製造を任さ
れているサプライヤーとの間に存在することを明らかにしている [10]．そして，
そのような特定の中核企業との反復的な相互作用によって形成されるサプライ
ヤーの技術的能力を「関係特殊的技能 relation-specific skill」と名付け，競争優
位の源泉と指摘している [11]．

　また，高岡（1998）は，産業集積内の企業が有する技術と，産業集積外の需
要とをマッチングさせる役割を有する「リンケージ企業」に焦点を置き，機会
主義を抑制し取引をガバナンスするために，それらリンケージ企業が集積内に
立地する必要があることを説いている．

　以上のように，ネットワーク研究の潮流を構造的パースペクティブとガバナ
ンスパースペクティブの 2 つの観点から整理してきた．構造的パースペクティ
ブでは，アクターの構造的な位置に着目する一方で，ネットワークが占める空
間について言及したものは少ない．そのような中で Staber（2001）のように産
業地区概念を導入し，ネットワークを捉えようとする試みは新しく評価できる
ものである．また，ガバナンスパースペクティブからの分析では，取引コスト
論を中心に研究蓄積がみられ，高岡（1998）のように産業集積概念と絡めて議
論しているものも存在しているが，産業集積を「同一産業に携わる物理的に近
接した多数の企業」（p.96）と定義するに留まっており，その空間的含意は乏
しいといえる．そこで，次節では，ネットワークを空間的側面から把握するこ
とによって，集積や企業組織・都市間関係に関する新しい分析枠組の構築を試
みる．

Ⅲ　ネットワーク形態の整理

　ネットワークに関する議論の混乱や迷走を避けるためにも，ここでネットワークの構成要素であるアクターの違い（企業組織・都市）と，ネットワークが占める空間的次元（ローカル・ノンローカル・グローバル）との2点から，ネットワークの形態を整理することが有益であると思われる．この観点からネットワーク形態を整理し，それぞれの代表的な関連研究を示したものが図2-1である[12]．本節ではこの整理に従いながら，ネットワーク研究における空間的含意を説明していく．

1.　ローカルネットワーク

　企業間関係に焦点を置き，ローカルな空間的次元を対象としたネットワーク研究としては，Marshall（1890）の産業地域を念頭に置いた，域内で完結した企業間取引ネットワークに関する諸研究が含まれる．これはサードイタリー

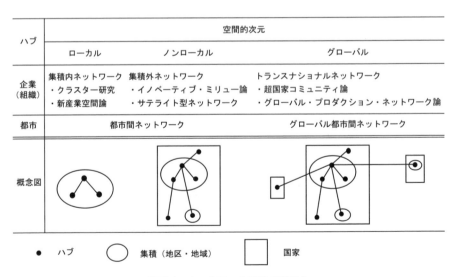

ハブ	空間的次元		
	ローカル	ノンローカル	グローバル
企業 （組織）	集積内ネットワーク ・クラスター研究 ・新産業空間論	集積外ネットワーク ・イノベーティブ・ミリュー論 ・サテライト型ネットワーク	トランスナショナルネットワーク ・超国家コミュニティ論 ・グローバル・プロダクション・ネットワーク論
都市	都市間ネットワーク		グローバル都市間ネットワーク
概念図			

● ハブ　　◯ 集積（地区・地域）　　▭ 国家

図 2-1　ネットワーク形態の類型化

やシリコンバレーといった典型的な産業クラスターの研究が代表例である．た
とえば Scott や Storper によって発展した新産業空間論 [13] では，Piore and Sable
（1984）の「フレキシブルな専門化」を鍵概念として，ローカルな中小企業間
の密なネットワークや相互依存関係についての理論的・実証的研究がなされて
いる（Scott, 1988; Scott and Storper, 1987 など）．またトヨタ自動車に見られる
ような，「ジャスト・イン・タイム」の経営管理方式によって，大企業の周辺
にサプライヤーが空間的集中傾向を示すという，ローカルな垂直的取引関係に
関する研究も盛んである [14]．

　また，末吉・松橋（2005），松橋（2002, 2004, 2005），および山本・松橋（1999,
2000）では，ローカルにおける取引関係ではなく，組織間の協力・協調関係に
焦点を置いて実証分析を行っている．これら諸論考では，Yeung（1994）の「企
業外関係」概念を産業集積地域の新たな優位性を説明する鍵概念として用い
ている．たとえば松橋（2002）では，山形県米沢市の電機・電子工業を事例
として，米沢市におけるネットワークは，学習プロセスとしての役割こそが重
要であり，非経済的リンケージに基づく社会的環境ネットワーク [15] の存在に
ついて言及している．また松橋（2005）では，米沢市や岩手県花巻市，北上市
を事例に，「調整役」としての自治体の役割に着目し，社会的環境ネットワー
クの発展が分析されている．これら研究成果は，社会関係資本（social capital）
としての組織間ネットワークの実証的研究として位置付けられる．

　しかしながら山本・松橋（2000）が長野県の岡谷市，諏訪市，下諏訪町に立
地する 6 企業の事例研究において指摘しているように，学習やイノベーション
をもたらすネットワークが，ローカル（域内）に限定されないことが明らかに
なってきている．そこで以降では，ローカル外との組織間関係に焦点を置いた
諸研究を詳しくみていく．

2．ノンローカルネットワーク

　集積論においても，集積内だけでなく，国内レベル，グローバルレベルで
のアクター間のリンケージが強調されつつあるが（Amin and Thrift, 1992; Scott,

1998, 2002 など), それらの理論的, 実証的研究はそれほど多くない. そこで, 本項では, あくまでもローカルの成長に主眼を置き, ローカル外とのリンケージはローカルの成長を促進, 補助するものと捉えている論稿を取り上げる. そして次項で, グローバル生産下における組織間ネットワークを検討する.

　ローカルに限定されない組織間ネットワークに着目した研究としては, Markusen や Park が言及しているサテライト型ネットワーク (Markusen, 1996; Park, 1996; Park and Markusen, 1995) や GREMI グループによるイノベーティブ・ミリュー論[16] が挙げられる.

　「ネットワークへの埋め込み」(Park and Markusen, 1995) を提唱した1人である Park は, 韓国のカンナム地域とスンチャングン地域の事例を用いて[17], 地域に埋め込まれているローカルおよびノンローカルなネットワークがイノベーションを生み出す源泉となっていることを実証している (Park, 2005).

　また, イノベーティブ・ミリュー論では, 域内 (ローカル・ミリュー) における成長 (イノベーション) の源泉の1つを, 域外のアクターとの関係に求めている. すなわち, 不確実性の高い今日の環境の下において, ローカル・ミリューのみによる成長には限界があり, 技術や市場の急速な変化において重要な役割を果たす企業間ネットワークと, ローカル・ミリューとの接合が説かれている (Keeble et al., 1999, p.326). イノベーティブ・ミリュー論は概念先行で経験的証左が少ないことが批判されてきたが (Gordon and McCann, 2000; Markusen, 2003), 近年 Keeble et al. (1998) や Simmie (2001) に収められている諸論考のように, 実態把握的な研究成果も生み出されつつある.

3.　グローバルネットワーク

　空間的次元をグローバルレベルまで拡張した研究としては, Saxenian による, 知識の国際間移転を分析したスープラナショナル (超国家) コミュニティ論 (サクセニアン, 2000; Saxenian and Hsu, 2001) や, Dicken や Coe による, 多国籍企業のプロダクションチェーンに着目したグローバル・プロダクション・ネットワーク (以降 GPN と略す) 論がある.

　サクセニアン（2000）および Saxenian and Hsu（2001）は，国家のスケール
を越えた遠距離間において存在するネットワークを実証分析によって示してい
る．サクセニアン（2000）は，アメリカの大手コンピュータメーカーの OEM
供給先として成長を続けている台湾企業に着目し，その成長要因として台湾の
新竹とアメリカのシリコンバレーとの間における知識移転の存在を挙げてい
る．サクセニアンの分析では，国境を越えて知識を移転させる主体として，多
国籍企業ではなく，「超国家コミュニティ」に着目している点が新しい．サク
セニアンはシリコンバレーの中国人起業家が，母国である台湾とシリコンバ
レーをつなぐ鍵主体となり，地理的距離を越えた（克服した）コミュニティ
が構築されている様を，関係者への聞き取り調査を中心に用いて明らかにし
ている．また，台湾政府による積極的な支援制度が，超国家コミュニティの形
成に大きく寄与している点も指摘している．サクセニアン(2000)によると，「超
国家コミュニティは，選択的で，会社組織よりも潜在的には柔軟で敏感な遠距
離間の知識伝達のためのメカニズムを提供する．とりわけこの伝達がビジネス・
カルチャーや環境が異なる地域間でなされる場合，このようなメカニズムは有
効となる」（p.319）と指摘されている．

　また Yeung and Olds eds.（2000）では，中華系企業が北アメリカやアジアへ
と進出し，国境を越えて経営管理を行う際の問題や経営戦略の採用事例が紹介
されている．その中に所収されている Mitchell and Olds（2000）では，香港の
投資家によるバンクーバーの不動産への投資活動に着目し，その活動の成功要
因として，①血縁関係，②ビジネスにおける信頼や評判，③インフォーマルな
人間関係，④文化特有の情報の交換，⑤現地におけるファシリテーターやコー
ディネーターの存在を挙げている（p.217）．この事例は，ビジネスネットワー
クや人的関係に「埋め込まれている」競争的優位の移転に成功した例であり，
先に挙げたサクセニアンの超国家コミュニティ論と主張を同じくしている．

　一方，GPN 研究は，多国籍企業論の一分野として，経済地理学において議
論の深まりがみられる研究領域である．ここでは，Hess and Yeung（2006）に
依りながら，GPN 研究の系譜を説明しておく[18]．

　Hess と Yeung は，GPN 研究を 4 つの起源から成るとしている．すなわち，

① 1980 年代初期以降の戦略的経営論におけるバリューチェーンのフレーム
ワーク，② 1980 年代中盤以降の経済学や組織社会学におけるネットワークと
埋め込みのパースペクティブ，③ 1980 年代中盤以降のアクターネットワーク
分析，④ 1990 年代中盤以降の経済社会学や開発論におけるグローバル・コモ
ディティ（バリュー）・チェーン（GCC ／ GVC）分析であるとする.

　GPN 研究は上記の4つが有していた欠点を補完するように，統合した理論
であるといえる. Hess と Yeung は，現在のところ GVC 分析が上記の4つの
フレームワークの中で，最も洗練されたものであるとしながらも，ローカル
（local），地域（regional），国家レベルにおける制度の役割が無視されてきたと
し（pp.1197-1198），国家や非企業的制度の役割を再認識することが重要である
と説いている（p.1199）.

　さらに Dicken *et al.*（2001）でも経済のグローバル化の議論の中で，国家や
労働組織，グローバルな調整機関のようなアクターや，港湾施設や情報通信イ
ンフラ，政策のような非人間的な媒介が無視されてきたと批判し，ネットワー
クの中のアクターを同定した上で，アクター間の継続的な関係や構造を明らか
にすることが求められていると主張している（p.90）.

4. 都市間ネットワーク

　これまで見てきたネットワークはアクターとして，企業を中心とした組織が
想定されていた. この項と次項ではネットワークを構成するアクターとして都
市を定置している研究をみていく.

　そのような諸研究では地理的に距離が離れた都市間の競争や協調によるシナ
ジー効果[19]に着目する（Capello and Rietveld, 1998, p.64）. 都市間ネットワー
クの既存研究では，このシナジー効果を次のように2つに分けて論じている.
すなわち，機能が特化した都市間の相互補完的関係から生まれる垂直的シナ
ジー（vertical synergy）と，港湾都市間や観光都市間のような，共通の経済
的役割をもった都市同士の協力関係から生まれる水平的シナジー（horizontal
synergy）とに区分される（Capineri and Kamann, 1998; Meijers, 2005）.

　垂直的シナジーに焦点を絞り，都市間ネットワークの存在を実証した先駆的研究がMeijers（2005）である．彼はオランダのランドスタッド地域の4都市（ハーグ，ユトレヒト，アムステルダム，ロッテルダム）を対象に，コレスポンデンス分析[20]を用いて，垂直的なシナジー効果を計量的に分析している．そこでは異なる2時点の分析結果が比較され，①4都市のなかでアムステルダムは商業サービスに，ロッテルダムは工業に，ハーグは行政部門に相対的に特化していること，②ロッテルダム以外の3都市では都市機能の特化が進展しており，相補的なネットワークは依然として存在し続けていること，といった知見が得られている．

　一方，水平的シナジーの研究としては，GREMI グループの代表的論者の1人である Capello（2000）による成果が挙げられる[21]．Capello は，都市ネットワークの実証分析がこれまで進展しなかった理由として，ネットワークを計る適切な材料やデータが欠如していたとして（p.1928），それを克服するために，次のような仮説を提起し検証している．第1に，ネットワークに参加することで，都市は効率やパフォーマンスの面でメリットを受ける（ネットワーク外部性が増加する）．第2にネットワークを積極的に利用するほどネットワーク外部性は強化される．

　この2つの仮説に基づいて Capello（2000）は，世界保健機関（WHO）のプロジェクトの1つである「健康都市ネットワーク」に参加している36都市を分析対象として，ネットワーク外部性の実証を試みている．そこでは，各都市のネットワークへの参加の程度（会議に参加した回数）とネットワークの使用頻度（他の都市で採られた政策を同じように採用した回数など）を説明変数に，都市のパフォーマンス（ネットワークの参加によって立ち上がったプロジェクトの数）を被説明変数に用いた回帰分析を行った結果，上記の2つの仮説が支持されている．

5.　グローバル都市間ネットワーク

　この項では，グローバルな都市システムの構造をネットワークの観点から検

討した諸研究を取り上げることにする．これまで世界都市論の提唱者である
Friedmann によって，世界都市の階層構造が図示されてきたものの（Friedmann,
1986; フリードマン，1997，p.195），グローバルな都市間関係を実証的に研究
したものは未だ少ないといえる．そのような中で，定量的なデータを用いて
グローバル都市間の結合力を分析した先駆的な研究成果として，Taylor and
Walker（2001）や Taylor（2004a）が挙げられている（Gordon, 2002 ; ゴードン，
2007，p.161 ; 松原，2006，pp.236-237）[22]．

　　Taylor and Walker（2001）では，ラフバラ大学の GaWC（Globalization and
World Cities Research Network：グローバル化と世界都市の研究ネットワー
ク）[23] が集計した 263 の都市にまたがる 74 の生産者サービス企業のデータを
用いて世界都市間の関係を検討している．彼らはベースデータから，会計，広
告，金融，法律に関わる 46 のサービス産業企業と，55 の世界都市を抽出して
46 × 55 のマトリクスを作成した後，主成分分析を用いて都市間関係を考察し
ている．これらの分析の結果，46 企業の立地戦略パターンは 8 つのグループ
に分けられ，業種ごとに立地パターンが大きく異なること（p.28），55 の世界
都市は 9 つに分類され，企業の立地の地域差が大きく表れていること（p.34），
ロンドンやニューヨークと並んでグローバル・シティの代表と考えられる東京
が，むしろチューリッヒやフランクフルトのような都市と企業の立地傾向が類
似していること（pp.39-40），が明らかとなっている．また Taylor（2004a）に
おいても，会計，広告，金融，保険，法律などのグローバルサービス関連企業
100 社を事例として，同様の観点からグローバルネットワークの結合力が検討
されている．

　　これまでグローバル・シティの議論では理論的な研究に重きが置かれる一方
で，定量的な分析が欠落していた点が課題とされてきたが，上記に挙げた実
証研究はそれを克服した新しい展開であるといえる．しかしながら，Drennan
（2004）が指摘しているように，世界都市の抽出方法や，焦点となっている企
業が恣意的に選択されている点が今後の研究課題であるといえる．

　　前項と本項で取り上げた都市を分析単位とした研究では，中心地理論批判か
ら始まるのが定石である．その一方で，中心地モデルを拡張した「Pred 型の

都市システム」に言及した研究は多くない[24]．また Meijers（2007）では中心地理論を代替するものとして，「ネットワークモデル」が提唱されているものの，実証分析で採用されている事例が，オランダにおける病院や大学の立地といった限定的なものであり，さらなる実証的検討が必要となっている．

　以上，ネットワークに関わる諸議論を，空間的次元とアクターの違いから整理してきたが，主な課題をまとめると以下のようになる．まず，企業を分析単位としたネットワーク研究では，ローカル内の分析からローカル外との関連性に焦点がシフトしているものの，依然として定性的研究が中心であり，計量的な実証分析は少ない．また，何をもってネットワークと呼ぶのか，ネットワークの中身・質に関する議論も希薄であった．都市ネットワーク論に関しては，既存の都市システム論との差異について検討する余地が残されている．

　そこで次節では，ネットワーク形態の議論からネットワークの中身・質に関わる議論へと焦点を移し，Ⅱでみた 2 つのパースペクティブから検討する．まず，経済地理学の新しい転回の 1 つである「関係論的転回」の議論を紹介した上で，信頼，協調・協働および知識フローに関連する新しい研究動向を見ていく．そして最後に，新しい分析ツールとして注目の集まっている「社会ネットワーク分析」を用いた実証研究の動向を把握し，経済地理学の研究領域として定置できるか検討する．

Ⅳ　ネットワーク研究の新しい動向

1．経済地理学の関係論的転回

　1990 年代中頃から，欧米の経済地理学では，経済活動の空間的な組織化の動態的変化を引き起こす，主体と構造との複雑な関係性の束（nexus）に注目が集まっている[25]．それは経済地理学の関係論的転回（relational turn）と呼ばれている（Boggs and Rantisi, 2003; Yeung, 2005）．

　このような経済地理学内における潮流の特徴としては，取引関係に基づいた

企業間ネットワークのような経済的リンケージを研究対象とするものから，企業と制度との関係や，集団的学習のような非経済的リンケージを重視するものへと分析の中心がシフトしていることを指摘することができる．

　関係論的アプローチの必要性を説いている Bathelt は，経済地理学の制度論的転回や文化論的転回が多くの論者によってこれまで叫ばれてきたが（たとえば Amin, 1999; Amin and Thrift, 2000; Thrift, 2000 など），どの転回においても社会的，経済的なリアリティの一部分のみに着目し，残りの部分が無視されていると指摘する（Bathelt, 2006, p.223）．そのような現状において関係論的アプローチは，人的行為主体（human agency）の経済的，社会的，文化的，制度的，政治的側面を統合している点で，他の転回の議論と異なっていると主張する（pp.223-224）[26]．

　一方，Yeung（1994）は，経済地理学における代表的なパースペクティブとして①フレキシブルな専門化，②レギュラシオン理論，③ネットワーク の 3 つを挙げているが，なかでもネットワークが有効な分析枠組であるとみなしている．

　Yeung はネットワークを企業内，企業間，および企業外において埋め込まれる経済的, 非経済的関係が統合・調整されているセットと定義している（Yeung, 1994, p.476）．企業内関係は，内部調整に依存することによって特徴付けられたフォーマルもしくはインフォーマルな契約構造から成る（p.480）．また，企業間関係の分析としては，合弁事業や下請，戦略的提携，ライセンシングなどが取り上げられると指摘しているが, Kanter and Myers（1991）の言を借りて「特に戦略的提携が最も注目を集めている」としている（Yeung, 1994, p.482）．一方で企業外関係はあまり注目を浴びてこなかったと主張している．企業外関係は，企業と，社会と空間に埋め込まれている企業外の制度との間の関係を表すが，それら企業外の制度には，国家，研究施設，NPO，NGO などが含まれる．

　また Yeung（2005）は，関係論的転回の批判的検討を行っている．そこでは関係論的な経済地理学が，1980 年代の社会関係論（Massey, 1984; Storper and Walker, 1989 など）の議論を先達としながらも，「社会的なアクター」や「ネットワーク的関係」といった概念を導入することで研究領域を広げているとある

程度の評価を与えている（p.37, p.42）．しかしながら，関係性の性質や主体の
パワー関係などが理論化されていない点が課題であると述べている（p.43）．

　このように経済地理学の関係論転回では，構造に着目することの有用性が指
摘されているものの，Yeung（1994, 2005）にみられるように「制度」を鍵概
念としたガバナンスパースペクティブからの研究が中心であるといえる．一方，
社会ネットワークとしての信頼関係をめぐる議論では，構造的パースペクティ
ブからの研究蓄積が見られつつあり，次項でその動向を検討してみる．

2. 信頼とネットワーク

　ネットワークと信頼概念をめぐる議論は，組織論者や経済社会学の論者に
よって理論的・実証的検討がなされてきた．一方，Murphy（2006）によると，
「信頼は関係を埋め込み，安定化させ，知識や技術波及を生みだす」ものであ
るが，「経済地理学や地域科学において十分な理論化がなされているとはいえ
ない」と断じている（p.428）．そこで本項では，組織間関係の継続性の有無によっ
て，異なる特徴を有する信頼が構築されている議論を検討し，経済地理学的観
点からの論点を抽出する．

(1) 長期的企業間関係から創られる互恵的・互酬的信頼
　これまで，日本企業の国際競争力の源泉として，長期的な企業間関係によっ
て創造される互恵的・互酬的信頼や，アームズレングス的な（距離をおいた，
arm's length）契約を超えた深い協力の存在についての言及が多くなされてきた
（Smitka, 1991; Langlois and Robertson, 1995；ラングロワ・ロバートソン，2004
など）．実証研究では，大手発注業者と外注業者との間に「善意に基づく信頼
goodwill trust」が発生し，協力関係を通じて組織間学習が促進されることが，
Dore（1983）や Sako（1992）によって指摘されてきたとされる（若林，2006,
pp.109-110）．このような信頼はアクター間の関係性に埋め込まれたものであ
るといえる．

　酒向による信頼に関する一連の実証研究（Sako, 1992, 1998；酒向, 1998；

Sako and Helper, 1998）では，信頼を3タイプ（契約的信頼，能力的信頼，善意に基づく信頼）に区分し，主にアンケート調査のデータを基にして，経済的効率性と信頼との関係を計量的に分析し，善意に基づく信頼が最も経済的効率性に重要な影響を与えることが明らかとなっている．

　一方，若林（2006）は上記のような従来の長期的企業間関係に基づく信頼の議論では，次の2つの問題が存在すると主張する（pp.120-121）．すなわち，第1に，二者関係的観点からの分析が中心で，システム，もしくはネットワーク全体についての構造的分析がされてこなかった．第2に，コミュニケーション・ネットワークの操作が，ある知識や情報の学習に向く心理的契約を構築するという観点が欠落していること，すなわち担当者間の信頼を構築するメカニズムに注意が払われてこなかった．この2点の課題を克服するべく若林(2006)は，外注企業協力会での品質活動に関わるネットワークと，外注企業と発注企業との間の信頼との関係を実証的に分析している．特に，計量的なネットワーク分析を用いた実証研究では，東北リコーと東北パイオニアの協力会を事例に，ネットワークの特性や信頼性を計量化している[27]，そこでは，外注企業同士で水平的な関係を有することにより，発注企業に対しての信頼性が高まることが確認されている．

（2）プロジェクトごとに創られる「暫定的信頼」

　信頼概念は，必ずしも長期的な関係にのみ存在する訳ではない．ここではプロジェクト・ネットワーク論[28]を検討し，信頼を別の観点からみていく．

　プロジェクト・ネットワークとは，プロジェクトを構成するアクター間の関係の終了が制度的に定まっている一時的なシステムであり，プロジェクト形成以前には相互に経験の共有や親近感（familiarity）が存在していない点が大きな特徴であるとされる．また，それらの欠点を補完するための信頼を発達させる十分な時間が存在しないことが指摘されている（Grabher, 2001a, p.1329, 2002a, p.247）．そこでプロジェクト・ネットワークでは臨時的に信頼を構築することで，それぞれのアクターが割り当てられた業務がこなされている．そのような臨時的に創られる信頼を Meyerson *et al.*（1996）では「暫定的信頼

swift trust」と名付けている．Grabher（2001b, 2002b）では暫定的信頼概念を
援用した実証研究において，ロンドンのソーホーにおける広告産業の代理店の
集積の成功要因を，プロジェクト的プラクティスに求めている[29]．

　Grabher（2002a, 2002b）では，プロジェクトチームは，多様な専門をもった
アクターからなり，競争的関係（rivalry）を有しているが，それこそがメリッ
トであるとする．すなわち，プロジェクトでは各々の専門領域の明確な区分
がなされ，別の専門家の成果を「ブラックボックス」として取り扱わざるを得
ないが，そのことがむしろ，プロジェクトの円滑な進行に寄与していること
（2002b, p.210），プロジェクトを組むメンバーを次々と変えていくことにより，
負のロックインに陥らずに，新たな「学習」が行われていくこと（2002b, p.211）
を挙げる[30]．さらに Grabher は，不確実性に対応するための組織の適応能力を
生み出すものとして，プロジェクトにおける新規参入者の「見ることによる学
習 learning-by-watching」を重視し，それらを許容する「組織的な冗長性への耐性」
こそが創造性を生み出す源泉であるとする（Grabher, 2001b, p.371, 2002a, p.254）

　以上，信頼に関わる議論を，長期的に発展する互恵的・互酬的信頼に関する
分析と，プロジェクトにおいて暫定的に創られる信頼に関わる分析とに大きく
2 つに分けて整理した．前者の信頼の議論では，長期的な取引関係が構築され
る要因を経済学的な視座から検討されており，社会ネットワーク分析のような
新しい分析手法の採用も行われつつある．また，前者の信頼の議論が製造業な
ど従来型の産業を対象としているのに対して，後者の議論では，映画やコンテ
ンツ制作といった文化産業や，広告産業などの新しい都市型産業が研究対象と
して含まれており，新たな分析枠組を提供するものとして評価することができ
よう．

3. 協調・協働とネットワーク

　多くの研究者が企業の競争力の要因として，企業間の協調や協働関係を挙げ
ているが（Polenske, 2004），この協調・協働概念そのものに対しても批判的な
検討が加えられている[31]．ここでは，協調・協働関係が存在しなくともネッ

トワークの外部性が存在すると主張する Malmberg and Maskell（2002）の論考を取り上げることにする.

　ローカルにおける知識創造の代表的論者である Malmberg と Maskell は, 近年の知識のスピルオーバーの実証分析における次のような問題を指摘している（p.435）. すなわち, 第1に, ケーススタディに依りすぎで, しかもハイテク産業や成功地域のみが対象となっており, 衰退地域も含めた体系的な研究がなされていない点である. そして, クロスセクションデータに基づいて, 動態的なプロセスを推定している点も問題であるとする.

　さらに, 分析における垂直的な次元と水平的な次元について言及している. 垂直的な次元とは, ローカルアクター間の投入産出関係（垂直的な協力関係）であり, 実証分析においてもローカル内の取引関係の同定・測定に力が注がれていた. しかし実際には, ローカル内においてそのようなリンケージが優位でなく, 理論, 実証ともに不全を起こしていると, 彼らは主張する.

　Malmberg と Maskell は, クラスターや集積内において顕著に存在する現象は協調・協働関係であるよりも, むしろ水平的な敵対関係であるとする. すなわち, 同じ市場で競争するライバルを監視, 観察, 比較, 模倣することが企業の成長に寄与していると主張する. このような信頼を基礎としない学習効果の可能性について彼らは強調している（p.444）. また, 水平的な敵対関係は「競争的な協調・協働関係」へと転換されうるものであり, Porter（1998）が主張するクラスターの競争優位の議論と軌を一にしたものであるといえる.

4.　知識フローとネットワーク

　ローカル内の成長, 特に知識創造において, ローカル外との関係が影響を及ぼすという新しい理論が提唱されている. ここではその先駆的な研究成果として, Bathelt et al.（2004）によるクラスターと知識創造に関する議論を紹介する.

　Bathelt らは, これまでの知識創造と企業の空間的立地との関係に対して疑問を投げかけている. すなわち, 暗黙知の生成・流動はローカルにおいて発展

し，形式知はグローバルに獲得できるというこれまでの議論が，現実の企業の空間的近接性を説明する理由としてそぐわないと主張する．彼らは，クラスター（ローカル）内の知識創造は，ローカル内で流通する「バズ buzz」（Storper and Venables, 2004）とローカル外との「パイプライン pipeline」（Owen-Smith and Powell, 2002, 2004）を両輪として進展するものであると述べている．

　バズ概念は，ローカル内で流通する噂や何気ない会話を指し，広義の暗黙知概念と言える．Bathelt らの定義によると，バズは同じ産業や場所，地域に属する人々や企業のフェイス・トゥ・フェイスの接触や近接立地によって創られるものであり，共有された文化的伝統や習慣を基にして伝搬されるものである（Bathelt *et al*., 2004, p.38）[32]．

　バズの重要な特性が，「自然発生的で流動的な性質」（p.38）である．バズが起きる現場の例として彼らは，ローカルサプライヤーとの交渉や，オフィスアワー中の電話，隣人との会話や同僚とのランチなどを挙げている．偶発的に発生するバズは，優れた情報伝達，協働による問題解決，信頼や相互関係の発達を促し，ローカルアクター間の相互学習を可能とさせる（p.38, p45）．したがって，Marshall の「産業的な雰囲気」と同じく，バズが流通するコミュニティは容易に動かすことができないものであるといえる[33]．

　一方，パイプライン概念は，ローカル内で完結しない知識創造において使われるチャネルを指す[34]．Owen-Smith and Powell（2002, 2004）では，ボストンのバイオ産業を事例として，地域間もしくは国家間の戦略的提携を通して知識が得られていることが示されている．

　Bathelt らは，ローカル外の企業を監視，コントロールする必要があるため，信頼を意識的に創らなくてはならないが，信頼構築には時間もコストもローカル内よりも多くかかるとする．彼らは Murdoch（1995）の議論を引用し，バズとパイプラインの関係を次のように説明している．すなわち，ローカルを越えたパイプライン構築にクラスター内の企業が多く参加するほど，市場や技術に関する情報やニュースがクラスターの内部へと「吸い上げられ」，ローカルのアクターが利益を受けるようなバズが広がっていく．ローカルの相互作用を増強させる能力のために，パイプラインは，クラスターの結合力を補助し，クラ

スターのアクター間の内部解釈プロセスを増強させるようになると主張している（Bathelt *et al.*, 2004, p.41）[35].

5. 社会ネットワーク分析を用いた実証研究

これまで，ネットワークの中身・質に関わる諸議論を検討してきたが，構造的パースペクティブからの実証研究は未だ少ないといえる．そこで本項では，近年，飛躍的な発展を遂げている社会ネットワーク分析[36]を用いた研究成果に焦点を置き，構造的パースペクティブからのネットワーク研究の現時点での到達点を論じていく．

『組織科学』の 2007 年 40 巻 3 号において，「ソーシャル・キャピタルの組織論」と題した特集号が組まれており，社会ネットワーク分析を用いた多様な実証研究の成果が示されている．

たとえば，山田ほか（2007）では，「組（くみ）」と呼ばれる，我が国の映画産業における独特な継続的製作者ネットワークに焦点を置いている[37].分析データとしては，267 本の映画とその製作に関与した 3,170 人のデータを用いて，「小さく濃密な関係を通じて暗黙知の共有が進みやすく斬新的なイノベーションが起こりやすい」（山田ほか, 2007, p.44）という凝集的（cohesive）なネットワークが構築されていることを実証し可視化させている．

一方，中野（2007）では集積内の企業間ネットワークを把握する際に，社会ネットワーク分析を援用するという試みがなされている．中野は既存の集積メカニズムの研究が，定性的なデータと記述が中心であった一方で，計量的なネットワーク構造の分析が欠落している点を指摘し，複雑で大量なデータを扱える社会ネットワーク分析の有用性を主張している（pp.56-57).そこでは，東京都大田区に立地する企業 5,111 社についてその主要得意先を挙げた企業間取引のデータを基に大規模ネットワークデータを作成し，集積内の下請関係をグラフィカルに表現することに成功している．そして，①大田区の下請関係の構造が，スモール・ワールド・ネットワークではなく，スケール・フリー・ネットワークであること[38]，②大田区のネットワークの中には，完成品メーカー，OEM

や有力一次下請などをコアとした取引関係が存在し，コアの中では相対的にコ
ア外よりも頻繁な取引が存在すること，といった知見が得られている．

　また坂田ほか（2006, 2007）でも，産業集積地域を事例に，産学官のようなネッ
トワークが知識創造に影響を与えているのかについて，社会ネットワーク分析
を用いて実証している．坂田ほか（2006）では，近畿広域経済圏の医療関連分
野と，北部九州広域経済圏の半導体関連分野を対象に，坂田ほか（2007）では
さらに北海道を分析対象地域に加えて，企業，大学，産業支援機関をノードと
したネットワークの分析を行っている．坂田ほか（2006, 2007）は，中野（2007）
の分析結果と異なり，分析対象の集積地域においてスモール・ワールド・ネッ
トワークの特性が見られると結論している．

　なお，欧米においても社会ネットワーク分析の成果の蓄積が進んでいる．た
とえば，先述した Owen-Smith and Powell（2004）は情報・知識の伝達経路を探
る際に，ネットワーク構造の可視化を行っている．また，Gorman and Kulkarni
（2004）は，アメリカの大都市圏（CMSA）における，インターネットの通信
帯域に基づくインフラの量に関するネットワークデータを構築し，次数分布が
ベキ法則（power law）に従うか検証することで，スケール・フリー・ネットワー
クの特性を実証している．さらに Gorman と Kulkarni は，構築したネットワー
クデータに基づいて都市・地域間の結合力やリンク数を測定し，Batty（2001）
が提唱した「都市のスモール・ワールド」[39]の観点から，距離を隔てた都市
間の関係を論じている．

　また，交通ネットワーク研究に，社会ネットワーク分析を応用したものと
しては，世界のエアライン・ネットワークを分析対象とした Guimerà *et
al.*（2005）や，イタリアのサルデーニャ島における都市間の通勤・通学フロー
のネットワークデータを用いた De Montis *et al.*（2007）による成果を挙げるこ
とができる．いずれの研究においても対象のネットワークが，スモール・ワー
ルド・ネットワーク，もしくはスケール・フリー・ネットワークの特性を有す
るか否かについて，分析の際に力が注がれている．

　そのほかに，Ter Wal and Boschma（2009）は，経済地理学の立場から社会ネッ
トワーク分析の有用性と課題について述べている．そこでは，インタビュー調

査で得られた一次データの活用や，特許データを使ったネットワーク分析の問題点を検討したうえで，産業集積や地域イノベーションシステムの研究を進展させる大きな可能性を秘めていると社会ネットワーク分析を評価している．

　以上のように，社会ネットワーク分析を用いた実証分析では，これまでのネットワークの定性的な記述を超えて，アクター間の関係性を計量的に分析・測定でき，さらにグラフィカルにそれらを表現することが可能である点が大きなメリットであるといえよう．従来のネットワークの議論が二者（ダイアド）関係の量的・質的検討が中心となっているなかで，社会ネットワーク分析のようなネットワーク構造全体からの検討は，示唆に富んでいるところが多い．

　また，この社会ネットワーク分析を用いた実証研究では社会科学のみならず，理工系の工学，物理学，生物学などとの学際的な研究も盛んな分野である．これまでの経済地理学における企業間関係や都市間関係などのネットワークに関する研究蓄積も，これら新しい分野に有益な分析視角を提供しうるものと考えられる．

V　ネットワーク研究の課題

　これまで述べてきたように，ネットワークをめぐる諸研究では，複雑かつ多様なネットワーク概念が採用されながら，学際的に研究蓄積が進められつつある．本章では，そのような新しい研究動向を経済地理学の一分野として定置させるために，ネットワークをめぐる諸理論を整理していきながら説明を試みた．本章の考察は以下のようにまとめられる．

　第1に，ネットワーク研究における2つのパースペクティブを紹介・検討した．まず構造的パースペクティブでは，Granovetter（1973）の「弱い紐帯の強さ」の議論以降，ネットワークにおいて異なるグループ間を架橋するアクターの重要性が強調されていることを確認した．そしてネットワークの構造とイノベーションとの関連性について理論的発展が遂げられつつあることをみた．一方，ガバナンス形態としての組織間関係を分析する視点として，Williamson（1975）

の取引コスト論を中心的に取り上げ，我が国ではサプライヤー・システム研究において概念の精緻化が行われてきたことを確認した．そしてこの2つのパースペクティブに共通する課題として，空間的含意が乏しい点を指摘した．

　第2に，上記の課題を克服するべく，既存のネットワークに関する議論を，ネットワークの構成要素であるアクターの違い（企業組織・都市）と，ネットワークが占める空間的次元（ローカル・ノンローカル・グローバル）の2つの観点から整理することにより，ネットワーク研究における空間的含意について検討した．企業を分析単位としたネットワーク研究では，ローカル内の組織間関係の分析から，ローカル外との関係性に焦点がシフトしており，取引関係のみならず，学習や知識伝達におけるグローバル化の指摘がなされつつある（Hassink, 2005 など）．一方，都市をあたかも意志をもったアクターとして取り扱う都市間ネットワーク研究では，都市間の競争や協調によるシナジー効果に注目が集まっており，実証研究もそれらシナジー効果の存在を支持する結果が示されている．また，グローバル都市システムの構造を把握するために，定量的なデータを用いて，都市間の結合力を測定するという試みもなされており，都市間ネットワークの実証研究の進むべき1つの方向性が提示されつつある．

　そして最後に，新しいネットワークの研究動向として，経済地理学の「関係論的転回」の議論を紹介した上で，ネットワークの中身・質に関わる議論を検討した．さらに社会ネットワーク分析を用いた実証研究の実際を確認し，経済地理学の研究領域として定置できるか検討した．信頼や協調・協働および知識フローの議論においては，それぞれ「暫定的信頼」や「競争的な協調・協働」，「バズとパイプライン」のように新たな概念提起もなされており，理論的深化が遂げられつつある．また筆者は，若林（2006）や中野（2007）のような実証研究で採用されている社会ネットワーク分析が，組織間関係を扱う上で有益な分析ツールであり，今後の経済地理学的観点からのネットワーク研究でも参考にすべきところが多いと考えている．ただし，社会ネットワーク分析の既存研究では集積内と集積外概念のような「空間性」の違いが取り扱われることはほとんど無かったといえる．経済地理学の研究領域として社

会ネットワーク分析を定置する際には，Ⅲ節でみた空間性概念の導入が決定的に重要となろう.

注

1) このような現状を踏まえ，ネットワーク論を体系的に整理する必要性が訴えられている. たとえば Capello and Rietveld（1998）は，ネットワークを物理的ネットワーク（material networks）と非物理的ネットワーク（non-material networks）とに大別し，また分析レベルによってミクロ，メゾ，マクロレベルにそれぞれを区分することが有用であるとする. また，Capineri and Kamann（1998）もネットワークを物理的ネットワーク（physical networks）と非物理的ネットワーク（non-physical networks）とに区別して論じている. なお，Capineri と Kamann は非物理的ネットワークをさらにクラブ（club）型とウェブ（web）型とに区分している（pp.36-37）.

2) 安田・高橋（2007）によれば，Gulati（1998）は，戦略的提携の既存研究をレビューする中で，戦略的提携がもたらすパフォーマンスを考察する際に，提携を結ぶ企業間のダイアド（2者間関係）のみではなく，ダイアドの連鎖であるネットワークにも着目することが重要であると主張している.

3) Staber（2001）は，ネットワーク構造を分析対象から除外することによる問題点として，ネットワークの規模と密度，ネットワークが有する中心性，派閥（クリーク）の存在，ネットワークの冗長性，ルースカップリング，といった論点が欠落することを挙げている（p.549）.

4) ルースカップリングとは，アクター間の相互作用が希薄な状態であり，弱い紐帯からなるシステムを構成する.

5) なお，このように Staber（2001）の議論では「冗長的な関係性」のポジティブな側面が強調されているが，Granovetter や Burt の議論では冗長的関係が効率的な情報伝達の障害を招くとして，否定的な立場が採られている.

6) ネットワークが持つこのような特徴については，安田（2001）による説明が詳しい.

7) 組織進化論者の Aldrich も同様の観点から組織間関係論のパースペクティブを整理し，Aldrich 自身が提唱する「進化論アプローチ」との融合可能性を主張している（Aldrich, 1999; オルドリッチ，2007，pp.61-108）.

8) この中間形態は市場の失敗と，ヒエラルキー組織の硬直性の問題の両方を克服する手段として，この中間形態が採られる. 我が国の企業グループを事例に，組織

の中間形態を検討したものとしては,今井(1982)による「中間組織」概念や今井・金子(1988)の「ネットワーク組織」概念が挙げられる.

9) しかしながらこのパースペクティブでは,経済取引に基づかないネットワークを分析する枠組を提供することはできず,知識創造や相互学習の観点が欠落している点が指摘されている(西口編著,2003,p.36).

10) 浅沼(1990)では,中核企業が図面を作成しサプライヤーはその図面を基に製造するという「貸与図」方式と,中核企業がサプライヤーに図面の作成から任せるという「承認図」方式の2つが存在するとし,後者の方が,サプライヤーが高い技術力を獲得していると指摘する.

11) Williamsonは投資の取引特定的な性格を強調し,中核企業によるサプライヤーを囲い込んだり閉じこめたりするような関係性を主張しているが,浅沼はそのような投資による特殊的な設備や立地ではなく,サプライヤー側に蓄積される技能がもたらす競争優位に着目している点で,2つの概念間には差異が存在する.

12) もちろん,企業内の各部門や事業所も1つのアクターとして考えることができる.その際にも空間的次元の違いから同様に整理することができる.

13) 新産業空間論については友澤(1995, 2000),松原(2006)による説明が詳しい.

14) しかしながら,Linge(1991)が指摘するように,ジャスト・イン・タイムが空間的集中をもたらさないとする議論も存在する.なお,ジャスト・イン・タイムの空間的多様化に関する諸議論については野尻・藤原(2004)による整理が詳しい.

15) 上記に挙げた松橋による実証分析では,Yeung(1994)の企業外ネットワーク概念を,「社会的環境ネットワーク」もしくは「企業外環境ネットワーク」と言い換えている.

16) GREMIの研究成果とイノベーティブ・ミリューの議論に関しては山本(2005)や立見(2007)による整理が詳しい.

17) カンナム地域の事例では,フォーマルおよびインフォーマルな会議の存在(E-Business ClubやSoftware Industry Clubなど)や人的関係,制度的関係によって集団的学習プロセスが存在していることが指摘されている.また韓国の食品会社である大象会社が「スンチャン=グン・コチュジャン」というブランドでコチュジャンの大量生産システムを有する生産工場をスンチャン=グン地域に設立させた事例に基づいて,研究施設や大学の研究者との情報チャネルの重要性を指摘し,ローカルに埋め込まれた知識や資源がノンローカルな制度と結合されていると主張し

ている.

18) *Environment and Planning A* の 2006 年 38 巻 7 号において GPN 研究の特集号が組まれている.

19) シナジー効果は,1+1=3 の効果として知られている.特に経営学では,組織の中で多角化戦略が展開され,範囲の経済(economies of scope)が成立するとき,シナジー効果が発生すると考える.

20) コレスポンデンス分析は,集計済みのクロス集計結果を用いて,行の要素と列の要素の相関関係が最大になるように数量化し,その行の要素と列の要素を多次元空間に表現するものであり,要素間の類似性をグラフィカルに示すことができる点が利点とされている.Meijers(2005)による実証分析ではランドスタッド地域の業種別従業員数をもとに,各都市の経済的役割の類似性を求めている.

21) Capello は,Christaller(1933)の中心地理論と現実の事象との乖離を克服するために,都市ネットワーク論が出現してきたとし,以下の 5 点を中心地理論が孕む矛盾点として指摘している.すなわち,①工業やサービス業に特化した都市の出現,②すべての機能をもった都市は存在しないこと,③順位の低い都市で,高次の財が生産されていること,④金融ネットワークのように同機能をもった都市同士の水平的な結合がみられること,⑤本社や革新的な生産サービス機能をもった都市間でのシナジー結合がみられること,を挙げている(Capello, 2000, p.1928).なお,Camagni(1993)も先進国の都市システムはクリスタラー型のヒエラルキーパターンから大きく逸脱していると指摘している.

22) なお,毛利・森川編(2006)では,東アジアに属する国々の経済・政治・社会・文化領域のデータをもとに,国家間の関係を定量的に把握し,ネットワーク分析によって解析するという試みもなされている.

23) 同研究グループの成果について,埴淵(2008)と宮町(2008)が詳しく説明している.

24) ただし Camagni and Salone(1993)では Pred(1977)の都市システムモデルについての言及がある.しかしながら,そこにおいても Pred 型の都市システムが中心地理論のような階層性を必要としていないと指摘するに留まっており,ネットワーク論との親和性について多くの検討がなされているとはいえない.

25) たとえば *Journal of Economic Geography* の 2003 年 3 巻 2 号において「関係論的転回」をキーワードとした特集号が組まれている.

26) このような関係論的アプローチは①文脈,②経路依存性,③状況依存性の 3 点

から概念化されるものであると主張している（Bathelt, 2006, p.226）．文脈とは，ア
クターが，制度的・文化的状況のもとに，特定の社会的関係に置かれ，さまざま
な経済的関係（フォーマル／インフォーマルな関係など）が採られうる状況を指す．
また組織において，過去の決定が現在の決定に影響するという点から，経路依存
性があるとする．さらに，そのような経路依存性が存在しながらも，組織の戦略
は決定論的なものに支配されずに，状況依存的に既存の構造から外れうるとする．
Bathelt は，上記の 3 つの性質があるからこそ，経済的，社会的関係を統合化して
分析することが必要であると述べている．

27）若林（2006, p.143）は外注企業と発注企業間における品質保証や検査の頻度や，
　　品質管理者や生産管理者が他の外注企業との年間の接触頻度を，ネットワークの
　　特性と捉えている．

28）Regional Studies の 2002 年 36 巻 3 号においてプロジェクト・ネットワークに関
　　する特集号が組まれている．

29）ロンドンのソーホーにおけるプロジェクトは世界中から専門家が集まりチーム
　　が作られており，トランスナショナルなネットワークが構築されていると指摘さ
　　れている（Amin and Cohendet, 2004, p.110）．

30）Grabher はこのような学習形態を「スイッチングによる学習　learning by
　　switching」と名付けている（2002b, p.211）．

31）Polenske（2004）は，協働と協力の概念的差異を手がかりにネットワーク形態を
　　理論的に検討している．Polenske（2004）は協働も協力も同義に扱われることが多
　　いとしながらも，それぞれ垂直的関係と水平的関係に対応すると主張し，サード
　　イタリーのように情報の共有や技術トレーニングの援助が存在する状態を水平的
　　な協力関係と位置付ける．一方で，日本の「系列」のように，製造工程やマーケティ
　　ングにおいてアクター同士が直接的に参加する場合を協働と定義する．協働と協
　　調とを峻別することにより，Polenske はイタリアモデル，日本モデル，グローバル
　　モデルの 3 タイプが抽出されるとしながらも，近年の地域再編の現状がそれらモ
　　デルによって十分に描き切れてはいないと主張し，代わりに学習地域モデルが出
　　現するようになったと述べている．

32）バズと類似した概念として，Owen-Smith and Powell（2002, 2004）による「ロー
　　カルブロードキャスティング」や Grabher（2001a, p.1330, 2002a, p.254）による「ノ
　　イズ」が提唱されている．なお，古川（2010）は大阪のクリエイター集団を事例に，

バズの役割の検証を試みている.

33）なお Asheim *et al.*（2007, p.660）は，バズがバーチャルネットワークを通して流通する可能性について指摘しており，局地化しないバズコミュニティの存在も考えられる.

34）このパイプライン概念は国内レベルだけでなく，グローバルレベルまで拡張されうる（Bathelt *et al.*, 2004）. なお，Cooke *et al.*（2007）では，バイオテクノロジー産業を事例に，スターサイエンティスト間の共同研究と，共同の特許取得活動を定量的に分析し，研究活動におけるグローバルな知識のトランスファーの存在を検討している（pp.104-106）.

35）同じ所で Bathelt らは，ローカル内とローカル外との知識フローが互いに増強し合うと既存研究でも主張されてはいるが（たとえば Scott, 1998），実証分析ではローカル内のフローの把握に終始していると指摘している.

36）計量的な社会ネットワーク分析の手法については Carrington, Scott and Wasserman（2005）が詳しい.

37）なお，ハリウッドの映画撮影業に着目し，プロデューサーやディレクターといったアクターの関係を分析した先駆的な研究成果として，Faulkner and Anderson（1987）を挙げることができる. そこでは 2,430 の映画が分析対象とされ，ごく少数の，継続的・反復的にプロジェクトに関わることができるアクターと，1回限りの契約しかできないアクターが多く存在し，キャリアの違いと生産性との間に関連性があることが計量的な実証分析によって明らかとなっている.

38）スモール・ワールド・ネットワークとは，「平均パス長」（対象となるアクター間の距離の平均）の短さと「クラスタリング係数」（あるノードとリンクしているノードの集合間において，実存する紐帯数と，作成可能な紐帯数との比であり，ネットワークにおけるアクター間の繋がりの程度を表す）の高さによって特徴付けられる（Barabási, 2002; Watts and Storogatz, 1998）. 一方，スケール・フリー・ネットワークとは，中心的なアクターほど，他のアクターとの結合数が多く，「ハブ」の構築が見られるネットワークを指す（Barabási, 2002）.

39）Batty（2001）はスモール・ワールド論の都市ネットワークへの応用可能性を説いている.

第3章　イノベーション研究の新展開

I　イノベーション研究の潮流

　経済地理学や関連諸分野における産業集積をめぐる議論では，ヒトに体化し，容易に移動させることが不可能な，地域に固着した暗黙知の存在が，集積の形成要因の1つとして考えられてきた．たとえば，Maskell や Malmberg といった論者たちは，ローカルにおける，取引されない相互依存性（Storper, 1997）や水平的協働・競争，学習などに基づく知識創造の利益こそが，集積の存在理由であると捉えてきた[1]（Malmberg, 1996; Maskell and Malmberg, 1999a, 1999b; Maskell, 2001; Malmberg and Maskell, 2002, p.440）．

　これに対して，近年，産業集積におけるイノベーションの生成の際に，外部とのつながりが重要であるという主張が多くの論者によってなされてきている（水野，2005，p.218）．たとえば，Boschma（2005）は，地理的近接性に基づくネガティブな側面（ロックイン問題）を指摘したうえで，地理的近接性を必要としない「空間的に限定されない」知識のスピルオーバーが存在すると主張する（p.69）．また Asheim and Herstad（2005）は，プロジェクトベースの生産や戦略的提携，ユーザー・カスタマー関係などの組織間のリンケージの発達によって，域外の知識を容易に獲得できるようになったと指摘している．

　Breschi and Lissoni（2001）は，暗黙知の遠距離間の伝達可能性について言及しながら，ローカルな次元における知識のスピルオーバーに関する既存研究を批判的に検討し，イノベーションが局地化していることに間違いはないが，その原因は知識のスピルオーバーではなく，熟練労働者のプールへの近接や，サプライヤー・カスタマー間の取引関係の構築を求めてのものであると

述べている（p.998）．

　Powell and Grodal（2005）は，半導体や医薬，バイオ産業のような急速な技術進歩を伴う分野において，技術の不確実性を補完するために，企業や大学，政府組織との複雑なネットワークが形成され，特に国内外のライバル企業との技術的提携が多くみられるようになったと指摘している．さらに Narula and Zanfei（2005）は，異なる需要条件や市場条件に対応するために，また海外に立地する R&D を通して既存の製品や製造技術の採用を効率的に行うために，企業がグローバルにイノベーティブな活動を行っていると主張する．

　我が国の経済地理学に目を向けると，水野（2005）はイノベーションを生み出す新奇的な知識を得るには，地理的に離れた外部との結合性が重要になるとし，新奇的な知識が循環するためには産業集積内部の多様性や流動性が必要になると指摘している．水野（2007）ではネットワークにおける開放性や構造特性の違いが，新奇的な知識の獲得に影響を与えると主張している．

　山本（2005）では，知識創造における地理的近接性の議論を批判的に検討し，暗黙知は必然的に特定の場所に固定化されるのではなく，遠隔通信手段の利用や交通手段を用いて会合を重ねることによって，遠隔地間でも伝達可能であると主張している（p.174）．ここから，イノベーションの空間性を検討する必要性が示唆されるが，十分な議論がなされているとはいえない．

　松原（2007）では，企業のイノベーションを捉える際に，グローバル・ナショナル・サブナショナル（ローカル）の3種類の空間的次元を想定することが有益であるとし，それら異なる空間的次元の相互の関連性を論じる必要性を説いている．サブナショナルな次元におけるイノベーションとしては地方ブロックから都市圏まで広狭さまざまなものが想定されているが，これまで既存研究では域内における学習や知識の交換が議論の中心であったといえる．これに対して，松原は多国籍企業による海外の研究開発拠点の形成といった，グローバルな知識の獲得・活用を考慮したイノベーションの議論の必要性を主張している．同様の指摘が Bunnell and Coe（2001）によってなされており，イノベーションの空間的次元に着目し，ローカルからグローバルまでのイノベーションシステムについて言及されている．彼らは現在のイノベーションシステムにおいて，

複数の空間的次元にまたがる企業や個人の役割が重要であると指摘している.

　本書の第2章ではイノベーションの源泉と考えられる組織間のネットワーク形態を類型化し,域内関係から域外関係に研究の焦点が変化していることを指摘している.そしてネットワークをめぐる既存研究の課題として,空間性の議論を深める必要性を主張している.本章でそれを議論するが,その際に既存研究に即してローカル・ナショナル・グローバルの3種類の空間的次元をみていく.また本章では,産業集積地域におけるイノベーションを,組織間(企業,大学,公設試験研究機関,産業支援機関など)の結合によるネットワークが創出する経済的な成果(パフォーマンス)と定義する[2].

　イノベーションや知識フローの空間的次元に違いが生じる要因としては,産業固有の知識ベース(知識基盤)(Asheim and Coenen, 2005)の存在が考えられる.なぜなら,知識ベースごとにイノベーションプロセスは異なり,イノベーションにおいて必要となる知識の獲得の際に,ローカルで調達可能な産業から,ナショナルもしくはグローバルな次元で探索しなくてはならない産業まで存在するからである.ただし,知識ベースを基にした,産業集積とイノベーションに関する議論は緒に就いたばかりであり,さらなる理論的検討が必要となっている.

　またイノベーションをもたらす知識創造や学習の議論では,地理的近接に基づいたアクター間の日常的・頻繁な接触以外に,コンファレンスや見本市などにおけるテンポラリーな(一時的な,temporary)接触による相互的な学習の重要性ついても注目が集まりつつある.本章ではそれら新しく提起された概念の可能性と課題について考察し,イノベーションにおいて果たす役割を検討する.

　次節ではイノベーションをめぐる既存研究を3種類の空間的次元の違いに基づいて整理することから始める.Ⅲ節では産業固有の知識ベースとイノベーションとの関連を検討する.Ⅳ節では,イノベーションにおけるアクター間のテンポラリーな接触の役割を明らかにし,最後に今後の研究課題を述べる.以上を通して経済地理学におけるイノベーション研究の理論的曖昧さを解決し,実証研究の新しい方向性を提示することが本章の目的である.

Ⅱ　イノベーションの空間的次元

1.　ローカルな次元

　ローカルなイノベーションをめぐる議論には，地域イノベーションシステム論（Cooke, 1992; Cooke *et al.* eds., 2004）や GREMI グループによるローカル・ミリュー論といった成果がある．筆者は，産業集積論において，これらがしばしば並列的に扱われており，各概念の差異や関連性への理解は未だ深まっていないと考える[3]．そこで本章では，次のように各概念を定義し，議論を進めていく．まずイノベーションシステムを，イノベーションを生成するために，諸アクター間がさまざまな知的関係性（知識交換に関連するリンケージ）によって繋がったネットワークから成り立つものとする．そして，それらネットワークが占める空間的次元の違いによって，地域イノベーションシステム，ナショナル・イノベーションシステム，グローバルな次元を考慮したイノベーションシステムに区分されるものとする[4]．一方，ローカル・ミリューを，地域イノベーションシステムを調整・統治（ガバナンス）するための装置であり，有限な空間的次元をもって現出するものとして定義する[5]．すなわち，本章では地域イノベーションシステムが取りうる空間的次元を，集積の単位としてミリューを用いて捉えていく．

　地域イノベーションシステムにおける諸アクター間の知識交換は，次のように契約に基づいたフォーマルなものと，契約に基づかないインフォーマルなものとに分かれる．まず，フォーマルなものとして，ライセンスや受託研究のような市場を通じて交換されるもの（Tödtling *et al.*, 2006）や産学公連携のような共同研究を通じた知識交換（Etzkowitz and Leydesdorff, 2000; Etzkowitz, 2008）などが含まれる．これに対して，インフォーマルなものとしては，コンファレンスや見本市への参加によって，ほかの企業の動向を監視するような活動（Tödtling *et al.*, 2006, pp.1048-1049）や，同じ産業や地域に属する人々の間で伝搬される有用・無用な情報である「バズ」（Storper and Venables, 2004; Bathelt *et al.*, 2004, p.38），起業や転職による，知識が体化したヒトの移動性（稲垣，

2003；Saxenian, 1994, 2007）が含まれる．諸アクターが円滑にインフォーマル
な知識交換をするためには，ローカル・ミリューの中に存在することが必要条
件となる．すなわち，ローカル・ミリューの果たす役割は，インフォーマルな
知識伝達を促進させる外部環境の提供にあるといえる．

2.　ナショナルな次元

（1）イノベーション・ネットワークと知識のパイプライン

　上記のローカルな次元のイノベーションの議論に対して，国民国家の役割
を重視するものが，ナショナル・イノベーションシステム（以下 NIS と略す）
の議論である．戸田（2004）によると，NIS は，経済的に有用な新しい知識の，
生産，普及，利用において相互作用する，その国に立地しているか，起源を
もつ諸要素，諸関係からなるシステムと定義されており（p.50），他国で起き
たラディカルイノベーション [6] の成果を国内で普及・調整させる役割を持つ．
したがって，そのようなプロセスを進行させるためのナショナルな次元におけ
る「制度」，「組織」，「政府・政策の役割」の重要性に焦点が置かれることになる．
　また Edquist（2005）も NIS が着目され続ける理由として，①制度設計や組
織の構築，R&D における投資や，経済的な成果が，NIS 間で大きく異なって
いること，②イノベーション過程に影響を与える政策が，未だにナショナルな
次元で策定・実行されていることを挙げている（pp.198-199）．
　一方，Mowery and Sampat（2005）は，NIS における重要な「制度的アクター」
とされる大学の役割を検討し，大学が依然として強固な国民国家的特徴を有し
続けていると主張する（p.212）．彼らは OECD 諸国の高等教育機関の研究開発
活動の成果を比較し，大学による特許やライセンス取得の促進など科学技術の
商品化・事業化に関する政策がグローバルに波及していると指摘する．しかし
ながら，他国の政策の「模倣」は，歴史，経路依存，制度的「埋め込み」[7] と
いった要因によって困難となると説明している（p.225）．
　上記のような国民国家の枠組を理論軸とする NIS においてローカル・ミ
リューが果たす役割に関しては，GREMI によるイノベーション・ネットワー

クと，Owen-Smith and Powell（2004）の知識のパイプライン概念から捉えることができる．

　山本（2005, pp.186-188）の紹介によれば，Camagni ed.（1991）は，ローカル・ミリューの成長要因として，域外のアクターとの関係性を重視している．外部の技術環境や市場環境が急速に変化する中，ローカル・ミリューのイノベーション能力の減退を回避するために，ローカル・ミリュー外の企業間ネットワークとローカル・ミリューとの接合が説かれている（Keeble *et al.*, 1999, p.326）．上記のようなローカル・ミリュー外とのイノベーション・ネットワークは「明確に経済的取引関係に入ったつながりを意味し，その中には，顧客・サプライヤー関係だけでなく，戦略的提携，ライセンス供与などの関係も含んでいる」（山本，2005，p.189）．また Owen-Smith and Powell（2004）は，ローカル内で完結しない知識創造活動において使われる主体間のコミュニケーションのチャネルとして，知識のパイプライン概念を提起し，地域間もしくは国家間の戦略的提携を通して，域外の知識が調達されていることを，ボストンのバイオ産業を事例として指摘している．

　また，Bathelt *et al.*（2004）は，ローカル外の企業の監視やコントロールするコストを節約するために，パイプラインの構築が必要となると主張する．Bathelt 達は，ローカル外とのパイプライン構築によって，産業集積内で入手できない市場や新技術に関する情報の獲得が可能となり，産業集積内のアクターが利益を受けるとする．このようにパイプラインは，産業集積内の結合力を補助し，アクター間の内部解釈プロセスを増強させるものであると指摘している（Bathelt *et al.*, 2004, p.41）．

　このように，イノベーション・ネットワークと知識のパイプライン概念はともに，ミリュー（集積）の成長のためには，ミリューの外にある知識の源泉との関係性が必要であると訴えている．そのような関係性を企業が構築する際には，組織的近接性が重要になると思われる．なぜならば組織的近接性とはルーティンや慣行の共通性，類似性と定義され，同一企業や子会社，関連会社など関係の強い企業間では知識移転が容易になされると考える（水野, 2007, p.489）からである．

（2）組織的近接性と認知的距離

　組織的近接性を測る 1 つの尺度としては，認知的距離（Nooteboom, 2006; Nooteboom *et al.*, 2007）概念が有効である[8]．Nooteboom 達によると，「認知」とは，組織の意志決定における合理的評価のみならず，感情的な価値判断も含まれるものであり，認知的な距離とは，価値観の共有に基づいた精神的な近さを意味する．そして，異なる発展経路，条件によって，組織間の解釈の仕方や価値の置き方に違いが現れることになると主張する（Nooteboom, 2006, p.140; Nooteboom *et al.*, 2007, p.1017）．組織間の解釈の仕方や価値の置き方は，ルーティンや慣行の共通性・類似性など（つまり組織的近接性）へと影響すると考えられる．

　Nooteboom（2006）は，「組織の中心的な役割は，目的を合致させるために，認知的距離を十分減らすことにある」（p.140）と指摘しているが，認知的距離が近いことが即，イノベーションに繋がるという論理を立ててはいないところに独自性がある．認知的距離に最適値が存在することを，組織の「吸収能力」に触れながら説明している．

　吸収能力は，もともと Cohen and Levinthal（1990）が用いた概念であり，Nooteboom（2006）と Nooteboom *et al.*（2007）では，情報を同化しデザインや開発，生産，マーケティングのための知識を得る能力と定義している．この組織間の相互理解から成る吸収能力は，認知的距離が近くなるほど大きくなる．その一方で，認知的距離が大きいほど，日常的に接触できない知識を獲得することができ，新しい価値（novel value）が大きいとする．したがって，イノベーションをもたらす学習の効率性を，吸収能力と新しい価値との積によって表すと，認知的距離と学習の効率性との間に逆 U 字型のグラフが描けると主張している（図 3-1）．吸収能力と新しい価値との交点において，学習の効率性が最も高くなる．ここが最適認知的距離となる．R&D への投資は吸収能力を上昇させるが，新しい価値には影響を及ぼさない．したがって R&D への投資により，交点は右にシフトし，最適認知的距離が大きくなると結論づけている[9]．

　企業の認知的距離と吸収能力を分析枠組に含めた実証研究としては，チリ

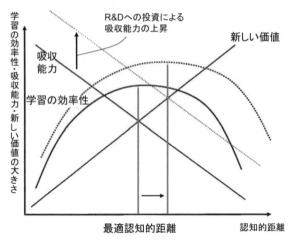

図 3-1　最適認知的距離

資料：Nooteboom *et al.*（2007, p.1018）の Fig.1 を加筆修正.

のワイン企業を事例に用いた Giuliani and Bell（2005）がある．彼らは吸収能力を2種類に分け，メソレベルの吸収能力を「産業集積外部の知識を吸収し，波及し，活用する産業集積の能力」とし，ミクロレベルの吸収能力を「企業の中で蓄積され，熟練した人的資源に体化された知識のストックを反映した，企業レベルでの知識の機能」と定義している（p.49）．吸収能力の高い企業ほど産業集積外との知的関係性を構築する傾向が強く，異なる吸収能力を持った企業は，産業集積内で異なる認知的位置にあると指摘する（pp.49-50）．彼らの分析の特徴は，インタビュー調査に基づいて企業間の関係性を示すデータを収集し，社会ネットワーク分析を用いて，企業の認知的位置を知識の源泉，相互交換者，吸収者，孤立者に分けている点にある．そして企業の産業集積内の吸収能力を定量化し [10)]，吸収能力と集積外との知的関係性との間に強い正の相関があること，ノードの中心性指数と吸収能力との間にも有意な相関があることを明らかにしている．また，「技術のゲートキーパー」として産業集積外ともつながり，ローカルに知識を波及する企業や，産業集積外との繋がりは強いが，相対的に産業集積内の企業への認知的距離が遠く，技術のスピルオーバーに貢献しない「外部スター」と名付けられる企業，産業集

積外部とも内部とも知的関わりを有さない「孤立企業」などを抽出している（pp.59-62）．

3.　グローバルな次元

　ナショナルな次元でみた，イノベーション・ネットワークや知識のパイプラインは，グローバルな次元まで拡張されうるものである（Bathelt *et al.*, 2004; Benneworth and Hospers, 2007; Camagni ed., 1991; Freeman, 2002 など）．これまでみたように，国境を越えた知識移転の際には，各国の歴史や，経路依存性，制度的埋め込みといったものが障害となりうる．対して，グローバルな次元の知識フローを促進させるものとしては，Gertler（2004）が指摘する制度的・文化的近接性や，コミュニティ・オブ・プラクティス [11] や，ネットワークに基づく信頼関係（Brown and Duguid, 2001）が挙げられる．

　Bunnel and Coe（2001）は，イノベーションシステムのアプローチでは，ローカルな次元における域内の密なネットワークが強調される一方で，イノベーションを生み出す域外とのネットワークが相対的に軽視されてきたと指摘する．彼らは，文化や社会が異なる集積間の知識・情報の交換の実証研究において，多国籍企業内もしくは多国籍企業間のネットワークに焦点を置くだけでは不十分であるとする [12]．Bunnel and Coe(2001)は，グローバルな次元のイノベーションをめぐる研究の方向性として，社会的・文化的な近接性に関連した，域外ネットワークに着目すべきであると主張する（p.583）．

　文化的近接性は，規模の外部経済や，取引コストの逓減，集団的学習プロセス，柔軟性を生み出す（Boschma *et al.*, 2002, p.27）．Gertler（2004）は，制度や文化の異なる国家間における企業のベストプラクティス（最良実践）の移転に着目し，ドイツの工作機械メーカーによる北アメリカの現場への技術移転に関する実証研究を行っている．そこでは北アメリカのユーザー企業が直面する問題として，ドイツと北アメリカにおける労働市場の制度や労使関係，コーポレートガバナンス（企業統治）といった体制の違いを挙げている．

　一方，Malmberg（2003）は既存の産業集積（クラスター）論が，集積内の

企業間関係に終始してきたと問題提起をする．現在，産業集積に起きている新しい現象として，①取引関係がグローバルに結合し，ローカルな取引関係を凌駕していること，②フォーマルな協働はローカルでは限定的で，グローバルに進展していること，③ローカルに立地するライバル企業もいるが，多くのライバル企業がローカル以外に立地していること，④労働者の移動性によって起きる，ローカル・ミリューに立地する企業からの知識のスピルオーバーに対して，企業は利益ではなく，問題とみなすようになっていることを挙げる（p.153）．そして，人々がグローバルに分散していても，コミュニティ・オブ・プラクティスによって暗黙知の共有が可能となり，互いの認知や信頼関係を発達させ，グローバルな次元での相互学習が存在しうると指摘している（pp.157-158）．

　Fromhold-Eisebith（2007）は，3 つの次元の異なるイノベーションシステム（リージョナル・ナショナル・グローバル／インターナショナル）に着目し，各次元のイノベーションシステムにおいて，補完的な相互依存性が重層的に発生すると指摘する（p.218）．Fromhold-Eisebith は Malerba（2002）のセクターイノベーションシステム [13] の議論を援用し，3 つの異なる次元を有するイノベーションシステムを機能的かつ統括的に捉える概念として，「ナショナル・イノベーション・スーパーシステム National Supersystem of Innovation: NSSI」を提示している．

　NSSI はイノベーションシステムの議論をグローバルな次元にまで拡張したものと考えられ，次のように新しい視点を提供している．それは国家（ナショナルな次元）が「スケールの支配者」（p.226）として，ローカル／リージョナルからグローバル／インターナショナルな次元まで，主要な戦略的能力や，調整機能，制度構築能力を有しているということである．ただし，ローカルな組織との緊密な相互作用もイノベーションには不可欠であるとし，社会的に埋め込まれた協働や情報交換の機会を NSSI が提供する必要性を説いている．しかし，NSSI の実証研究で焦点となる産業は情報通信産業といったハイテク産業中心で，偏った事例のみが取り上げられており [14]，さらなる理論的・実証的研究が求められている．

4.　小　括

　これまでの議論に基づき，イノベーションをめぐる既存研究を空間的次元の違いから整理したものが図3-2である．図中の主体間を結んだ実線部分は，組織間の関係性を示している．なお，ここで組織間の関係性としては，取引関係のような垂直的関係から，共同研究開発やライセンス供与，戦略的提携のような水平的関係までさまざまなものが考えられる．

　本章ではローカルレベルのイノベーションを捉える概念として，インフォーマルな知識伝達を促進させる外部環境として定義される「ミリュー」を空間的単位として採用した．ナショナルレベルにおけるイノベーションの議論では，政策の実行主体である国民国家の枠組が重視されており，ローカルを越えた組織間の結合を考察する際には，組織的近接性やパイプライン概念が有益であることをみた．一方，グローバルレベルにおけるイノベーションの議論では，固有の歴史や文化といった制度的枠組が，イノベーションを生み出す知識の移転の際に重要な役割を果たしていることを確認した．

　ナショナル・イノベーションシステムの定義にあるように，国家ごとにイノベーションシステムは多様な形態を取りうる．これはローカルな次元およびグローバルな次元にも当てはまる．しかしながらNSSIのようなグローバルな次元を考慮した新しいイノベーションシステムの概念では，そのような異なる制度を有した地域を扱う観点が不足していると思われる．Fromhold-Eisebith（2007）では途上国と先進国とでNSSIがどのように異なる政策枠組を提供できるのかについて論じられてはおらず，欧州連合（EU）による広域スケールの政策との関連についても不明なままであり，理論的にも実証的にも再考の余地が大いに残されていると考えられる．

　また，産業集積内において卓越する産業の違いによって，組織間の関係性の地理的な発現形態も異なり，多様な空間的次元でイノベーションが起きると考えられる．そこで次節では，産業の知識ベースの違いに基づいたイノベーションの研究動向に焦点を移し，イノベーションの空間性の議論を深めていく．

空間的次元	ローカル	ナショナル	グローバル
イノベーションシステム	地域イノベーションシステム (Cooke, 1992; Cooke et al. eds., 2004)	ナショナル・イノベーションシステム (Lundvall ed., 1992; Nelson ed., 1993)	グローバルな次元を考慮したイノベーションシステム (Freeman, 2002; Fromhold-Eisebith, 2006, 2007)
GREMI	ローカル・ミリュー (Camagni ed., 1991)		イノベーティブ・ミリュー(Camagni ed., 1991)
知識フロー	バズ (Storper and Venables, 2004)		知識のパイプライン(Owen-Smith and Powll, 2004)
概念図	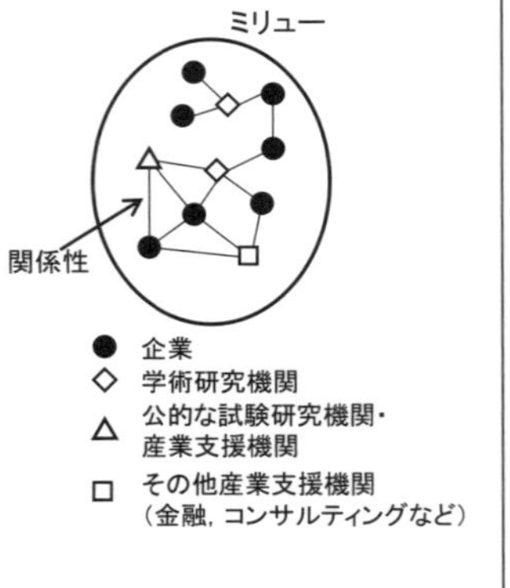 ミリュー 関係性 ● 企業 ◇ 学術研究機関 △ 公的な試験研究機関・産業支援機関 □ その他産業支援機関（金融, コンサルティングなど）	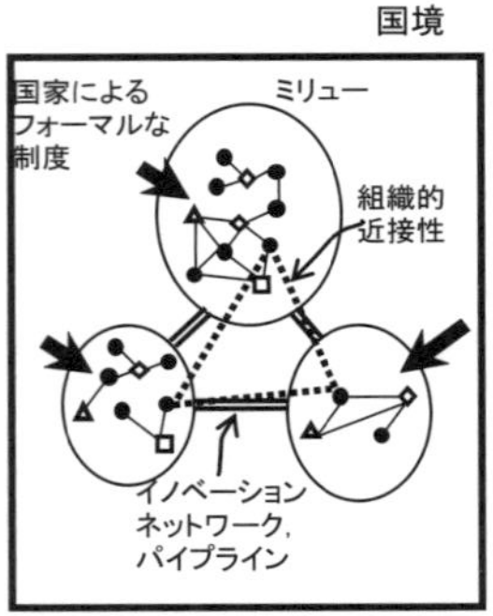 国境 ミリュー 組織的近接性 国家によるフォーマルな制度 イノベーションネットワーク, パイプライン	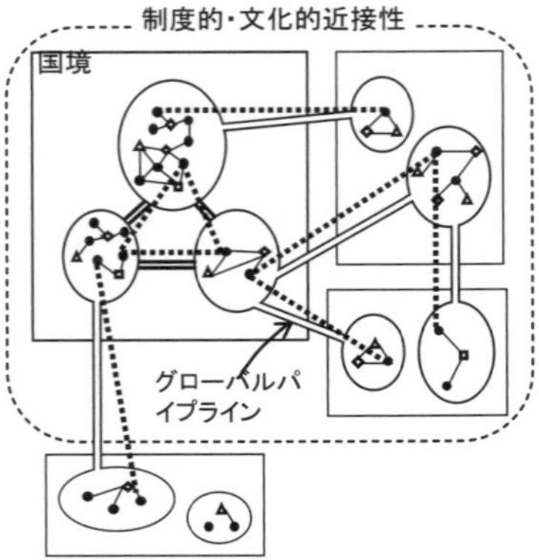 制度的・文化的近接性 国境 グローバルパイプライン

図 3-2　イノベーションの空間的次元

Ⅲ　知識ベース・アプローチ

　これまでみてきたように，学習やイノベーションはローカルからグローバルまで，さまざまな空間的次元においてネットワークを介して重層的に創造されている．そのような現状を踏まえると，文書化された形式知は遠距離間の伝達が可能であるが，ヒトに体化した暗黙知は対面接触が必要になるといった，単純化しすぎた知識形態の区分では，多様な空間的次元を占める知識フローのプロセスを理解することが困難となる（Archibugi *et al*., 1999; Moodysson *et al*., 2008）．そのような中で，Asheim and Coenen（2005, 2006）や Asheim and Gertler（2005）は，形式知，暗黙知といった知識区分にかわり，「統合的（synthetic）」と「分析的（analytical）」といった2つの「知識ベース」の存在について論じている（松原，2007）．

　統合的知識とは，業務における問題解決の経験など帰納的な過程を基にした工学的な知識であり，分析的な知識とは，論文や特許など演繹的な過程に基づく科学的な知識である．Asheim and Gertler（2005, p.295）と Asheim and Coenen（2006, p.165）は，産業や企業のイノベーションプロセスが，業種ごとに異なる特定の知識に基づいていると指摘する．彼らは統合的な知識ベースが支配的な産業として，イノベーションが既存の知識の応用や結合を通じて起こる，専門化した工作機械を使用する機械業や，造船業を挙げている．それら産業では，注文製造の対応や，特定の問題を解決するために，顧客とサプライヤーとの間に相互学習が起きるとする（Asheim and Gertler, 2005, pp.295-296）．したがって，イノベーションの多くはラディカルなものではなく，漸進的（incremental）なものとなる（Asheim and Coenen, 2005）

　一方，分析的知識ベースでは科学的知識が重要となり，知識創造はコード化された科学や合理的プロセスといったフォーマルなモデルに基づいている．分析的な知識が卓越した産業として，バイオテクノロジー分野や情報通信分野が挙げられている（Asheim and Gertler, 2005, p.296）．なお，統合的な知識ベースと異なり，分析的知識ベースの産業では，自社内に R&D 部門を有する企業が多く，さらに大学や他の研究機関の研究結果への依存も高い傾向にあり，大学

と産業との連携が重視されるとしている[15]．このような分析的な知識ベース
に基づく学習は，ラディカルイノベーションをもたらす（Asheim and Coenen,
2005）．

　Asheim and Gertler（2005, pp.297-298）は，分析的な知識ベースの産業におけ
るイノベーションプロセスが，統合的な知識をベースとした経済活動と同様に，
空間的に集中しうることを以下の3点から説明している．第1に，Storper and
Venables（2004）のバズ概念で捉えられるように，経験や相互理解の共有によ
り知識の環流（circulation）の局地化がみられる．第2に，労働者の教育水準
が高く，魅力的な雇用機会を提供する労働市場は偏在している．第3に，それ
らの地域は多様な社会的背景を有した，才能ある労働者を吸収でき，生活の質
（クオリティ・オブ・ライフ）を提供しうることを挙げている．

　スウェーデンのルンド大学の研究者達を中心として，知識ベースの区分に
従い，ケーススタディに基づいた実証研究が蓄積されつつある．たとえば
Asheim and Coenen（2005）は知識ベースの違いに着目し，北欧3国を対象に
地域イノベーションシステムの比較を行っている．彼らは，デンマークの家具
製造業，無線通信，スウェーデンの機能性食品，ノルウェーの食品製造業，電
子部品製造業を対象として選定している[16]．そして，無線通信や機能性食品
といった分析的な知識ベースの産業では，高度な知識・技術を有する地域の
インフラストラクチャーとの緊密な協働が不可欠であると述べ，地域政策によ
る大学などの知的インフラストラクチャーの提供が重要であると指摘している
（p.1186）．一方，家具や食品製造業といった統合的な知識ベースの産業では，
企業間の局地化した学習が重要な役割を果たすので，既存の産業の特化に適応
する政策が必要になると主張している．

　またMoodysson *et al.*（2008）はスウェーデンとデンマークの国境にある「メ
ディコンバレー」とよばれるライフサインス分野の企業の産業集積を対象に，
分析的知識と統合的知識の創造の空間的パターンについて検討している．彼ら
はライフサイエンス分野のイノベーションが，大学や企業などを含んだプロ
ジェクトチームによって組織化されるとし，協働には，ローカルな協働とノン
ローカルな協働が存在すると指摘する（pp.1041-1042）．そして，①分析的知

識の創造において，地理的な距離による減衰効果は小さい，②統合的知識の創造はローカルな協働の傾向が強く，主体間の地理的近接性の効果が大きいという知見が得られている（p.1052）．

　Coenen（2007）は，北東イングランドとスウェーデンのスカニア地域を対象に，大学の知識を利用したイノベーションについて検討し，知識ベースの区分がイノベーションシステムの理解に有益であると主張している．北東イングランドにおける起業家的活動は，ニューカッスル大学におけるライフサイエンスやナノテクノロジー分野の先端的研究に起因するものであり（p.811），またスカニア地域のバイオテクノロジーや情報通信分野の成長は，ルンド大学なしでは達成できなかったと報告している（p.818）．一方，統合的知識に関して，北東イングランドでは大学の研究センターによる支援体制が整備されており（p.810），スカニア地域では食料品製造業における食品の開発や流通プロセスの改良といった面で，企業と大学とが連携して既存知識を活用している事例がみられると指摘している（p.814）．

　以上，知識ベースの違いに基づいたイノベーション研究の動向をみてきた．産業が依存する知識ベースの特性ごとに，イノベーションプロセスが大きく異なっていることが明らかとなった．イノベーション活動は大学や産業支援機関のような「制度的厚み」を要因として，空間的に集中傾向を示すと考えられる．ただし，統合的な知識ベースの産業では，よりローカルな組織間関係が重視される一方で，分析的な知識ベースの産業では，ノンローカルな協働を必要とし，イノベーション・ネットワークの広域化がみられる．

　また，Asheim *et al.*（2007）では知識ベースにおける統合的，分析的という区分に加えて，象徴的（symbolic）な知識ベースの存在を指摘し，表 3-1 のように特徴を整理している．象徴的な知識とは，若者文化やストリート文化など「感性」や「芸術性」に基づくものであり，象徴的な知識ベースが用いられる産業は，広告産業，映画産業，出版印刷業といった創造産業（クリエイティブ産業，creative industry）である．象徴的な知識の交換においては「バズ」が重要な役割を果たすとされている．象徴的な知識に基づく産業では，プロジェクト組織に基づいてイノベーションプロセスが進む傾向にある（Asheim *et al.*,

表 3-1　知識ベースの類型化

知識ベース	分析的	統合的	象徴的
イノベーションの内容	新しい知識の創造によるイノベーション	既存知識の応用や新しい結合（novel combination）によるイノベーション	新しい手法での既存知識の再結合によるイノベーション
重視される投入要素	演繹的プロセスやフォーマルなモデルに基づいた科学的知識の重要性	帰納的プロセスに基づいた応用知識や関連問題の工学的知識の重要性	既存の慣習（conventions）の再利用や挑戦の重要性
主体間の相互関係の種類	企業（R&D部門）と研究機関との共同研究	顧客とサプライヤーとの相互的な学習	専門家のコミュニティを通しての学習 若者文化，ストリート文化，「芸術」文化からの学習「境界の」専門家コミュニティとの相互作用
技術・知識の内容	特許や出版物といった文書化された形式知が中心	具体的なノウハウや技能，実践的技術といった暗黙知が中心	暗黙知，技能，実践的技術，探索技術への依存
典型的な産業，技術分野	医薬品開発，情報通信分野，バイオテクノロジー分野	機械系製造業，造船業	広告産業，映画産業，出版印刷業

資料：Asheim *et al.*（2007, p.661）のTable 1とGertler（2008, p.214）のTable 8.1を加筆修正．

2007, p.659）．プロジェクト組織は，構成するアクター間の関係の終了時期が制度的に定まっているテンポラリー なシステムであり，他の知識ベースにおける学習やイノベーションと大きく異なる形態をとる．そこで，次節ではこのテンポラリーな組織間結合が生み出すイノベーションについて詳細に検討する．

IV　テンポラリーな組織間結合

　Grabher（2001b, 2002b）はロンドンのソーホーにおける広告産業を事例に，

テンポラリーなプロジェクト組織に着目した実証研究を行っている．プロジェクト組織の利点は，プロジェクトを一緒に組むアクターを替えていくことによって，限定的・固定的関係から生まれるネガティブな側面（負のロックイン）を回避でき，新たな「学習」が行われる点にある（Grabher, 2002b, p.211）．Asheim *et al.*（2007）は，そのような制度的に期間が定まっているというプロジェクトの特徴によって，必要とされる高度な技術を有しているのは誰か，最もイノベーティブな者は誰なのか，誰となら一緒に協働できるか，といった「（適切な）誰かを知ること（know-who）」が可能となると指摘し，その際にはバズの利用が最も効率の良い探索の方法であると述べている（p.660）．また，バズの利用は，必ずしも対面接触である必要はなく，バーチャルネットワークを通して伝達することも可能であると指摘する．Alderman（2005, pp.255-256）は，プロジェクトベースの生産方式における知識獲得では，ローカルな埋め込みよりも，労働者の移動性が相対的に重要な役割を果たすと主張する．

　Sydow and Staber（2002）はドイツの2つのメディア産業集積地域（ケルン／デュッセルドルフとベルリン／バーベルスベルク）におけるプロジェクト組織の比較を行い，プロジェクト参加者間の情報交換の頻度や相互理解の程度といった面で，2地域間で「制度的厚み」の違いが生じていると指摘する．すなわち，ケルン／デュッセルドルフ地域では，行政によるテレビ関連の民間の職業訓練学校への金銭的支援や，地方の政治家と民間の投資家によって創られた助成団体など，メディア産業を支援する緊密な協働関係がみられるが，ベルリン／バーベルスベルク地域に同様の支援はみられないと指摘する．彼らは，プロジェクトの期間が限定的であっても，協働ネットワークが地域に埋め込まれることにより，資源や情報・知識のフローが促進されると主張する（pp.223-225）．

　Bathelt（2005）はドイツのライプツィヒにおけるメディア産業の産業集積を事例として，組織間のネットワークの空間性と産業集積の発展・成長について論じている．ライプツィヒはドイツにおいて2番目に規模が大きいメディア産業の集積地域であるものの，メディア関連企業が抱える問題として，カスタマーとなりうるドイツ西部の企業とのリンケージが欠落していることと，

ローカル内のバズの活用ができておらず孤立している点を挙げている．そして
サプライヤーとカスタマー間における，ローカル内外どちらのリンケージも長
期的な産業集積の成長に重要な要素となると主張する．

　Asheim（2002, p.117）は文化産業やコンテンツ産業といった新興産業に限ら
ず，上記のようなプロジェクト組織を採用する産業が多くなっていると指摘す
る．これまで建設業（Eccles, 1981）や，ソフトウェア産業（Grabher, 2004）など
においてプロジェクト組織がとられてきたが，バイオテクノロジーやナノテク
ノロジーといったハイテク産業においても，企業，大学，公的な研究機関など
を含んだコンソーシアム(共同研究開発)体制がとられるようになってきている．

　さらに，以下にみるように，プロジェクトの形態をとらずに，一時的に組織
が集合し学習が生まれる事例にも注目が集まっている．

　Torre and Rallet（2005）は近接性概念を再考し，産業集積における地理的近
接性と組織的近接性との相互作用の役割について論じている．そこでは「地理
的近接性の必要性は一般的に永続するわけではない」（p.53）とし，短期的な
出張のようなテンポラリーな地理的近接性の構築によって，組織間の協力のた
めに必要な情報の交換が可能であると主張されている．そして情報・知識の共
有や経済活動のルールの構築によって，長距離間の調整がなされうるとし，組
織的近接性の役割について指摘している．

　また，Tödtling et al.（2006）では，知識集約型産業における組織間の知識獲
得に関する議論において，イノベーションにおける知識交換の際に利用する
チャネルを整理し，テンポラリーな組織の集合形態である，コンファレンスや
見本市への参加が，市場や他の企業の動向を監視し，インフォーマルな知識交
換を促すものとして位置付けられている．

　Maskell et al.（2006）や Bathelt and Schuldt（2008a）では，グローバルな知
識交換におけるアクター間のテンポラリーな接触に着目し，そのような現象
が，パーマネントクラスター（恒常的なクラスター，permanent cluster）と同
様の知識交換のメカニズムによって特徴付けられると主張する．彼らはそれを
テンポラリークラスター（temporary cluster）という用語によって表現している
（Maskell et al., 2006, p.999; Bathelt and Schuldt, 2008a, p.855 ）．プロジェクト組

織の場合と同様に，テンポラリークラスターの利点は，市場の不確実性に対応可能な点にあるといえる．以下に説明するように，テンポラリークラスターの例としては見本市や展示会（trade fair）の存在が挙げられている．

図3-3はBathelt and Schuldt（2008a）による，見本市を例とした，テンポラリークラスターとパーマネントクラスターにおけるアクター間の知識・情報のパイプライン構築の模式図である．Maskell *et al.*（2006）は，企業が国際的な見本市を，遠距離の市場や知識のプールへのアクセスを可能とさせ，最先端の知識やビジネスパートナーを得る機会であると主張し，産業集積地域に立地していない孤立企業の成功要因となりうると指摘する．ただし，テンポラリークラスターはパーマネントクラスターを完全に代替するわけではなく，それらが相補的関係にあると述べている．すなわち，企業は見本市への参加を通じて，企業間の信頼を構築し，研究開発や取引などにおいて，継続的な協働関係が生まれると指摘する（p.1005）．

Maskell *et al.*（2006, pp.1001-1002）とBathelt and Schuldt（2008a, pp.855-856）は見本市の利点として，参加アクターとの垂直的相互作用と水平的相互作用

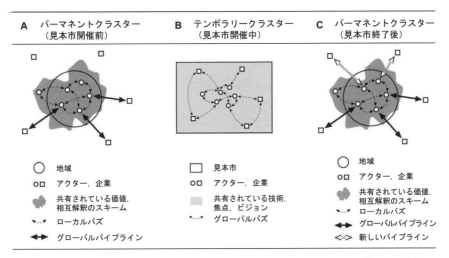

図3-3　テンポラリークラスターとパーマネントクラスターにおけるパイプライン創造
資料：Bathelt and Schuldt（2008a, p.856）のFig.1

の存在を挙げている．すなわち，サプライヤーとカスタマーとの間で，近年の市場の流行や経験，今後の製品に要求されている事柄に関する情報を交換することができ，垂直的相互作用の効果が存在する（図3-3-B）．それは新しいパイプラインの構築や，既存のパイプラインの維持に加え（図3-3-C），イノベーションや戦略の調整のための情報の源泉となりうると主張する．また，Tödtling *et al.*（2006）が指摘するように，普段は競争相手となる企業が集合することにより，製品や戦略の観察・比較が可能となる．そのような水平的相互作用の効果によって，将来の投資やイノベーションの決定，また企業内のプラクティスの改善が促されると主張している（Maskell *et al.*, 2006, p.1002）．

　以上，本節ではイノベーションや知識創造において利用される組織間のチャネルである，テンポラリーな結合関係に着目してきた．制度的に継続期間が定まっているプロジェクト型組織や，見本市における企業間の関係構築により，ローカル内で入手できない情報・知識の獲得が可能となり，また移り変わりの激しい市場への対応や，競争企業の動向の把握といった利点が存在する．地理的近接性の利益を享受できない組織がイノベーションを達成するためには，そのようなテンポラリーな結合関係が不可欠なものになると考えられる．

　しかしながら，テンポラリークラスターに着目した実証研究は緒に就いたばかりである．その中で，與倉（2013b）では，プロジェクト型の共同研究開発に注目し，イノベーションをもたらすネットワークの地理的な拡がりが，知識ベースの違いによって異なることを，計量的分析から明らかにしている．ただし象徴的な知識に基づいた産業は採り上げられておらず，見本市の分析も含めて，さらなる実証研究の蓄積が求められている．

V　イノベーション研究の課題

　本章では，産業集積とイノベーションをめぐる諸論考を，①イノベーションが起きる空間的次元，②知識ベース，③産業集積の継続期間の3点から検討してきた．表3-2は，3つの知識ベース（分析的，統合的，象徴的）と，集積の

表 3-2　知識ベースと集積の継続期間に基づいたイノベーションの要因の類型

集積の継続期間 ＼ 知識ベース	分析的	統合的	象徴的
テンポラリー	・プロジェクトベースの共同研究開発 ・見本市やコンファレンスによる他アクターの観察・監視	・ローカル内のサプライヤー・カスタマー間の相互学習 ・見本市やコンファレンスによる他アクターの観察・監視	・一回限り（one-off）のプロジェクト生産方式における暫定的信頼 ・見本市やコンファレンスによる他アクターの観察・監視
パーマネント	・大学，企業，公的な研究支援機関などとの緊密なネットワーク ・ローカル内の高度な技能を有した労働力	・サプライヤー・カスタマー間の互恵的・互酬的信頼	・プロジェクト経験の共有による関係性のローカルへの埋め込み

継続期間の違い（テンポラリー，パーマネント）に基づいて，イノベーションの要因を整理したものである．

　テンポラリークラスターでは，科学技術政策による共同研究開発や，コンテンツ産業・文化産業の生産方式にみられるように，プロジェクトベースでイノベーションが生み出される．また，知識ベースの違いによらず，見本市のような諸アクターが一時的に集合する場において，情報や知識の交換が進む．

　分析的知識に基づく産業集積では認知的近接性によって，大学や企業間において緊密なネットワークが形成される．またローカル内の高度な技能を有した労働力の存在がローカルレベルの吸収能力を高めることにより，産業集積が発展・成長する．統合的知識に基づく産業集積では長期的な企業間関係によって，アームズレングス的な取引 17) を超越した深い協力関係が構築される．また象徴的知識ベースの産業集積では，共通したプロジェクトへの参加によって，参加アクター間の関係性がローカルに埋め込まれ，制度的厚みが形成される．このようなテンポラリークラスターからパーマネントクラスターへの転換を可能とさせる要因は，ローカルからグローバルまで重層的な空間的次元を占める組

織間のリンケージ（パイプライン）である．ローカル内の高度な技能を有した労働力や，産業を支援する文化，社会，政治などの制度的な厚みに加えて，産業集積外との広域化した知的関係性が，産業集積の発展を支えているのである．

　最後に，イノベーション研究の今後の課題を述べる．本章で紹介した議論の多くは，ケーススタディに基づいて新しい理論や概念が構築されている．その一方で，集積間のパイプラインやバズ，組織的近接性などに関する計量的な実証分析は緒に就いたばかりである（Owen-Smith and Powell, 2004; Boschma and Frenken, 2006 など）．空間的次元の違いを考慮した組織間ネットワークや，産業ごとの知識ベースの違いがイノベーションに与える影響について定量的に把握することによって，経済地理学において重要な論点を提供することが可能となろう．

注

1) 山本（2005）の第9章において Maskell と Malmberg による知識創造の議論が詳しく紹介されている．

2) 一橋大学イノベーション研究センター編（2001, p.69）では「イノベーションとは経済成果をもたらす革新」であるとし，広義的な定義がなされており，本章もそれに倣った定義を用いている．

3) ただし松原（2007）は「日本の地域的イノベーションシステムを把握する上では，『イノベーションの風土』とでも呼ぶべき地域特性に注目することが重要である」（p.39）とし，地域イノベーションシステムとミリュー論との融合可能性について言及している．

4) Tödtling and Trippl（2005）では，イノベーション・システム・アプローチにおいて，イノベーションが進化的，非線形的，相互作用的過程としてみなされるべきものであり，企業や大学，さまざまな支援機関の間の活発なコミュニケーション，協働が必要になるとする（p.1205）．また松原（2006）は地域イノベーションシステム論において，ローカルな枠組での企業間の協調や信頼関係，知識の共有，起業家精神が強調されており，地域での独特の「仕組み」が有効であるとされていると述べている（p.183）．地域イノベーションシステムとグローバル・イノベーションシステムの概念は後にみるように，国民国家レベルを単位とするナショナル・

イノベーションシステムの枠組を，ローカルレベル，グローバルレベルに適応させたものである．

5）松原（2006）はマーシャルの「産業地域 industrial districts」の拡張型として，新産業地域に関する議論が多様化しているとし，その潮流の1つとしてミリュー論を位置付け，ミリューを「特定の物的（企業，インフラ），非物的（知識，ノウハウ），制度的（機関，法的枠組）要素のセット」と紹介している（pp.181-182）．また山本（2005）はローカル・ミリューが果たす役割を，①集合的学習過程と②不確実性を縮小させる装置であると述べている（p.187）．本章の定義は上記の論者達による整理を参考にした．

6）イノベーションは連続的な漸進的イノベーションと，非連続的なラディカルイノベーションとに分けられる．水野・立見（2007, p.2）によると，漸進的イノベーションは「既存の知識基盤の延長で起こる知識創造によって生まれるイノベーション」であり，ラディカルイノベーションは「既存の知識基盤と断絶した新奇的知識を用いたイノベーション」と定義される．

7）「埋め込み」とは，主体のさまざまな活動が社会に埋め込まれ，固着的である状態を指す．なお，中澤（2013）は埋め込み概念を再検討し，個別具体的なローカル関係を捉える「グラノベッター的埋め込み」と，一般的・普遍的な関係を把握する「ポランニー的埋め込み」とに区分し，後者に焦点を置いた研究の必要性を主張している．

8）一方で Boschma（2005, p.65）は組織的近接性を，「組織内もしくは組織間における組織体制において関係性が共有されている程度」と定義し，認知的近接性（距離）と区別して論じている．組織的近接性が過剰であると組織の柔軟性が減じられ，過小であると機会主義的行動の危険性が増すと指摘している．

9）Nooteboom *et al.*（2007, p.1031）は，このような状況を「知れば知るほど，新しさをみつけるためには遠くへ行かなくてはならない」と表現している．

10）Giuliali and Bell（2005, p.53）では①各企業の技術をもつ人員の数と教育水準，②専門的スタッフの経験，③企業の実験活動の頻度といったデータを用いて，主成分分析による数量化を試みている．

11）「実践コミュニティ」とも訳されるコミュニティ・オブ・プラクティスは，共有化された価値判断を基にして，参加者間の知識の円滑な伝搬が促される集団を指す．Wenger *et al.*（2002）では世界銀行や，マッキンゼー，ゼロックス，シェル石

油といったグローバル企業において，本社と現場といった異なる組織に属する社員間の連携により，業務に必要な適切な知識が獲得されている事例が提示されている．

12) 多国籍大企業による，国境を越えた知識伝達に関する先駆的研究成果としては，Kogut and Zander（1993）が挙げられる．

13) セクターイノベーションシステム論では，①革新的企業の競争と淘汰の過程，②革新的企業の分布，③企業のイノベーション過程における知識の空間的境界，の3点を分析軸として，具体的な産業分析に適用している（松原，2006，pp.184-185，2007，p.34）．

14) Fromhold-Eisebith（2007）では NSSI に基づく政策の事例として，インドの情報通信産業（ソフトウエア産業）の振興政策である Software Technology Park in India（Fromhold-Eisebith, 2006）を紹介している．

15) 大学と産業との連携の効果は，限られた企業のみが享受できるとする研究成果も存在する．Laursen and Salter（2004）では，イギリスの 2,655 の製造業企業のイノベーションに関するデータを用いて，R&D の能力（capability）を有した限られた企業のみが，大学との連携とイノベーション活動とが結びついており，多くの場合には大学よりも，企業内部の R&D やサプライヤー・カスタマー関係の方がよりイノベーションをもたらすとの分析結果が示されている．

16) いずれの事例も 'Nordic SMEs and Regional Innovation Systems' と呼ばれる共同研究プロジェクトによる事例研究の成果を基にしている（Asheim and Coenen, 2005, p.1181）．なお Gertler and Wolfe（2006）も，カナダの 13 の産業集積を対象に，知識ベースを統合的，分析的，そしてその中間のハイブリッドなものに分けて，地域の類型化を試みている（松原，2007，pp.33-34）．

17) アームズレングス的な取引とは，「市場取引という，社会的距離を置いたよそよしい取引」（山本，2005，p.158）を指す．

第4章　研究開発ネットワークと
　　　　地域イノベーション

I　共同研究開発における知識フローの分析視角

　企業および地域経済におけるイノベーションや知識創造の議論において，産業集積（ローカル内）の制度的役割とともに，ローカル外のアクターとの「ネットワーク」の重要性が多くの論者によって指摘されている（Amin and Thrift, 1992; Malmberg and Maskell, 2002; 山本，2005；水野，2005など）．たとえばローカル・ミリュー論（Camagni ed., 1991）や知識のパイプラインの議論（Owen-Smith and Powell, 2004）では，ローカルレベルのイノベーションを促進させるものとして，ローカル外からの新しい知識や情報の流入を挙げている．本書では組織間関係を始めとしたさまざまなネットワークをめぐる議論をレビューしてきたが，そこでは今後の経済地理学からのネットワーク研究の方向性として，アクター間の「関係構造」に着目するアプローチの必要性が説かれている．

　現在，ネットワーク構造に着目するアプローチとして，グラフ理論から発展した「社会ネットワーク分析」の手法を用いた研究蓄積が進んでいる．

　企業間取引関係を対象に，社会ネットワーク分析を援用した既存研究としては，坂田ほか（2006, 2007），杉山ほか（2006），若林（2006），中野（2007）などが挙げられる．

　坂田ほか（2006, 2007）は，全国の地域クラスター（産業クラスター，知識クラスター）から，「同地域・異分野，異なる地域・同分野」の比較ができるよう，いくつか地域を選択した後に，ネットワーク構造を比較分析している．

　彼らの分析手法の特徴は，Guimerà *et al.* (2005) の分析枠組を用いて，地域クラスターに参加するアクターのHub機能（ネットワーク内で密度の高い集

団（モジュール）において多くの主体と結合している）と Connector 機能（ネットワーク内の異なる集団と集団とをつなぐ役割）を数量化し，算出している点にある．分析の結果，Hub 機能と Connector 機能がともに高い中核企業の存在が，地域クラスターの成長・成熟に必要となると指摘している．

　一方，杉山ほか（2006）では，日本経済新聞社が 2004 年に発行した，我が国の上場企業約 3,700 社の主要取引先が電子データとして収録されている『企業情報データベース』を用いて，企業間取引関係ネットワークを分析している．現在，社会ネットワーク分析の研究潮流において，ネットワークが達成するパフォーマンスに目を向けたものはそれほど多くないといえる．その中で，彼らの分析のオリジナリティは，企業の構造的優位性を数量化し，さまざまな財務指標との相関関係をみている点にある．分析の結果，企業の構造的優位性と，時価総額との間に正の相関があることを明らかにしている．

　若林（2006）は，企業間の長期的取引に基づく信頼関係と組織間ネットワークを計量的に実証している．東北地方の大手電機系企業 2 社の外注企業協力会を対象に，品質管理をめぐる組織間関係を社会ネットワーク分析によって抽出・描写し，信頼性との関連を検討している．また中野（2007）も，東京都大田区に立地する企業 5,111 社の主要取引先 3 社までの企業名が明記されたデータを用いて，大規模ネットワークデータを構築し，取引ネットワーク構造がスケールフリー[1] の特性を有するという分析結果を得ている．

　上記のような既存研究では有形的なモノ・カネのやりとりがなされる企業間の垂直的な取引関係に着目している．これに対して，アクター間の知識フローに基づく水平的な組織間関係に着目し，社会ネットワーク分析を援用した先駆的な研究成果としては，Cantner and Graf（2006）および Graf（2006）が挙げられる．

　彼らは，ドイツのイエナにおける特許の共同出願関係をもとに，イノベーションを生み出すアクター間のネットワークを分析している．その結果，アクターのネットワークにおける構造的位置の違いが，イエナからの退出行動に影響するようになっていること，イエナ大学が中心性を増しつづけて，ローカルなアクター間の結合に寄与するようになっていることを明らかにしている（Cantner and Graf, 2006, pp.470-474; Graf, 2006, pp.103-108）.

　以上のような，社会ネットワーク分析を取引関係や知識フローに基づく組織間関係に援用した既存研究は，構造的分析という新しい観点を提供してくれている．しかしながら，それら諸研究では産業集積地域を対象事例としていても，集積の「内」と「外」との関係性について深く議論されることは少なかったといえる[2]．対して，Giuliani and Bell（2005）では，集積内，集積外といった空間的次元を社会ネットワーク分析に導入している．

　Giuliani and Bell（2005）は，チリのワイン企業集積地域を事例に，認知的位置と吸収能力を分析枠組に含めた実証研究を行っている．吸収能力を，「産業集積外部の知識を吸収し，波及し，活用する産業集積の能力」と，「企業の中で蓄積され，熟練した人的資源に体化された知識のストックを反映した，企業レベルでの知識の機能」と 2 種類に分類し定義している（p.49）．そして，吸収能力の高い企業は産業集積外との知的リンケージを構築する傾向があり，異なる吸収能力を持った企業は，産業集積内で異なる認知的位置を構築するという仮説を立てている（pp.49-50）．そして，インタビュー調査に基づいた企業レベルのデータから，社会ネットワーク分析を用いて，企業の認知的位置を①知識の源泉，②相互交換者，③吸収者，④孤立者の 4 種類に分け，さらに企業の産業集積内の吸収能力を定量化し[3]，吸収能力と集積外との知的リンケージとの間に強い正の相関があること，またノードの中心性指数と吸収能力との間にも有意な相関があることを明らかにしている．

　組織間の知識フローを対象として，経済地理学的観点から社会ネットワーク分析を援用する際には，上記の Giuliani and Bell（2005）のように空間的次元を導入することが不可欠である．そこで本章では，ローカル外からの情報・知識の流入に関して，Bathelt *et al.*（2004）で提唱されている集積間の「パイプライン」概念を導入し，新しい知見の導出を試みる．このパイプライン概念は産業集積内に存在する有益な情報を，別の産業集積へと吸い出す際に使われるチャネルを意味する．しかし，計量的な実証分析でその存在を確かめた研究は，管見の限り見あたらない．知識創造の際に使われる産業集積間のパイプラインを，社会ネットワーク分析を用いて析出・描写し，ネットワーク構造

とイノベーションとの関連を考察することが本章の目的となる.

　本章ではまず, Ⅱ節において分析データと分析枠組を提示し, 共同研究開発ネットワークの構造を我が国の地域ブロック別に比較検討する. Ⅲ節ではイノベーションを達成しているネットワークを可視化し, 共同研究開発の参加アクターのネットワークにおける構造的位置との関連を考察する. Ⅳ節では技術分野別および主体の属性別に組織間知識フローの空間的パターンを検討し, Ⅴ節において本章の成果を振り返り, 今後の研究課題を述べる.

Ⅱ　共同研究開発における主体間関係の構造

　現在, Etzkowitz and Leydesdorff（2000）および Etzkowitz（2008）のトリプルヘリックスアプローチ[4]にみられるように, 産（企業）・学（大学, 高等専門学校）・公（公設試験研究機関や産業支援機関, 商工会議所などの経済団体やNPO法人など）の連携がイノベーションを促進させる重要な施策として考えられている. 社会ネットワーク分析を用いて産学公連携とその成果について計量的に実証し, 考察するためには, 参加する主体の属性（事業所の名称や所在地）に関する大量ネットワークデータが必要となる. そこで本章では共同研究開発の参加アクターに関するデータが入手可能である産学公連携の事例として, 経済産業省が実施している「地域新生コンソーシアム研究開発事業」を取り上げる.

　この地域新生コンソーシアム研究開発事業では, 公設試験研究機関や大学が中心となるコンソーシアム（共同研究体制）を形成し, 「大学等の技術シーズ・知見を活用して事業化に結びつく製品・サービス等の研究開発」の推進を目指している（経済産業省, 2005）. また, 公募の際には, 参加企業数の3分の2以上が中小企業であることが必要となる「中小企業枠」や, 知的クラスター創成事業など他府省の研究開発施策で生まれた技術シーズを活用することが要件となる「他府省連携枠」が設けられている.

　本章では上記の大量ネットワークデータを用いることによって, 共同研究開

発ネットワークの構造と，その成果に関する計量的な分析を行う．その際には，社会ネットワーク分析を用いて，各アクターの特性別にネットワーク統計量を算出し，構造的位置と研究開発ネットワークが有する特徴を明らかにする．

1.　分析データと分析手法

　本章では 2001 年度から 2007 年度までの地域新生コンソーシアム研究開発事業の採択プロジェクトを分析対象とする．計 911 の採択プロジェクトに参加している研究実施主体は延べ 4,547 を数える．研究実施主体の名称を基に大規模ネットワークデータを構築し，共同研究プロジェクトを介した組織間ネットワークを分析していく．

　図 4-1 は研究プロジェクトと研究実施主体に関する 2 部グラフである．この例では主体 a と b が研究プロジェクト A において，主体 b, c, d が研究プロジェクト B において，主体 c, d, e, f が研究プロジェクト C において，主体 d と f がプロジェクト D の下で，共同研究開発を行っている．以下に説明するように，この 2 部グラフから，共通の研究プロジェクトを介した研究実施主体間ネットワークを作成することができる．

　まず，研究実施主体を行に，研究プロジェクトを列に対応させて，研究プロジェクトに参加していれば 1 を，参加していなければ 0 を成分とする行列 A を作る．

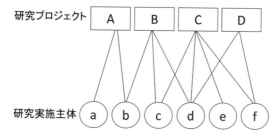

図 4-1　研究プロジェクトと研究実施主体に関する 2 部グラフ

$$A = \begin{array}{c} \\ \\ \\ \\ \\ \\ \end{array} \begin{array}{cccc} A & B & C & D \\ \end{array}$$

$$A = \begin{pmatrix} 1 & 0 & 0 & 0 \\ 1 & 1 & 0 & 0 \\ 0 & 1 & 1 & 0 \\ 0 & 1 & 1 & 1 \\ 0 & 0 & 1 & 0 \\ 0 & 0 & 1 & 1 \end{pmatrix} \begin{array}{c} a \\ b \\ c \\ d \\ e \\ f \end{array} \qquad \text{式1}$$

　研究実施主体間のネットワークを構築するためには，行列 A に，その転置行列 A' を右からかければよい[5]．たとえば，下記の行列の2行3列目の要素は1の値をとるが，これは主体 b と主体 c が1つの同じ研究プロジェクトに参加していることを意味している．一方，4行目6列の要素は2の値をとるが，これは主体 d と f が2つの研究プロジェクトに同時に参加していることを意味する．なお，対角成分の値は各組織が参加する共同研究プロジェクトの総数となる[6]．

$$AA' = \begin{pmatrix} 1 & 1 & 0 & 0 & 0 & 0 \\ 1 & 2 & 1 & 1 & 0 & 0 \\ 0 & 1 & 2 & 2 & 1 & 1 \\ 0 & 1 & 2 & 3 & 1 & 2 \\ 0 & 0 & 1 & 1 & 1 & 1 \\ 0 & 0 & 1 & 2 & 1 & 2 \end{pmatrix} \qquad \text{式2}$$

　以上の行列をもとに，ネットワーク可視化ソフトウェアである NetDraw[7] を用いて，図4-2のようにネットワーク構造を可視化させることができる．本章では地方経済産業局の管轄地域別[8]に，研究実施主体間ネットワークの構造を可視化させて，比較分析する．

　地域新生コンソーシアム研究開発事業では「事業化に直結する実用化技術開発の促進」を重要な目的として挙げている．そこで，事業化に関するデータが入手可能である2001年度から2004年度までの採択プロジェクトの中から，既に事業化に成功しているものを抽出し，研究開発ネットワークのパフォーマン

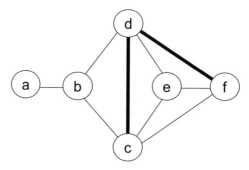

図 4-2　共同研究プロジェクトを介した研究実施主体間ネットワーク
注：共通の研究プロジェクトへの参加が重複するほど，リンクが太く描かれている.

スを表す指標として用いる[9]. さらに，各主体の研究開発拠点の所在地を調査
し，ライフサイエンスやナノテクノロジー，情報通信などといった分野別の研
究開発ネットワークの地理的な拡がりの違いについて考察する.

2. 地域新生コンソーシアム研究開発事業の研究分野別・地域別の特徴

　本章で対象とする地域新生コンソーシアム研究開発事業では，各採択プロ
ジェクトを技術分野別に区分している. 表 4-1 は，「大区分」として定義され
ている①ライフサイエンス，②情報通信，③ナノテクノロジー・材料，④製造
技術，⑤環境・エネルギー，⑥融合・横断・統合的・新分野の革新的技術，と
いった 6 つの技術分野区分を用いて，地域ブロック別に採択プロジェクト数を
集計したものである[10]. 最も多くのプロジェクト数を有しているのは関東ブ
ロック（計 207 プロジェクト）であり，近畿，九州，中部，中国，北海道，東
北，四国，沖縄といった順に続く.
　地域ブロック別に採択プロジェクトの技術分野の特徴を述べると，北海道で
はライフサイエンス分野の採択数が際立って多く，そのシェアは全地域の平均
の 2 倍ほどとなることがわかる. ライフサイエンス分野の内容は，遺伝子の解
析技術から，工業プロセスのバイオ化技術まで多岐に渡っているが，北海道で
は道内の農水産資源を活用した生産技術に関する研究開発が多い. 一方，製造

表 4-1　地域ブロック別・技術分野別の採択プロジェクト数と参加主体数

地域ブロック	ライフサイエンス		情報通信		ナノテク・材料		製造技術		環境・エネルギー		融合・横断・統合的・新分野		その他	
	プロジェクト数	主体数	プロジェクト数	主体数	プロジェクト数	主体数	プロジェクト数	主体数	プロジェクト数	主体数	プロジェクト数	主体数	プロジェクト数	主体数
北海道	30	135	12	68	10	52	7	35	10	59	6	28	1	5
東北	6	24	12	70	13	56	17	114	10	52	6	26	5	18
関東	34	142	45	187	31	145	35	201	37	179	18	85	7	26
中部	22	105	9	40	21	104	21	135	26	113	2	7	12	45
近畿	41	197	17	76	38	193	21	138	31	149	7	29	6	25
中国	7	41	8	41	17	105	13	80	20	121	5	26	9	47
四国	12	64	6	28	10	53	11	69	13	67	1	3	9	37
九州	18	74	17	85	23	113	26	146	28	136	3	20	10	44
沖縄	6	28	3	12	0	0	3	8	3	21	0	0	4	15
合計	176	810	129	607	163	821	154	926	178	897	48	224	63	262
産		435		358		475		554		553		114		139
学		257		159		200		213		200		73		67
公		118		90		146		159		144		37		56

資料：2001〜2007年度 地域新生コンソーシアム研究開発事業資料により作成.

技術や環境エネルギー分野の採択数は少ない.

　東北ブロックでは製造技術分野が最も多く,その割合(25%)は全ブロックの中で最大となる.対してライフサイエンス分野における採択数は少ない.一方,関東ブロックは全ての分野とも採択プロジェクト数が多くなっているが,その中でも特に,情報通信分野が他のブロックと比べて多くなっている.情報通信分野ではソフトウェア技術やデバイス技術の他に,ネットワークのセキュリティやサービスに関する技術が中心であることから,それら関連企業の集積や,関連学部や研究科を有する大学が多く立地していることが,関東への特化の要因であると考えられる.

　一方,中部ブロックは情報通信分野と融合分野の採択数が少ないが,他の分野では全地域の平均とほぼ同じ水準で採用されている.近畿ブロックの特徴としては,ライフサイエンスとナノテク・材料分野に特化していることが挙げられる.これら分野では,大学に所属する教員がプロジェクトリーダーとなっている場合が多く,共同研究開発において中心的な役割を担っている.

　中国ブロックは四国ブロックと同様に際立った特化の傾向はみられないものの,製造技術や環境・エネルギー分野の採択数が比較的多い.九州ブロックでは製造技術分野の総数が関東に次いで多くなっており,融合分野を除いて他の分野でもプロジェクトの採択数が多い.沖縄ブロックでは採択総数は少ないものの,北海道ブロックと同様に,県内の資源を活用したプロジェクトがライフサイエンス分野を中心にみられる.

　以下では,ライフサイエンス分野に特化した①北海道ブロック,製造技術分野が多い②東北ブロック,情報通信分野が多い③関東ブロック,ライフサイエンスとナノテクノロジー分野が多い④近畿ブロック,特化傾向の見られない⑤中国ブロック,そして製造技術と環境エネルギーが多い⑥九州ブロックの6つの地域ブロック別の研究実施主体間ネットワークの構造を詳しくみていく.

3.　研究実施主体間の関係構造の地域間比較

　図4-3はNetDrawを用いて,各地域ブロックの研究実施主体間ネットワーク

を可視化させたものである．共通の研究プロジェクトへの参加が重複している
ほど，リンクが太く描かれている．また各ノードの大きさは次数中心性[11]に
比例させている．

　図4-3-a をみると北海道ブロックでは，大学「H.U.」の工学部が，独立行政
法人の「S.S.」の北海道センターや，道立の公設試験研究機関「H.K.」ととも
に多くの共同研究を行い，ネットワーク構造において中心に配置され，「ハブ」
となっていることがわかる．この H.U. を中心に広がる共同研究開発ネット
ワークには，北海道ブロックの全 245 の主体のうち，238 もの主体が含まれ
ている．また，我が国唯一の獣医農畜産系単科大学である「O.U.」や，工科
大学の「Mu.I.T.」も複数の研究プロジェクトに参加し，多くの共同研究相手を
有していることがわかる．さらに民間の研究開発機関である「N.Inc.」や「S.Inc.」
が，大学「H.U.」の医学部や薬学部とともに共同研究を行っており，次数の高
いノードとして目立っている．

　東北ブロックの場合，最大のノード数を含むコンポーネント（直接的もしく
は間接的に組織間が繋がっているネットワーク）には 215 の主体が含まれてい
るが，図4-3-b をみるとそれが 2 つのグループに分かれていることがわかる．
まず「I.U.」や「A.U.」や「Y.U.」といった大学の工学部と，それぞれの県に
立地する公設試験研究機関が多くのリンクを有し，1 つの核となって配置され
ている．特に大学「I.U.」が多くの研究プロジェクトに参加し，共同研究相手
も東北ブロック内において最大の数となっている．これに対するもう 1 つのグ
ループが，大学「T.U.」と独立行政法人「S.S.」の東北センターから成るネッ
トワークである．この 2 つのグループ間のつながりは，大学「I.U.」と「T.U」
間の共同研究が 1 つ存在するのみである．

　一方，関東ブロックの場合には，独立行政法人「S.S.」のつくばセンターが
圧倒的に多くの共同研究相手を持ってネットワークのハブとなり，巨大コン
ポーネントがつくられていることがわかる（図4-3-c）．すなわち，全 686 ある
主体のうち，547 もの主体が直接もしくは間接的に，共同研究開発ネットワー
クにおいて繋がっている．そして，「Sa.U.」や「Sz.U.」,「G.U.」,「Sn.U.」といっ
た関東の地方国立大学の工学部が「S.S.」の周辺に配置しており，多くの主体

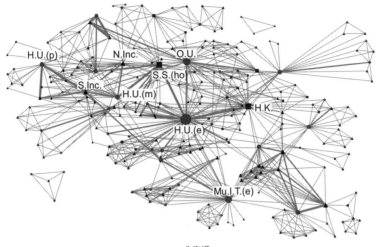

a. 北海道

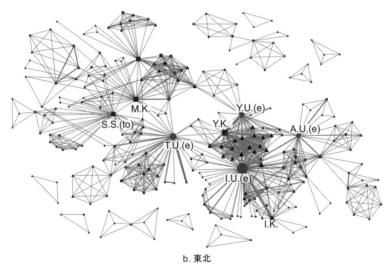

b. 東北

凡例

▲ 産　● 学　■ 公　　　(a)農学　(e)工学　(m)医学　(p)薬学　(s)自然科学
　　　　　　　　　　　　(ho)北海道　(to)東北　(ts)筑波　(ka)関西　(ch)中国　(ky)九州

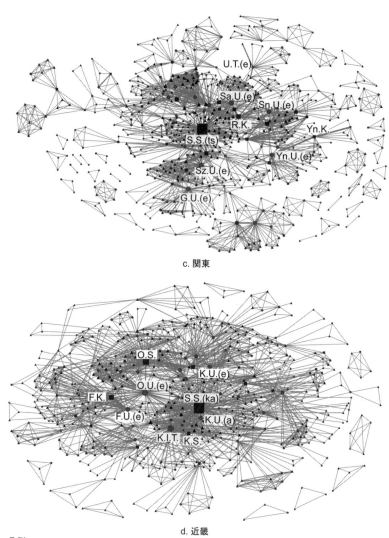

c. 関東

d. 近畿

凡例

▲ 産　● 学　■ 公　　(a)農学　(e)工学　(m)医学　(p)薬学　(s)自然科学

(ho)北海道　(to)東北　(ts)筑波　(ka)関西　(ch)中国　(ky)九州

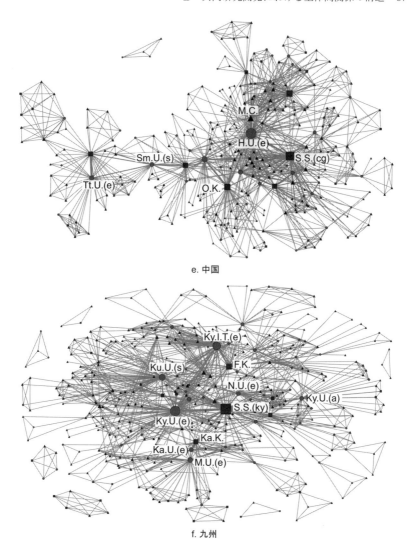

e. 中国

f. 九州

凡例
▲ 産　● 学　■ 公　　(a)農学　(e)工学　(m)医学　(p)薬学　(s)自然科学
　　　　　　　　　　(ho)北海道　(to)東北　(ts)筑波　(ka)関西　(ch)中国　(ky)九州

図4-3　研究実施主体間ネットワークの総括図

注）共通の研究テーマへの参加が重複しているほど，線が太く描かれている.
　　ノードの大きさは次数中心性に比例.
資料：2001 ～ 2007 年度　地域新生コンソーシアム研究開発事業資料により作成.

と共同研究開発を行っている様子がわかる.

　近畿ブロックでは, 独立行政法人「S.S.」の関西センターが最も多くの共同研究相手を有している. また, 大学「O.U.」や「F.U.」の工学部,「K.U.」の工学部と農学部に加えて, 京都に立地する工科系大学である「K.I.T.」が次数中心性の高いノードとして目立っている (図 4-3-d). またそれら大学が,「K.S.」や「O.S.」および「F.K.」といった県の公設試験研究機関とともに複数の共通したプロジェクトに参加し, 研究開発において強固な連携を築いていることも見て取れる. なお, 最大のノード数を含むコンポーネントには, 関西ブロックの全 528 主体のうち 496 主体が含まれており,「S.S.」や大学をハブとした巨大ネットワークが形成されている.

　中国ブロックの場合には, 独立行政法人「S.S.」の中国センターと,「H.U.」の工学部とともに, 広島県に立地する大手自動車メーカー「M.C.」が多くの共同研究相手を有するノードとして目立ち, 密なネットワークを形成している (図 4-3-e). 一方, ネットワーク構造の周辺には, 大学「Tt.U.」や「Sm.U.」が配置されている. そして, それらノードはネットワーク構造の核を形成している「S.S.」や「H.U.」と共同研究を行っていないことがわかる.

　最後に, 九州ブロックの場合には,「S.S.」の九州センターと, 福岡県に立地する国立大学「Ky.U.」の工学部の次数中心性が大きく, ネットワーク構造の中央に配置されている (図 4-3-f). また両者は複数のプロジェクトに共通して参加しており, 太いリンクで繋がれている. そのほか, 福岡県の工科系大学である「Ky.I.T.」が福岡県立の公設試験研究機関とともに共同研究を行い,「Ku.U.」や「Ka.U.」「M.U.」といった九州の他県の国立大学が共同研究相手を多く有していることがわかる.

　このように研究開発ネットワークの関係構造には地域的な差異がみられるが, 東北, 中国, 九州といった地域ブロックに共通する特徴として, 共同研究開発相手を多く有しているコア (核) が複数存在しており,「分散decentralized」型なネットワーク形態をとっていることが挙げられる. 一方, 北海道, 関東, 近畿ではネットワークの関係構造においてコアとなるアクターが限定的であり,「集中 concentrated」型なネットワーク形態であるといえる [12].

　分散型のネットワークでは，参加アクターは複数のコアと結びつくことにより，研究開発に関わる多様な情報を入手することができる．ただし，コア同士の構造的な位置が離れていると，同時に複数のコアと結びつくことが困難になると考えられる．一方，集中型の場合には，ネットワーク構造においてコアに近い位置に配置されているアクターほど，コアから迅速に情報を受け取ることができる．対して，構造的に周辺的（peripheral）な位置にあるアクターは，情報源となるコアにたどり着くまでに多くのリンクを辿る必要があり，情報伝達の面で不利益を受けると考えられる．

　表 4-2 には UCINET[13] を用いて算出した研究実施主体間ネットワークの統計量を全ての地域ブロック別に記している．産・学・公といった主体の属性別に次数中心性の大きさをみてみると，北海道を除いた地域ブロックでは，公が最も多くの共同研究開発先を有し，次いで学，産の順となっている．いずれの地域においても産の次数中心性は，5 〜 7 の値であるが，学や公では地域ごとに大きな差がみられる．北海道では，学が公よりも共同研究開発先を有してお

表 4-2　地域ブロック別の研究実施主体間ネットワークの統計量

	北海道	東北	関東	中部	近畿	中国	四国	九州	沖縄
ノード数	245	261	686	369	528	302	220	381	65
リンク数	1794	2098	4818	2620	4192	2594	1686	2888	358
「産」の次数中心性	5.92	6.93	5.85	5.89	6.19	6.72	6.02	5.67	5.02
「学」の次数中心性	12.47	10.72	8.67	9.43	13.53	13.43	11.13	13.63	6.07
「公」の次数中心性	9.44	14.24	14.88	14.50	20.84	21.21	17.56	15.67	7.00
「産」の標準媒介性	0.27	0.15	0.09	0.19	0.08	0.13	0.09	0.27	0.08
「学」の標準媒介性	3.05	1.96	0.52	1.33	1.26	2.46	2.49	3.05	1.02
「公」の標準媒介性	2.11	2.43	1.79	2.72	3.06	4.45	4.95	2.11	1.00
総コンポーネント数	3	10	32	10	9	2	6	7	8
ノードを10以上含むコンポーネント数	1	2	2	1	1	1	1	1	2
最大コンポーネントに含まれるノード数	238	215	547	336	496	298	203	357	32

資料：2001 〜 2007 年度　地域新生コンソーシアム研究開発事業資料により作成.

り，知識・情報の域内の循環のハブとなっている．沖縄は学と公ともに共同研究開発相手が少ない．近畿と中国では，学と公ともに次数中心性が他ブロックと比べて大きく，1組織当たりの参加プロジェクト数が多いことを表している．

　また全ての地域ブロックが，1つもしくは2つの大規模なコンポーネントを有している．沖縄を除いて，全てのノードのうち8割以上が1つのコンポーネントに属している．その中でも北海道や中国では，その割合がかなり高く，また総コンポーネント数も2〜3と少ないことから，各主体同士が密接に繋がり，知識フローにおいて断裂[14]がないネットワークが形成されていることがわかる．

Ⅲ　主体間関係構造とイノベーションとの関連性

　本章では共同研究開発におけるイノベーションの事例として「事業化」を取り上げる．2001年から2004年度まで，地域新生コンソーシアム研究開発事業では558のプロジェクトが採択されており，その中で事業化に成功しているものは108プロジェクトを数える．本章ではブロック別に，ネットワーク構造の中で事業化に成功したものを抽出し，リンクを太く描いて可視化させている（図4-4）．またその際には，ノードの大きさをボナチッチ中心性[15]に比例させている．ボナチッチ中心性とは，次数中心性の高いノードとのリンクをより重視する観点から算出される中心性指標の1つであり，ボナチッチ中心性が高いことは，共同研究相手を多く有したノードとのリンクを有していることを意味する．

　北海道ブロックでは，大学「H.U.」の工学部と独立行政法人「S.S.」の北海道センターのボナチッチ中心性の値が大きい（図4-4-a）ことから，「H.U.」の工学部と「S.S.」が北海道ブロックの研究開発において，知識や情報の好循環の鍵を握っているアクターであることが示唆される．一方，事業化達成の面から見ると，「H.U」や「S.S.」は多くの研究プロジェクトに参加しているものの，それぞれ1つのプロジェクトのみが成功しており，多くのプロジェクトにおい

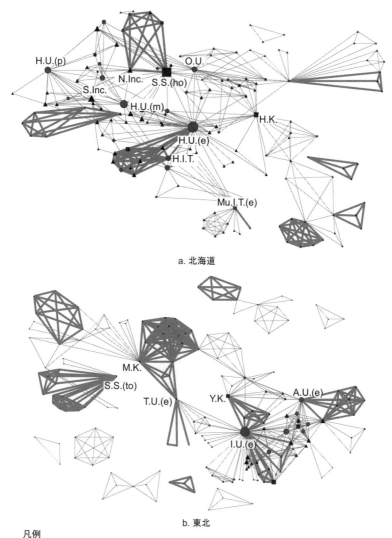

a. 北海道

b. 東北

凡例
▲ 産　● 学　■ 公　　(a)農学　(e)工学　(m)医学　(p)薬学　(s)自然科学
(ho)北海道　(to)東北　(ts)筑波　(ka)関西　(ch)中国　(ky)九州

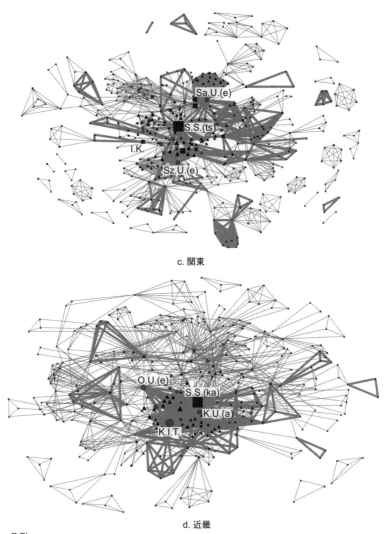

c. 関東

d. 近畿

凡例
▲ 産　● 学　■ 公　　　(a)農学　(e)工学　(m)医学　(p)薬学　(s)自然科学
　　　　　　　　　　　(ho)北海道　(to)東北　(ts)筑波　(ka)関西　(ch)中国　(ky)九州

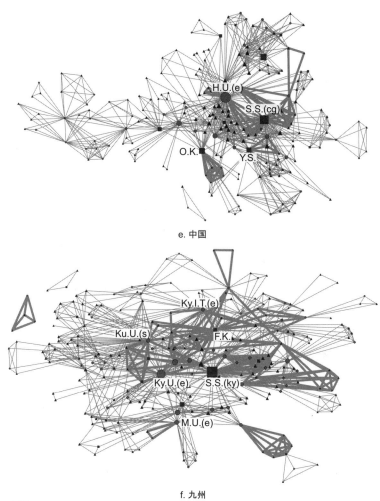

e. 中国

f. 九州

凡例

▲ 産　● 学　■ 公　　(a)農学　(e)工学　(m)医学　(p)薬学　(s)自然科学
　　　　　　　　　　(ho)北海道　(to)東北　(ts)筑波　(ka)関西　(ch)中国　(ky)九州

図 4-4　事業化達成ネットワークの総括図

注）太線が事業化したネットワークを示す．ただし、対象期間は 2001 ～ 2004 年まで．
　　ノードの大きさはボナチッチ中心性に比例．

資料：2001 ～ 2004 年度　地域新生コンソーシアム研究開発事業資料により作成．

て事業化が未達成であることがわかる. また,「H.U.」の医学部や薬学部,「O.U.」といったボナチッチ中心性が高いノードも事業化できていない. むしろ, ネットワーク構造において周辺に位置するボナチッチ中心性の小さいノードが参加している研究プロジェクトの方が, 事業化を達成できていることがみてとれる.

東北ブロックの場合は, 大学「I.U.」のボナチッチ中心性の高さが際だっている（図4-4-b）. その一方で, 次数中心性の高い「S.S」や「T.U.」ではボナチッチ中心性の値は小さい. また, 事業化達成度合いとボナチッチ中心性の関連はさほどなく,「S.S」や「T.U.」といった, ボナチッチ中心性は低いが, 次数中心性は高いアクターが参加している研究プロジェクトが, 事業化の面で成功を収めていることがわかる.

一方, 関東ブロックの場合,「S.S」が最もボナチッチ中心性が高いノードである. 図4-4-cをみると, ボナチッチ中心性が高いノードが, 事業化を達成していることがわかる. 同様の傾向は, 近畿ブロックの場合にも当てはまる. 図4-4-dでは,「S.S.」の関西センターのほか, ボナチッチ中心性が高い大学として「O.U.」の工学部や,「K.U.」の農学部, 工科大学「K.I.T」が挙げられるが, それら主体が複数のプロジェクトに参加し, かつ事業化に成功していることがわかる.

中国ブロックの場合, ボナチッチ中心性が高い「S.S.」や「H.U.」が事業化を達成しているネットワークに参加している（図4-4-e）. 一方で, それらノードと関わりのないノードはボナチッチ中心性が低く, また事業化が未達成であることがわかる.

九州ブロックでは, 次数中心性の高いノードが, ボナチッチ中心性の値も大きくなっている（図4-4-f）. また高いボナチッチ中心性の値を示すノードの多くが, 事業化を達成しているプロジェクトに参加していることがわかる. しかしながら,「S.S.」の九州センターについで高いボナチッチ中心性を示す大学「Ky.U.」の工学部では, 1つも事業化を達成できていない.

事業化を達成したプロジェクトと未達成のプロジェクトとの間で, 参加する主体のボナチッチ中心性の値に有意な差があるかについて, Mann-WhitneyのU検定を用いて検討した結果を表4-3に示した. 表を見ると中国ブロックでは

表 4-3　事業化達成と未達成ネットワークにおける参加主体のボナチッチ中心性の比較

	北海道	東北	関東	中部	近畿	中国	四国	九州	沖縄
事業化達成・ノード数	42	77	157	60	81	31	19	69	11
事業化達成・平均ランク	71.6	103.16	359.19	125.03	308.12	172.2	77.37	171.3	31.27
事業化未達成・ノード数	179	148	475	218	411	259	139	307	35
事業化未達成・平均ランク	120.25	118.12	302.39	143.48	234.36	142.3	79.79	192.4	21.06
Mann-WhitneyのU	2104	4940	30584.5	5671.5	11654.5	3188	1280	9407	107
p値（両側）	0.000	0.098	0.001	0.114	0.000	0.061	0.828	0.146	0.027

資料：2001 〜 2004 年度　地域新生コンソーシアム研究開発事業資料により作成.

10%水準で，沖縄ブロックでは 5%水準で，関東ブロックと近畿ブロックでは 1%水準で，事業化達成しているネットワークに参加するノードの方がボナチッチ中心性の値が有意に高いことが明らかになった．そのような地域ブロックでは，知識や情報の好循環の鍵となる，ボナチッチ中心性の高い主体が事業化に対してポジティブな影響を与えるように機能している．すなわち，研究開発ネットワークにおいて，情報や知識の吸収者かつ発信者となるアクターの存在が，事業化の必要条件となる.

　また，ネットワーク構造において周辺的な位置にあるノードが事業化を達成できていない場合には，ボナチッチ中心性の高いノードを共同研究プロジェクトに参加させることによって，知識フローの効率化を図ることが課題となる.

　なお，四国ブロックでは，事業化達成と未達成プロジェクトとの間でボナチッチ中心性の値に有意な差があるとはいえなかった．一方，北海道ブロックの場合には 1%水準で，東北ブロックの場合には 10%水準で事業化しているプロジェクトに参加する主体ほどボナチッチ中心性が有意に低いという結果を得た．これは北海道ブロックの場合，ボナチッチ中心性の高いノードが複数のプロジェクトに参加しているものの，その中で事業化を達成したプロジェクトが少ないことを反映している．また東北ブロックの場合は，ボナチッチ中心性が低いアクターが参加しているプロジェクトの方がより多く事業化を達成していることが要因である．なお，同様の傾向は p 値が高いものの，中部ブロックや

九州ブロックにおいても当てはまる.

　ここで，研究開発の成果に関わる知的財産権を他組織に移転したために，事業化に含まれていないという可能性も考えられるので，ボナチッチ中心性の高さが事業化の阻害要因になっていると一概に言うことはできない．ただし，これら地域では周辺的な位置に属していながら事業化を達成しているノードと，ボナチッチ中心性が高いノードとの間に，構造的隔たりや多くのリンクを辿る必要性があり，情報伝達の効率性が悪い点を指摘できる．今後は，研究開発相手の整理などにより，研究開発ネットワークを再組織化することが課題になると考えられる.

IV　共同研究開発ネットワークの地理的な拡がり

　本節では，2001年度から2007年度までの採択研究プロジェクトをIIで挙げた6つの技術分野（①ライフサイエンス，②情報通信，③ナノテクノロジー・材料，④製造技術，⑤環境・エネルギー，⑥融合・横断・統合的・新分野の革新的技術）に分けて，研究開発ネットワークの空間的拡がりを検討する．その際には，GISを用いて研究実施主体間ネットワークを地図化している．さらに都道府県別に主体間関係を再集計し，NetDrawを用いて都道府県間の結合関係を図化している．なお，ノードの大きさは，各都道府県「内」の研究開発における主体間関係数に，またリンクの太さは，各都道府県「間」の研究開発における主体間関係数に，それぞれ比例させている.

　まず，ライフサイエンス分野では，北海道，関東，関西，九州北部において100km未満の研究開発が卓越していることがわかる（図4-5-a）．これは北海道の場合には，道内の農水産資源を利用する研究開発プロジェクトが多いことが要因である．また関東では特に東京都と，千葉県および神奈川県との間で，関西では大阪府と京都府との間で，そして北部九州では福岡県と，佐賀県および熊本県との間での結びつきが強い（図4-5-b）．また中部では愛知県や富山県において県内の共同研究開発が多く，かつ東京都との結びつきが強いことがわかる.

a

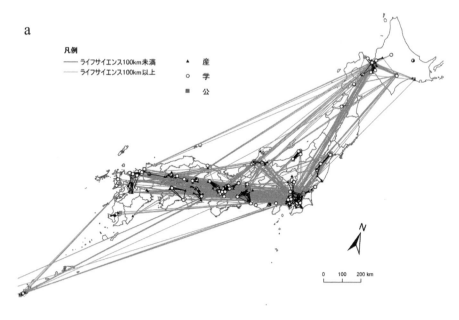

凡例
―― ライフサイエンス100km未満　　▲　産
―― ライフサイエンス100km以上　　○　学
　　　　　　　　　　　　　　　　　■　公

b

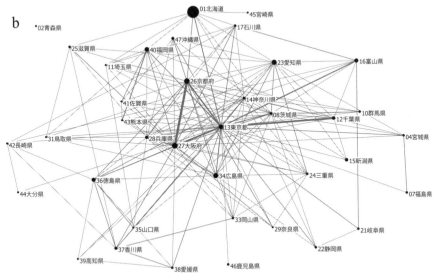

図 4-5　ライフサイエンス分野における研究実施主体間ネットワーク(a)と都道府県間結合(b)
資料：2001 ～ 2007 年度 地域新生コンソーシアム研究開発事業資料により作成.

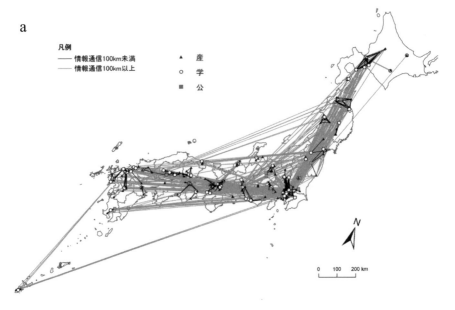

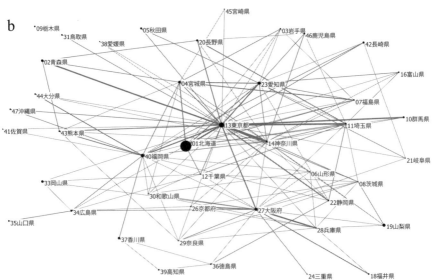

図 4-6　情報通信分野における研究実施主体間ネットワーク（a）と都道府県間結合（b）
資料：2001 ～ 2007 年度 地域新生コンソーシアム研究開発事業資料により作成.

　システム開発やソフトウェア開発が中心の情報通信分野の場合には，100 km 未満の研究開発が国内全国に分散的に存在しており，低コストで知識・情報の交換が可能な情報通信分野の特徴が現れている（図4-6-a）．そのような中で，北海道が1つの極となり，道内における共同研究開発の多さが際だっている（図4-6-b）．また，東京都と，北海道および東北とが強く結びつき，遠距離間の共同研究開発が卓越していることがわかる．

　10^{-9} m というナノスケールを取り扱う技術分野であるナノテクノロジー・材料分野では，世界的にも著名な科学者らが所属している大学が，地理的に近接した企業や公設試験研究機関のみならず，地理的に遠く離れたアクターとの共同研究に参加している（図4-7-a）．すなわち，大阪府や長野県，愛知県，広島県が，域内における主体間関係が多く，都道府県間のネットワークも発達している（図4-7-b）．

　金型や機械系の加工技術が中心の製造技術分野では，関東，中京，関西，北部九州といった地域における共同研究開発の多さが目立つ（図4-8）．また 100 km 未満の共同研究開発が他分野と比べて多くなっており，ローカルなアクターが指向される傾向にある．これは部品間の緊密な相互調整が必要となる「擦り合わせ」（藤本, 2003）の重要性や，物流コストの抑制，またイノベーションの多くが，既存の知識の応用を中心とした漸進的なものであること，などが要因として考えられる．

　環境・エネルギー分野では 100 km 未満の研究開発が集中している地域が全国的に分散しているが，なかでも関東，中京，関西，北部九州の共同研究開発の多さが目立つ（図4-9-a）．また図4-9-b をみると，北海道，愛知県，福岡県が大きなノードとして現れ，東京都とも強く結ばれていることがわかる．また沖縄県内の共同研究開発の多さも特徴的である．

　最後に，融合・横断・統合的・新分野の革新的技術では，研究開発の拠点が局地的に存在し，拠点間のネットワークも発達していることがわかる（図4-10-a）．北海道が最も域内の研究開発が多く，鳥取県や長崎県といった他の研究プロジェクトではあまり目立たない県が大きなノードとして現れるのが特徴である（図4-10-b）．

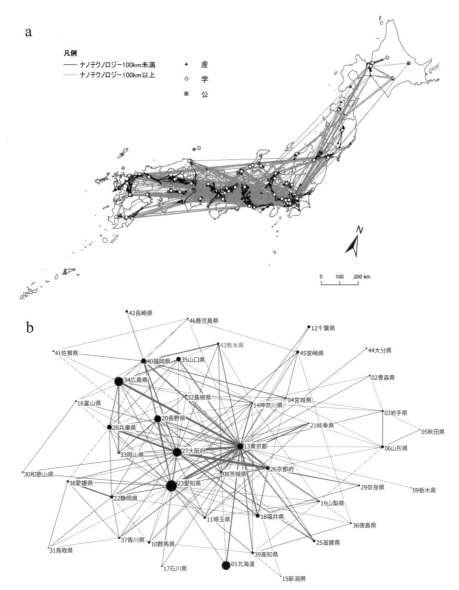

図4-7 ナノテクノロジー・材料分野における研究実施主体間ネットワーク（a）と都道府県
間結合（b）
　　　　資料：2001 〜 2007 年度 地域新生コンソーシアム研究開発事業資料により作成.

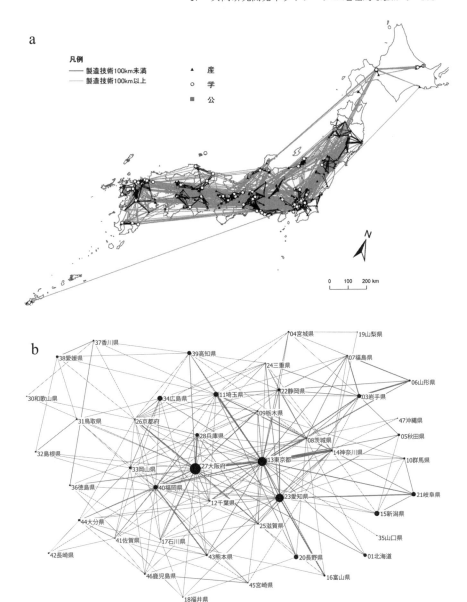

図 4-8　製造技術分野における研究実施主体間ネットワーク（a）と都道府県間結合（b）
資料：2001 ～ 2007 年度 地域新生コンソーシアム研究開発事業資料により作成.

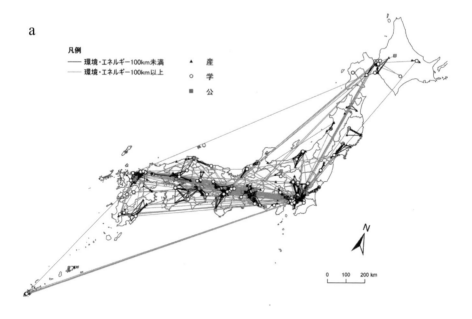

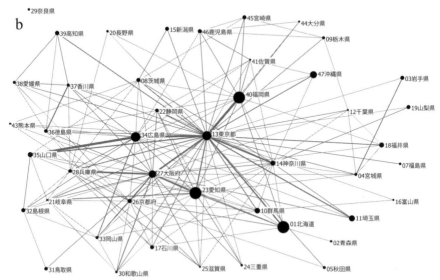

図 4-9 環境・エネルギー分野における研究実施主体間ネットワーク（a）と都道府県間結合（b）
資料：2001 ～ 2007 年度 地域新生コンソーシアム研究開発事業資料により作成.

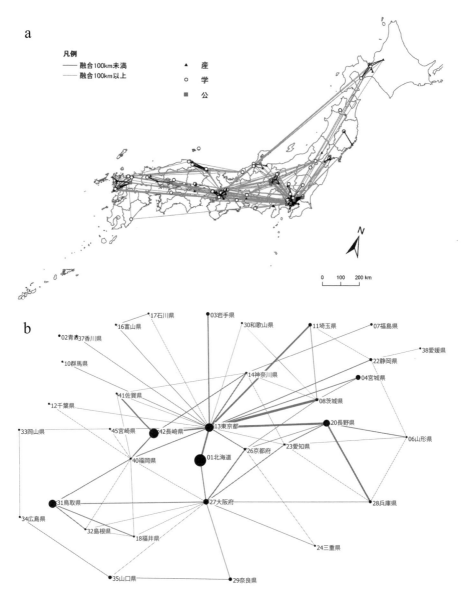

図 4-10　融合・横断・統合的・新分野の革新的技術における研究実施主体間ネットワーク（a）
　　　　と都道府県間結合（b）
　　　資料：2001 〜 2007 年度　地域新生コンソーシアム研究開発事業資料により作成.

　図 4-11 は，2001 年度から 2007 年度までにおける，技術分野ごとの距離帯別の共同研究開発距離の割合を示したものである．図 4-11 から製造技術分野と，それ以外の 5 つの分野とでは，大きく特徴が異なっていることがわかる．すなわち，全ての分野において 100 km 未満のネットワークのシェアが 5 割を超えているが，特に製造技術分野において，その割合が大きい．また，製造技術分野において 500 km 以上離れた研究開発ネットワークが占める割合は，他の 5 分野と比べてかなり小さい．このことは，製造技術分野における研究開発が，工学的知識や実践的技術を中心とした「ものづくり」的なものであり，共同研究開発において地理的に遠く離れた研究開発先が持つ，オンリーワンの技術の必要性が，科学的知識に基づく「サイエンス」型の他分野と比べて，小さいことを示唆していると解釈できる．

　一方，環境・エネルギーや，情報通信分野では，500 km 以上の研究開発ネットワークの割合が卓越しており，製造技術分野の場合と異なり，高度な技術や専門的知識を求めて，地理的に遠く離れた主体が志向されていることがわかる．

　図 4-12 は主体の属性ごとの二者間（産－産，学－学，公－公，産－学，産－公，学－公）の距離帯別の研究開発割合を示したものである．まず，「学－学」間の共同研究開発の 5 割以上が 100 km を超えており，500 km 以上の距離を有す

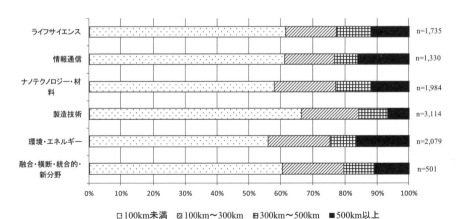

図 4-11　技術分野ごとの距離帯別の研究開発の割合
資料：2001 ～ 2007 年度 地域新生コンソーシアム研究開発事業資料により作成．

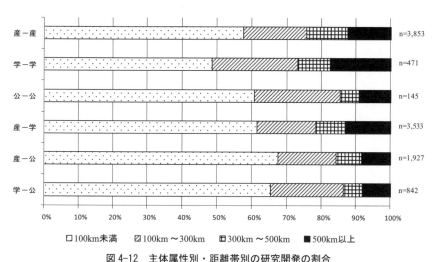

図 4-12　主体属性別・距離帯別の研究開発の割合
資料：2001 ～ 2007 年度　地域新生コンソーシアム研究開発事業資料により作成.

る共同研究も 2 割に迫るほどあることがわかる．一方，「産ー学」間も 500 km
以上離れた共同研究が多くなっているが，「学ー学」と比べて 100 km 未満の共
同研究開発が多い点が特徴的である．これに対して，「公」を含んだ共同研究
開発は総じて近距離のものが多く，500 km 以上離れた遠距離間の共同研究開
発が少なくなっている．したがって，地域新生コンソーシアム研究開発事業の
共同研究開発では，域内の知識フローは，「公」を中心に「産」と「学」がと
もに参加してネットワークが形成されているが，域外からの情報・知識の流入
は主に，「学」と一部の「産」が中心的な役割を果たしていると考えられる．
　以上の成果をもとに，図 4-13 では技術分野の違い（ものづくり型・サイエ
ンス型）とネットワーク構造の違い（分散型・集中型）にしたがって，共同研
究開発ネットワークをモデル化している．
　「ものづくり型・分散型」の共同研究開発は，空間的に集中する傾向にあり，
東北や九州ブロックにおいて当てはまる．参加主体の多くは同じ集積内に立地
することによって相互学習を行っている．その際に，多くの共同研究開発相手
を有してコアを形成しているアクターは，地方国立大学や県もしくは国の公設
試験研究機関である．コアとコアとの間にリンクがなく，複数のコンポーネン

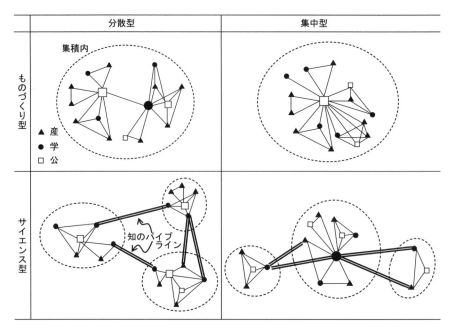

図 4-13　地域新生コンソーシアム研究開発事業における共同研究開発の概念図

トに分かれる場合には，知識フローに断裂（構造的空隙）が生じ，事業化に結びつかない可能性がある．

　これに対して，関東や近畿ブロックの製造技術分野でみられる「ものづくり型・集中型」の共同研究開発では，一部の限られた大学や公設試験研究機関が域内におけるネットワークのハブとなり，共同研究開発において重要な役割を果たす．ただし，そのようなハブと共同研究を行わず，関係構造において周辺に位置するアクターは，事業化の達成数が少ないといった課題がある．

　「サイエンス型・分散型」ネットワークと「サイエンス型・集中型」ネットワークでは，域内連携だけでなく，域外の知識資源がイノベーションにとって重要となる．中国や九州ブロックでみられるような「サイエンス型・分散型」のネットワークでは，域内で共同研究開発が完結せず，域外の大学や企業の参加が多くなる．一方，県の公設試験研究機関は域内における大学や企業

とのネットワーク形成において中心的な役割を果たすことになる.

　「サイエンス型・集中型」の共同研究開発では，北海道や関東，近畿ブロックでみられる. 一部の限られた産業集積内の大学が共同研究開発の中心となり，域外の大学や企業との共同研究開発を行っている. そのような研究開発ネットワークにおいてコアとなる大学は,域外のアクターとの「知識のパイプライン」を通じて，域外の新しい知識や情報をローカル内へと流入させている.

Ⅴ　結　論

　本章では，地域新生コンソーシアム研究開発事業を事例として，共同研究開発に関するデータベースを構築し，社会ネットワーク分析の手法を用いて，主体間関係構造の可視化とネットワーク統計量の算出を行った. そして，それらの成果をもとに，共同研究開発ネットワークが示すパフォーマンスとの関連を考察した. 本章の成果をまとめると以下のようになる.

　第1に，NetDraw を用いた可視化と，UCINET を用いたネットワーク指標の算出によって，地域ブロックごとに共同研究開発ネットワーク構造の違いを明らかにした. 北海道ブロックでは大学「H.U.」をハブとしたネットワークが発達しているが，他の地域ブロックでは独立行政法人「S.S.」や都道府県の公設試験研究機関が各大学よりも概して次数中心性が高く，多くの共同研究開発相手を有していた. またいずれの地域ブロックでも，大多数の主体が参加する共同研究開発の巨大なコンポーネントが確認されたが，共同研究開発における関係構造の特徴として，①共同研究開発相手を多く有したアクターが複数存在する「分散型」と，②一部のアクターに限定される「集中型」なネットワークとに分かれることを示した.

　第2に，ネットワーク構造においてどのような位置にいる主体がイノベーションの達成に影響を与えるのかを分析するために，地域新生コンソーシアム研究開発事業における事業化に関するデータをもとに，ボナチッチ中心性とよばれるネットワーク統計量を算出し，知識や情報の好循環の鍵となるアクター

を同定した．分析の結果，関東，近畿，中国，沖縄といった地域ブロックでは，共同研究開発ネットワークが良いパフォーマンスを達成させるためには，ボナチッチ中心性の値が高い大学や公設試験研究機関の存在が必要条件の1つとなることを示した．一方，東北，中部，四国，九州といった地域ブロックでは，事業化達成ネットワークと事業化未達成ネットワークとの間で，ボナチッチ中心性の大きさに有意な差がみられなかった．また北海道ブロックでは，ボナチッチ中心性が高い大学が参加する研究プロジェクトでの事業化達成が少なく，ボナチッチ中心性の値の小さいアクターが参加するネットワークほど事業化を達成できているという結果を得た．これら地域では周辺的な位置にある事業化を達成したノードと，ボナチッチ中心性の高いノードとの情報伝達が効率的になるように，ネットワークを再組織化することが必要になると考えられる．

　第3に，地域新生コンソーシアム研究開発事業の採択プロジェクトを6つの技術分野に分けて，GIS と NetDraw を用いて共同研究開発ネットワークを可視化した結果，製造技術のような「ものづくり型」と，他の「サイエンス型」との間で空間的拡がりが大きく異なることを明らかにした．また，主体の属性別・距離帯別の研究開発を検討した結果，知識フローやネットワーク形成において主体が果たす役割が異なっていることを示した．すなわち，域内の知識・情報の循環において公設試験研究機関が中心となる一方で，域外からの知識・情報の流入に関しては，大学や高等専門学校といった主体が集積間の「パイプライン」を構築していることが示唆された．

　以上の成果を踏まえた上で，今後の課題を述べる．まず，知識フローにおけるパイプライン概念で鍵となるグローバルな観点の導入である（Bathelt *et al.*, 2004; Owen-Smith and Powell, 2004）．本章の分析枠組はグローバル企業間の技術提携や資本関係，さらには都市間結合の分析へと応用することが可能である．主体間の関係構造に着目して，集積内・集積間・国家間の重層的な研究開発ネットワークの存在を検証していくことが求められよう．

　さらに，「知的クラスター創成事業（文部科学省）」や「地域結集型研究開発プログラム（科学技術振興機構）」といった他の科学技術振興事業を対象とし

た分析の可能性である．地域新生コンソーシアム研究開発事業を対象とした本分析では，データの制約上，共同研究開発ネットワークが生み出すイノベーションを，事業化の達成でもって捉えたが，特許出願や論文発表，商品化，起業数といったアウトプットもネットワークが生み出すイノベーションの一種として考えられる．それらイノベーションに関連したデータは，上記に挙げた科学技術振興事業において入手可能であり，本章の分析枠組を援用することによって，さらなる政策的含意を提示することが期待できる．

　本章で採り上げたプロジェクトベースの共同研究開発ネットワークは，アクター間の関係性が制度的に定まっており，「フォーマル」な形態をとるものである．これに対して，産業集積内におけるコンファレンス，見本市，勉強会，研究会といったものへの参加リストを用いて，組織間の「インフォーマル」な知識交換の分析も進めていく必要がある．それは，ローカル内で流通する何気ない会話や噂が，信頼や相互学習を促進させるという「バズ」概念（Storper and Venables, 2004）に関する計量的な実証分析と位置付けられよう．

　最後に，本章のⅣでは都道府県レベルで共同研究開発ネットワークの再集計を行い，域内，域外関係を検討したが，経済的まとまりとしては，都道府県レベルより小さい空間スケールの方がふさわしい．今後の研究の方向性としては広域市町村圏を用いて，域内，域外ネットワークを集計・数量化し，それらを説明変数として用いたイノベーションの要因分析が考えられる．

注

1) 一部のノードのみが多くのアクターとの関係性を有し，ネットワークの核となるハブが存在する構造を指す．

2) 一方，日本の経済地理学では，小田（2005）によって，岩手県北上地域を事例に「域内」と「域外」に焦点を置いた，企業間の受発注連関構造に関する先駆的な研究成果が得られている．

2) 吸収能力は，もともと Cohen and Levinthal（1990）が用いた概念であり，情報を同化しデザインや開発，生産，マーケティングのための知識を得る能力と定義される（Nooteboom, 2006; Nooteboom *et al.*, 2007）．

3) ①各企業の技術をもつ人員の数と，その人員の教育水準，②専門的なスタッフの

経験（産業にたずさわっている期間と，他の企業で雇用されていた数），③企業の
実験活動の頻度を用いて，主成分分析によって数量化している（Giuliali and Bell,
2005, p.53）．

4）Research Policy の 2006 年 35 巻 10 号において知識ベースのイノベーションシステ
ムとトリプルヘリックスアプローチに関する特集号が組まれている．

5）転置行列 は，行列 の行と列を入れ替えることによりできる行列である．また式 2
のような主体間の関係を表す行列を隣接行列とよぶ．

6）なお，ネットワークの統計指標を算出する際には，全ての対角成分を 0 に変換し
た行列を用いている．

7）NetDraw はネットワークの描画機能に特化したフリーウェアであり，画素単位で
ノードの位置調整やフルカラー表示ができること，描画データをテキストエディ
タで編集可能なプログラムファイルとして保存することができることなどを特徴
として挙げることができる（林編著, 2007, p.59）．なお，ネットワーク可視化ツー
ルの概要に関しては，斉藤（2007）と林編著（2007）が詳しい．

8）本章の分析対象は，①北海道，②東北，③関東，④中部，⑤近畿，⑥中国，⑦四国，
⑧九州の各地方経済産業局と，⑨沖縄総合事務局である．

9）このように本章では「事業化」を共同研究開発によるイノベーションの 1 つの現
れとして捉えているが，「事業化していないこと」と「イノベーションを達成して
いないこと」とは同義でない点に留意する必要がある．また専門分野によっては，
事業化を達成するまでに長い期間を要するものもあり，本章の分析期間では把握
できない可能性がある．なお，知的財産権を他組織に移転したものについても補
足できない．

10）なお，採択年度の違いによって，技術分野の名称が多少異なっている．本章では
2007 年度の専門分野の定義に合わせて過去の技術分野を修正して集計している．

11）次数中心性とは，ネットワーク内において各アクターが有する総リンク数によっ
て測られる中心性指標の一種である．本章における次数中心性の値は，各アクター
の共同研究開発におけるパートナーの総数を意味する．

12）本章で用いる集中・分散概念はネットワークの関係構造に由来するものであり，
地理的な集中・分散概念とは異なっている．

13）UCINET は，中心性や標準媒介性，コンポーネント数の特定など，ネットワー
ク関連の記述統計量を算出することが可能なソフトウェアである（Borgatti, Everett

and Freeman, 2002). また UCINET にはクラスター分析や回帰分析などの多変量解析機能も備わっている（林編著，2007，p.59）.

14）Burt（1992）は, このような情報交換の関係性が欠落しているグループ間のギャップを「構造的空隙」と名付けている.

15）安田（2001）や金光（2003）では，ボナチッチ中心性の算出方法や概要についての詳しい解説がなされている.

第5章　地域イノベーションの要因分析

I　産業集積における成長要因の分析視角

　現在，都市経済学や地域経済学を専門とする研究者達（Glaeser *et al.*, 1992; Henderson *et al.*, 1995 など）を中心として，産業集積の成長・発展と，集積の経済との因果関係モデルの構築が進んでいる．集積の経済をめぐる議論では，Weber（1909）によって工業集積のメカニズムの理論化がなされ，Hoover（1937，西岡訳，1968，pp.81-82）によって1企業内・単一の産業内・全産業といったように，対象の違いに応じて類型化がなされている．すなわち，①大規模の経済（large-scale economies），②地域的（局地的）集中の経済（localization economies），③都市化の経済（urbanization economies）といった，産業集積によって生み出される3種類の利益の存在が提示されている．

　日本における研究動向をみると，藤田・久武（1999）が，東アジアを分析対象として，高い説明力を有する回帰モデルを提示し，日本や NIEs における集積の経済（産業レベルの競争力）の存在を明らかにしている[1]．また園部・大塚（2004），山村（2004），亀山（2006）では，以下に示すような動学的外部性概念を用いて，雇用成長の要因を分析している．

　Glaeser *et al.*（1992）や Henderson *et al.*（1995）といった先駆的な研究成果以降，集積の経済に関する研究では都市のイノベーションや成長を促す要因として，動学的外部性に着目してきた．この動学的外部性の議論では，都市地域における情報や知識の「歴史的」蓄積がイノベーションをもたらし，「現在」の産業発展を決定する源泉であるとする．先行研究で取り扱われている動学的外部性としては，① MAR（Marshall-Arrow-Romer）の外部性，② Jacobs の外部性，

③ Porter の外部性の3つを挙げることができる（Glaeser *et al.*, 1992; De Lucio *et al.*, 2002）．いずれの外部性においても集積の存在理由を，近接性に基づく企業間における知識・情報のスピルオーバー[2]に求めている．ただしそれらは，知識・情報のスピルオーバーが産業内，産業間どちらで重要となるのか，また市場が競争的か，独占的か，どちらが成長を促すのかについて異なる立場を採っている．以下，3つの動学的外部性の違いについて Glaeser *et al.*（1992）と De Lucio *et al.*（2002）に依拠して説明していく．

　MAR の外部性は，Marshall（1890），Arrow（1962），Romer（1986）らによる地域特化の経済に関する研究成果を融合したものである．Marshall（1890）では同一業種の小規模企業の集積が生み出す地域特化の経済として，①厚みのある地域労働市場，②サプライヤーの利用，③情報・知識のスピルオーバーの3点を挙げている．この Marshall が挙げた地域特化の経済を理論軸としながら，特に情報・知識のスピルオーバーに光が当てられていき，Arrow（1962）によって均衡モデルが定式化され，Romer（1986）の内生的成長モデルへと理論的な深化が遂げられている．先行研究において，MAR の地域特化の経済が顕在化している事例としてシリコンバレー（Glaeser *et al.*, 1992）やデトロイト（Ellison and Glaeser, 1997）が紹介されている．それら地域においては，同一業種内の組織間の知識・情報のスピルオーバーによってイノベーションが起こり，さらに市場が寡占的になるほど集積が成長すると考えられている[3]．

　一方，Jacobs の外部性は，Jacobs（1969）による都市の多様性とイノベーションに関する議論を理論化したものである[4]．Jacobs の外部性では，局地的な異業種間の情報のスピルオーバーを成長の要因として捉える．つまり，多様な業種との接触の利益を重視している．また市場が競争的なほど新しいイノベーションを起こす気運が高まり成長すると考えている．

　Porter の外部性は，Porter（1990）による競争優位の議論を基にしている[5]．Porter の外部性では，知識・情報のスピルオーバーに関して，MAR の地域特化の経済と同じく，同一業種の集積が重要であるとする．しかし，市場に関しては，Jacobs の多様性の経済と同様，競争的であることにより革新的な技術の採用が進められるとする．

　以上のように，3 つの動学的外部性は，①地域における特定産業への特化（地域特化の経済），②地域に存在する産業の多様性（多様性の経済），③市場の競争性のいずれを重視するかによって表 5-1 のように整理することができる．

　動学的外部性概念を採用した既往研究では，対象地域や対象期間の違い，また回帰モデルにおける代理変数の定義によって，地域の成長およびイノベーションに与える効果や推定結果の解釈が大きく異なっている[6]．既存の実証分析の成果について以下で説明していく．

　Glaeser *et al.*（1992）では，米国の 170 都市圏（SMSA）を対象に，1956 年から 1987 年まで，各都市圏ごとに雇用の大きい順に 6 産業を選び，それらの雇用成長要因を分析している．そして，多様性の経済と市場の競争性が正で有意に影響しているが，地域特化の経済は存在しないという結果を得ている．これに対して，Henderson *et al.*（1995）による 1970 年から 1987 年までを分析期間として，米国の 224 都市圏の機械系 5 業種を対象とした分析では，多様性の経済は存在せず，地域特化の経済が働いているという相反する結果が得られている．

　上記の研究潮流に沿った Combes（2000）では，フランス 341 都市圏（French zones d'emploi）を対象地域とした回帰分析の結果，サービス業と製造業とで動学的外部性が与える影響が異なると報告している．すなわち，サービス業では多様性の経済と市場の競争性が雇用の成長に正の効果を与えているものの，製造業ではいずれの動学的外部性も雇用成長に正の影響を与えていないという分析結果が得られている．一方，米国の 3,092 カウンティを対象に雇用成長要因を分析した Desmet and Fafchamps（2005）は，対象産業を製造業とサービス業

表 5-1　動学的外部性の整理

	MARの外部性	Jacobsの外部性	Porterの外部性
地域特化の経済	○	×	○
多様性の経済	×	○	×
市場の競争性	×	○	○

注：動学的外部性が重視する項目を○で，重視しない項目を×で示している．

とにわけて回帰分析を行った結果，サービス業では多様性の経済が働くが，製造業ではその効果が確認できないと報告している．

またDe Lucio *et al.*（2002）とViladecans（2004）ではスペインの州を分析単位として用いて，集積の経済の効果を検討している．1978年から1992年までの工業26業種について分析したDe Lucio *et al.*（2002）では地域特化の経済の存在が確認されたものの，1994年の6業種（オフィス機器・化学・自動車・食料・繊維・革製品）のデータを用いたViladecans（2004）の分析[7]では，地域特化の経済が繊維と革製品のみで確認でき，他の業種においてその効果はみられていないと報告している．また，De Lucio *et al.*（2002）ではその存在が確認できなかった多様性の経済の効果が，Viladecans（2004）では正の影響を与えているとの分析結果が得られている．

日本を対象として，動学的外部性の存在を実証した研究も存在する．園部・大塚（2004）と山村（2004）では，関東圏の120市区を分析単位として，また機械系5業種（金属・一般機械・電気機械・輸送用機械・精密機械器具）を分析対象として，動学的外部性の効果を期間別（1960〜1975年と1975〜2000年）に最小二乗法（Ordinary Least Squares: OLS）によって検討している．いずれもほぼ同じ分析枠組と分析データが用いられており，代理変数も類似しているが，園部・大塚（2004）の分析結果では2期間ともに，多様性の経済は正で有意に働く一方，地域特化の経済の効果はみられない．これに対して，山村（2004）では多様性の経済に関して，園部・大塚（2004）と同様に正の効果が確認でき，さらに1960〜1975年においては地域特化の経済も正の影響を与えているとの分析結果が得られている．

ただし，上記の回帰分析では，スケールに依存した説明変数が複数採用されており，それらの間にみかけの相関が存在していることが疑われる．実際，山村（2004, p.115）では2つの推定結果のCondition Number[8]が44.7と35.4という値になると報告しており，深刻な多重共線性が存在していることがわかる[9]．

雇用成長の要因分析を行った既存研究では，分析結果や解釈が分析対象や分析期間の違いによって大きく異なっているが，イノベーションの決定要因に関

する分析では，多様性の経済が強く働くことが多くの論者によって確認されている．たとえば，Feldman and Audretsh（1999）は米国の都市圏ごとに，製品イノベーションの数を測定している．そして，それらを被説明変数に採用した回帰モデルを構築して，多様性の経済が製品イノベーションに対して，正の効果を与えることを明らかにしている．また153のヨーロッパの地域を対象に，被説明変数として特許の出願数を採用したGreunz（2004）の分析や，オランダの580の地方自治体（municipalities）を対象に，被説明変数として起業率を用いたvan Oort and Atzema（2004）の回帰分析においても，多様性の経済の効果が確認されている．

　上記のように，動学的外部性を用いた雇用成長やイノベーションの要因分析では，対象地域，対象産業，対象期間ごとに，多様な政策的含意が提示されている．ただし，既存研究における，最小二乗法を用いた雇用成長の要因分析では，多重共線性によって，その推定結果の解釈に困難が生じている場合も散見されており，適切な回帰モデルを適用する必要がある．

　また，産業集積内だけでなく，産業集積外とのネットワーク的関係を強調するイノベーティブ・ミリューやイノベーション・ネットワークの議論（Camagni, 1991）や，産業集積内におけるバズ[10]が生み出す利益（Storper and Venables, 2004, Bathelt *et al*., 2004），域外からの「知識のパイプライン」とイノベーションの分析（Bathelt *et al*., 2004; Owen-Smith and Powell, 2004），非経済的な関係性から生まれる社会関係資本や学習の議論（Florida, 1995; Yeung, 1994）などのように，域外との関係を意識し「ネットワーク」概念を導入した研究が進展している．そのような研究動向を踏まえると，地域の成長やイノベーションの要因分析を行う際に，産業集積内の動学的外部性概念のみを採用することは不十分であると考えられる．

　そこで本章では，上記のような既存研究の課題を克服するために，動学的外部性概念に加えて，産業集積「内」と「外」といった空間的次元の違いを導入した回帰モデルを構築する．その際には，産業集積内の研究開発ネットワークと，域外の組織との研究開発ネットワークを定量化し，それらを説明変数に含めた上で，域内における大学や公設試験研究機関のような研究開発資源がイノ

ベーションに与える影響を考察する．また説明変数を精査した上で，ポアソン回帰を推定モデルとして採用することにより，既存研究で多くみられた多重共線性や被説明変数の非正規性の問題を克服する．そして，産業集積地域における情報や知識の「歴史的」蓄積がイノベーションをもたらし，「現在」の産業発展を促す源泉となっているのか検討する．

　次節では，地域新生コンソーシアム研究開発事業に関わる分析データと分析単位について説明した後に，我が国における研究開発資源の地域的な分布をみる．Ⅲ節では被説明変数の正規性の条件を緩めた「一般化線形モデル」を採用し，地域新生コンソーシアム研究開発事業における「事業化達成」に関するデータを被説明変数に用いて，イノベーションの決定要因を明らかにする．さらに，地域新生コンソーシアム研究開発事業において採用されている技術分野別に，域内・域外ネットワークや動学的外部性といった要因がイノベーションに与える影響について考察する．そして，Ⅳ節において本章のまとめと今後の課題を述べる．

Ⅱ　分析データ

1.　地域新生コンソーシアム研究開発事業の特徴と成果

　イノベーション概念は幅広く使用されており，特許の出願や，新商品の開発，起業化など，さまざまな形態が存在する．そのような中で，我が国の共同研究開発の推進事業では，政策ごとに重視しているイノベーションが異なっている．たとえば文部科学省が実施していた知的クラスター創成事業では，大学や公的研究機関を核として，新たな「技術シーズの創出」を目標としている．一方，経済産業省が実施していた地域新生コンソーシアム研究開発事業では，「地域において新産業・新事業を創出し，地域経済の活性化を図る」ことを目的として掲げており，企業，大学，公設試験研究機関などの共同研究体制（コンソーシアム）によって高度な実用化研究開発を行うことを目指している[11]．

　本章では産業集積内におけるネットワークとイノベーションに関する計量的分析を行う際に，産学公連携による共同研究開発に関する悉皆的データが利用可能である，地域新生コンソーシアム研究開発事業を事例として取り上げ，イノベーションのなかでも特に「事業化」に焦点を置くことにする．

　本章では，地域新生コンソーシアム研究開発事業における事業化達成状況をイノベーションの代理変数として用いる[12]．そこで，事業化に関するデータが入手できる2001年度から2004年度までの採択プロジェクトを分析対象とする．上記の分析期間においては，計558のプロジェクトが採択されており，それらに参加している研究実施主体は，延べ2,718を数える[13]．そのうち，事業化を達成しているプロジェクト数は108であり，延べ547の主体が参加している[14]．

　また地域新生コンソーシアム研究開発事業では，知的クラスター創成事業など他府省の研究開発施策から生まれた技術シーズの活用も目的として挙げられている．地域の科学技術政策において対象となる空間スケールは，市区町村レベルより大きく，都道府県レベルよりも小さなものを想定する必要がある．そこで本章では，2001年度の事業所・企業統計調査で定義されている広域市町村圏[15]（計350都市圏）を分析単位として採用し，地域新生コンソーシアム研究開発事業における組織間ネットワークとイノベーションとの関連性を検討していく．

　地域新生コンソーシアム研究開発事業では，各採択プロジェクトを技術分野別に区分している．図5-1は，「大区分」として定義されている①ライフサイエンス，②情報通信，③ナノテクノロジー・材料，④製造技術，⑤環境・エネルギー，⑥その他の6つの技術分野区分別[16]に，研究プロジェクトに参加している主体数（延べ数）の分布を示している．

　東京都区部が最も多くの主体（490主体）が立地しており，北海道札幌広域市町村圏（218主体），大阪府大阪市地域（184主体）愛知県名古屋地区（181主体），福岡県福岡大都市周辺地域広域行政圏（136主体）と順に続く．地域別に特徴を述べると，まず北海道ではライフサイエンス分野の比率が高い．これは道内の農水産資源を活用した生産技術に関する研究開発が多いことに依

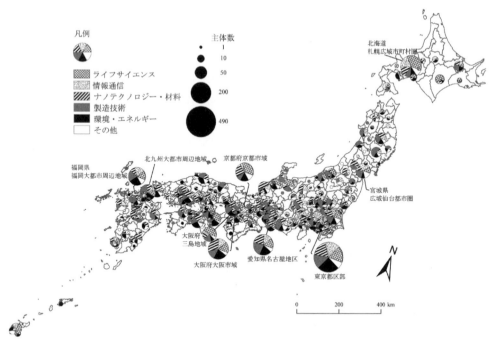

図 5-1　地域新生コンソーシアム研究開発事業における参加主体数
資料：2001 ～ 2004 年度　地域新生コンソーシアム研究開発事業資料により作成.

る．東北では広域仙台都市圏の実施主体数の多さが目立つが（78 組織），日本
海側の地域は実施主体が少ない.

　一方，関東では東京都区部が技術分野に特に偏りはなく，多くの参加主体を
有していることがわかる．また北関東では製造技術分野の割合が大きい．中部
ブロックでは製造技術分野の主体が占める割合が多い．また近畿ではナノテク
ノロジー・材料やライフサイエンス分野が占める割合が，他地域よりも大きい
ことがみてとれる．中国，四国ブロックは瀬戸内海に面した地域が多くの主体
を有している一方で，国立大学が立地する地域を除く他地域では，わずかな組
織しかプロジェクトへの参加がみられない．九州では，福岡県北部の福岡大都
市周辺地域と北九州大都市周辺地域が主体を多く有している．また製造技術分
野が占める割合が大きいことが特徴として挙げられる.

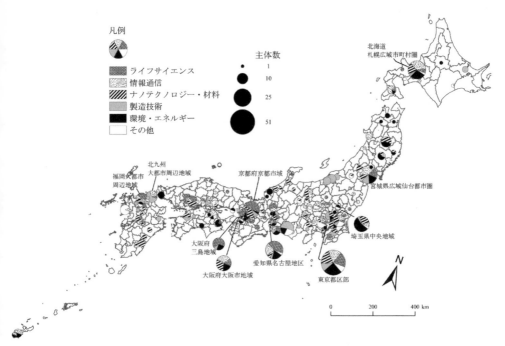

図 5-2　地域新生コンソーシアム研究開発事業における事業化したプロジェクトへの参加主体数
資料：2001 〜 2004 年度地域新生コンソーシアム研究開発事業資料により作成.

　図 5-2 では事業化を達成した主体数（延べ数）を示している．東京都区部が
最も多くの主体（51 主体）が事業化を達成している．他に 20 以上の主体が事
業化を達成している地域としては，北海道札幌広域市町村圏（28 主体），宮城
県広域仙台都市圏（27 主体），愛知県名古屋地区（26 主体），京都府京都市域（23
主体），埼玉県中央地域（20 主体）が挙げられる．

　地域別に特徴を述べると，北海道では情報通信分野と，環境・エネルギー分
野における事業化達成数の多さが目立つ．実施主体数が最も多いライフサイエ
ンス分野に関しては，事業化達成数が少ない．東北では宮城県広域仙台都市圏
の情報通信分野と，秋田県におけるナノテクノロジー・材料分野と環境・エネ
ルギー分野における割合が大きい．関東では，東京都区部が参加実施主体の割
合とほぼ同じ割合で，事業化が達成されている．他地域では，製造技術分野に

おける事業化達成が少なく，情報通信分野の割合が高い.

　中部では製造技術分野の割合が静岡県で大きいものの，愛知県名古屋地区では実施主体数と比べて，事業化達成の割合が小さい. 代わりに，ライフサイエンス分野が大きな割合を占めている. 近畿ブロックも京都府京都市域や大阪府三島地域などライフサイエンス分野における事業化達成数が多い. 大阪府大阪市地域は実施主体数の多さと比べて，事業化達成数は少ないが，情報通信分野とナノテクノロジー・材料分野の占める割合が大きい.

　中国，四国ブロックでは広島県と愛媛県でナノテクノロジー・材料分野が，岡山県と香川県で情報通信分野が，それぞれ事業化達成の割合が高い. しかし，それ以外の地域では事業化達成がほとんどなされていない. 九州ブロックでは，福岡大都市周辺地域においてライフサイエンス分野の事業化が，北九州大都市周辺地域において製造技術分野の事業化が多く達成されている. 熊本県と宮崎県ではナノテクノロジー・材料分野における事業化達成の割合が大きい. 一方，九州南部では事業化を達成できていない地域が多く見受けられる.

2.　広域市町村圏別の研究開発資源の地理的分布

　Etzkowitz and Leydesdorff(2000)およびEtzkowitz(2008)によるトリプルヘリックスアプローチでは共同研究開発において，企業の他に，大学や政府を含んだ，三者の連携がイノベーションを促進させると考えている. 地域新生コンソーシアム研究開発事業においても，大学や公設試験研究機関といった研究開発資源の存在が重要視されている. 本項では，地域新生コンソーシアム研究開発事業における広域市町村圏別の研究開発資源の現状をみるために，まず図 5-3 において，学術・開発研究機関（公設試験研究機関，民間の研究所など）の従業者数（200 人以上）の地理的分布を示している.

　図 5-3 から，研究開発資源の関東，中部，近畿への集中がみてとれる. 特に，関東では茨城県や神奈川県において，学術・開発研究機関の従業者数の規模とシェアとがともに，全国水準を大きく上回っていることがわかる. 一方，北海道や中国，四国では，全般的に学術・開発研究機関の従業者の規模は小さく，

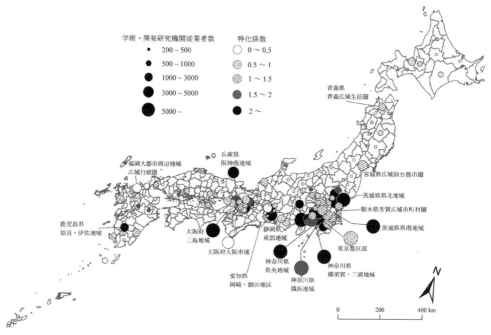

図5-3 学術・開発研究機関の従業者の地理的分布と特化係数
資料：事業所・企業統計調査報告（2001年）より作成.

特化係数の大きな地域もみられない．東北をみると，青森県青森広域生活圏と宮城県広域仙台都市圏が，学術・開発研究機関の従業者数のシェアが全国水準を上回り，その規模も大きくなっているものの，他に大きな規模を有している地域は見られない．九州では福岡県福岡大都市周辺地域広域行政圏に並んで，鹿児島県始良・伊佐地域が大きな従業者規模を有し，特化係数も高い値を示している．これは大手電機メーカーと自動車メーカーの研究所が立地していることが要因である．

　図5-4では学術開発研究機関と高等教育機関（大学・高等専門学校など）を併せた従業者（200人以上）の地理的分布を示している[17]．広域中心都市に立地する国立大学の教員数の影響で，図5-3と異なり，北海道札幌広域市町村圏，愛知県名古屋地区，京都府京都市域，広島県広島中央広域市町村圏などが，大

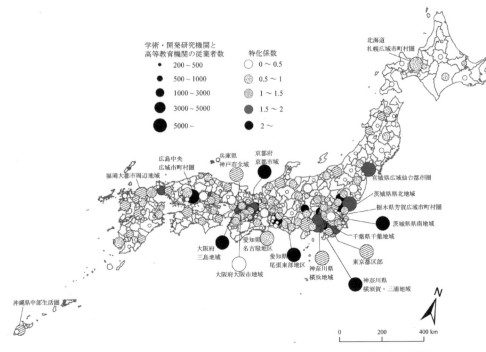

図 5-4　学術・開発研究機関と高等教育機関の従業者の地理的分布と特化係数
資料：事業所・企業統計調査報告（2001年，2006年）より作成.

きな規模で現れている．特化係数をみると，関東と近畿における値の高さがみ
てとれる．一方，北海道ではいずれの地域も全国水準を下回るシェアとなって
いる．地域ブロックごとに，従業員規模が大きく，研究開発における核となり
うる広域市町村圏が存在していることがわかるが，一方で研究開発関連の従業
者数が 200 人に満たない地域も全国的に散見される.

　以上，地域新生コンソーシアム研究開発事業の現状と成果を，技術分野別に
参加主体と事業化のデータを用いて説明してきた．また広域市町村圏別に，学
術開発研究機関と高等教育機関の従業員数の地理的分布を示すことによって，
研究開発資源の地域的な格差が存在していることをみた．次節では，Ⅰでみた
動学的外部性やネットワークの概念を導入したうえで，上記のような研究開発

資源の地域的な格差が，地域新生コンソーシアム研究開発事業におけるイノベーションに与える影響について検討する．

Ⅲ　ネットワークとイノベーション概念を用いた要因分析

1．推定モデルの枠組

　イノベーションの決定要因に関する回帰モデルは以下の通りである．まず，被説明変数は各地域における，事業化を達成した主体の総数である．なお，被説明変数が計数データであり負の値をとらないこと，分布が右に歪み，かつ高い尖度を示すことから，OLS による推定ではバイアスが生じてしまい不適当である．そこで本章では，被説明変数の正規性の仮定を緩めた一般化線形モデル（Generalized Linear Model: GLM）を採用し，ポアソン回帰分析によって推定している [18]．

　域内および域外における共同研究開発による組織間ネットワークの影響を検討するために，「域内ネットワーク比率」と「域外ネットワーク数」を説明変数として採用した．図 5-5 は例として，ライフサイエンス分野において，同一プロジェクトに参加している主体同士にリンクを張り，研究開発ネットワークとして地図化したものを示している．また東京都区部を拡大した図を併載している．

　図 5-6 に示すように，各技術分野別に域内で完結している 2 者間のリンク数（INi）と，境界を越えて域外と繋がっているリンク数（域外ネットワーク数：EXi）とによって，地域 i における域内ネットワーク比率（$INi / (INi + EXi)$）を算出することができる [19]．もし域内ネットワーク比率の係数が正ならば，域内での密な共同研究開発がイノベーションに対して，正の影響を与えるものと解釈することができる．また，域外ネットワーク数の係数が正ならば，域外の組織との共同研究開発が事業化の達成を進ませていると考えられる．つまり，域外との相互作用により形成される「知識のパイプライン」が，域内のイノ

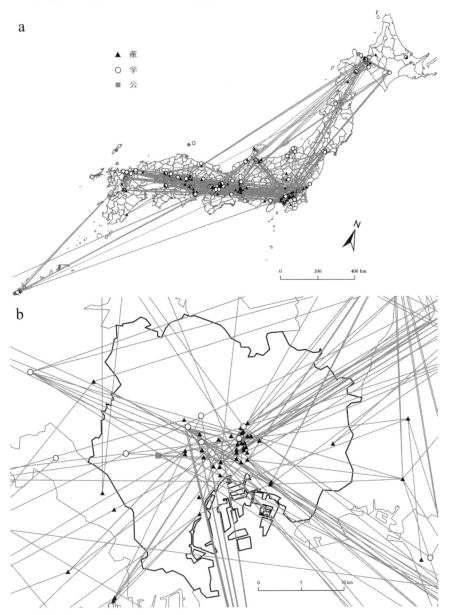

図5-5　ライフサイエンス分野における研究実施主体間ネットワーク(a)と東京都区部の拡大図(b)
資料：2001 ～ 2004 年度　地域新生コンソーシアム研究開発事業資料により作成.

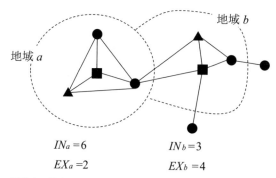

$IN_a = 6$ 　　　　　　　$IN_b = 3$

$EX_a = 2$ 　　　　　　　$EX_b = 4$

図5-6　域内ネットワーク比率と域外ネットワーク数の例

ベーションを高めることが示唆される.

　一方,動学的外部性として,「地域特化の経済」,「多様性の経済」,「市場の競争性」を取りあげる. その際には,それぞれ以下のような代理変数を採用していく. まず地域特化の経済に関しては,2001 年度の技術分野別の従業者数による特化係数(各地域での割合を,全国での割合で除した値)を代理変数として採用する. なお,各技術分野の従業者数は,表 5-2 に示したように,事業所・企業統計調査の産業中分類における関連業種の従業者数を集計したものを用いる. 地域特化の経済が存在するならば,当該技術分野の従業者の割合が大きいほど事業化を達成しやすくなる.

　多様性の経済に関しては,2001 年度の事業所統計調査の産業中分類の従業者数を用いて,産業の多様性を計る指標であるハーシュマン・ハーフィンダール指数(HHI)を算出し,代理変数として採用する[20]. HHI は 0 から 1 の値をとり,0 に近いほど該当地域が特定業種への偏りがなく多様性を有していることを意味する. したがって,多様性の経済が存在するならば,HHI の回帰係数は負の値をとる.

　市場の競争性は,2001 年度の該当地域における従業者 1 人当たり事業所数を,全国における従業者 1 人当たり事業所数で除した値で捉えることにする. すなわち,ここでは従業員規模が小さい企業が多数存在する市場を競争的と考える. そのため市場の競争性が存在するならば,係数は正となる. ただし Combes

表 5-2　技術分野と関連業種

技術分野	関連業種
ライフサイエンス	食料品製造業 化学工業
情報通信	情報通信機械器具製造業
ナノテクノロジー・材料	金属製品製造業 一般機械器具製造業 精密機械器具製造業
製造技術	金属製品製造業 一般機械器具製造業 電気機械器具製造業 情報通信機械器具製造業 電子部品・デバイス製造業 輸送用機械器具製造業 精密機械器具製造業
環境・エネルギー	化学工業

（2000）が指摘するように，市場の競争性の逆数である1事業所当たりの従業者数は「規模に関する内部経済」の指標と捉えることもできる．つまり，動学的な規模の内部経済が存在するならば，係数は負の値をとり，1事業所当たりの従業者数が大きいほどイノベーションに正の影響を与えると考えられる．

　最後に，大学や公設試験研究機関，民間の研究所といった，共同研究開発における地域の知識資源の影響を捉えるために，2001年度の域内における学術・開発研究機関と高等教育機関の従業者数の対数値を説明変数に導入している．また，近隣地域が当該地域のイノベーションに与える影響を考慮するために，近隣地域[21]における当該技術分野の従業者数の対数値を代理変数として含めている．

2.　ポアソン回帰分析による推定結果

　本節では，350地域×5技術分野の中で，欠損値を含んだデータを除いた1,608のサンプルを用いて，イノベーションの決定要因のモデルを構築するこ

とを目的とする[22]．表 5-3 に各代理変数の回帰係数の推定結果を示している．

　表の Model 1 では，説明変数として，共同研究開発における組織間ネットワークに関する 2 つの代理変数のみを採用している．域内ネットワーク比率と域外ネットワーク数をみると，ともに回帰係数が正で有意となっている．したがって，域内における密な組織間ネットワークがイノベーションの発生を高める傾向にあり，さらに，域外の組織との共同研究開発もイノベーションに正に寄与することが示唆される．

　Model 2 では Model 1 の説明変数に加えて，3 つの動学的外部性の効果を検証している．域内ネットワーク比率と域外ネットワーク数の係数の符号は正のまま変わらず，有意となっている．地域特化の経済および多様性の経済はどちらも負で有意となっている．したがって，同一業種の域内での集積が，イノベーションの発生を低下させる方向に働いていることに対して，多様な業種の存在がイノベーションに正の影響を与えていることが示唆される．一方，競争性の経済をみると，係数は有意にならず，イノベーションへの正の効果は見られなかった．

　つづいて，Model 3 では Model 1 の枠組に，域内の知識資源と近隣地域が与える影響を導入している．ここで域内ネットワーク比率と域外ネットワーク数がイノベーションに与える効果が不変であることがわかる．また，学術・開発研究機関，高等教育機関の従業者数の係数は正で有意となっていることから，域内の大学や公設試験研究機関，民間の研究所が事業化の達成に貢献していることが示される．一方，近隣従業者数の係数は負で有意となっている．これは，近隣地域における同一技術の集積が，当該地域のイノベーションを助けるのではなく，阻害要因となっていることを意味する．

　最後に，Model 4 では Model 2 と Model 3 の説明変数を全て採用している．推定結果をみると，Model 2 において負で有意であった地域特化の経済の係数が，有意でなくなっていることがわかる．しかしながら，地域特化の経済を除いた他の回帰係数の推定結果の符号は変化せず，また有意となっている．なお Model 4 が，対数尤度の最大値が最も大きいことから，モデルの当てはまりが他のものよりも良いことがわかる．

表 5-3　事業化達成の決定要因に関するポアソン回帰分析による各変数の回帰係数の推定結果

	Model 1	Model 2	Model 3	Model 4
域内ネットワーク比率	3.191	3.194	2.789	2.798
	(11.510)***	(11.173)***	(9.106)***	(8.956)***
域外ネットワーク数	0.971	0.937	0.775	0.778
	(30.570)***	(27.845)***	(15.685)***	(15.630)***
地域特化		-0.120		0.001
		(-1.962)**		(0.013)
多様性		-2.296		-4.106
		(-2.166)**		(-2.893)***
競争性		-0.036		-0.032
		(-0.990)		(-0.862)
学術・開発研究機関, 高等教育機関従業者数			0.234	0.205
			(5.736)***	(4.766)***
近隣従業者数			-0.060	-0.086
			(-3.297)***	(-4.001)***
切片	-3.819	-3.277	-4.409	-3.433
	(-29.870)***	(-14.989)***	(-16.706)***	(-8.124)***
対数尤度	-783.95	-767.85	-752.85	-738.70
擬似決定係数	0.479	0.490	0.500	0.509

注：括弧内は z 統計量. $** p < 0.05$; $*** p < 0.01$. $N = 1,608$.

したがって，地域新生コンソーシアム研究開発事業における事業化の達成の決定要因としては，①域内における組織間ネットワークの密度の高さ，②域外の組織との結合，③域内における多様な業種の存在，④大学や，公設試験研究機関，民間の研究所などの共同研究開発を行う域内の知識資源の存在を挙げることができる．一方，動学的外部性のなかで，地域特化の経済と市場の競争性は，事業化達成に対してほとんど影響を与えていないことが示唆される．

3.　技術分野別にみた推定結果

本節では，個別の技術分野に着目した推定結果について述べる．表 5-4 では，Model 4 を用いて 5 つの技術分野別に事業化達成の決定要因を推計した結果を

表 5-4　事業化達成の決定要因に関するポアソン回帰分析による各変数の回帰係数の推定結果（技術分野別）

	ライフサイエンス	情報通信	ナノテクノロジー・材料	製造技術	環境・エネルギー
域内ネットワーク比率	3.310	2.832	1.873	3.312	5.748
	(4.327)***	(3.252)***	(2.966)***	(3.653)***	(6.840)***
域外ネットワーク数	0.905	1.285	0.774	0.897	0.641
	(7.235)***	(8.177)***	(6.915)***	(6.430)***	(5.233)***
地域特化	-0.432	-0.069	-0.009	0.398	-0.031
	(-1.138)	(-0.655)	(-0.047)	(2.090)**	(-0.275)
多様性	3.194	-10.834	-11.711	0.200	0.569
	(1.394)	(-2.313)**	(-2.681)***	(0.092)	(0.189)
競争性	0.206	-0.025	-0.564	-0.008	-0.253
	(0.840)	(-0.471)	(-1.780)*	(-0.043)	(-2.035)**
学術・開発研究機関 高等教育機関従業者数	0.077	-0.249	0.285	0.185	0.305
	(0.598)	(-2.184)**	(2.916)***	(1.686)*	(2.552)**
近隣従業者数	0.298	-0.010	-0.197	-0.117	-0.067
	(2.925)***	(-0.153)	(-2.822)***	(-1.887)*	(-1.262)
切片	-7.461	-0.941	-1.317	-4.819	-4.512
	(-4.356)***	(-0.922)	(-1.295)	(-5.670)***	(-4.649)***
N	337	266	337	349	319
対数尤度	-124.59	-115.19	-157.18	-142.19	-142.54
擬似決定係数	0.608	0.631	0.497	0.413	0.545

注：括弧内は z 統計量．* $p<0.1$；** $p<0.05$；*** $p<0.01$.

示している．まず,擬似決定係数[23]の値をみると,全ての技術分野において 0.41 〜 0.63 と高い値をとっており，モデルの当てはまりがよいことがわかる．

　イノベーションに与えるネットワークの効果をみると，いずれの技術分野においても域内ネットワーク比率と域外ネットワーク数が正で極めて有意となっている．回帰係数の値をみると，環境・エネルギー分野では域内の組織間ネットワークがイノベーションにつながり，情報通信分野では，域外の組織との共同研究開発が事業化達成において相対的に重要となっていることがわかる．

　3 種類の動学的外部性の効果に関しては，技術分野ごとに異なる結果を示している．すなわち，ライフサイエンス分野では全ての動学的外部性の代理変数が有意とならず，それらがイノベーションに対して，影響を与えていないことが示唆される．

　一方，情報通信分野では，多様性の経済が負で有意となっており，多様な業種の存在がイノベーションに正の影響を与えていることが示されている．また，ナノテクノロジー・材料分野においても多様性の経済の効果が確認できるが，競争性の経済に関しては負で有意となっている．これはナノテクノロジー・材料分野において規模に関する内部経済の効果が存在することを示しており，1 事業所当たりの従業者数が大きい地域ほど事業化を達成していることがわかる．同様の傾向は環境・エネルギー分野にも当てはまり，市場の競争性ではなく，規模の経済性が当該分野で働いていることが示唆される．

　地域特化の経済の係数が正で有意となるのは，製造技術分野のみである．製造技術分野は金型や機械系の加工技術の研究開発が中心であり，他分野と比べて高度な科学的知識や技術を必要としない．したがって地域特化の経済は，要求される技術レベルが高くない分野において作用するが，高度な科学的知識や技術が要求されるサイエンス系の分野では働かないと考えられる[24]．

　学術・開発研究機関と高等教育機関の従業者数の係数は，ナノテクノロジー・材料分野，製造技術分野，環境・エネルギー分野において正で有意となり，事業化達成に貢献していることがわかる．一方，ライフサイエンス分野では有意とならず，情報通信分野では負で有意となっている．このことは，それら分野において当該地域の大学や公設試験研究機関がイノベーションの阻害要因とな

ることを示しているのではなく，域内の知識資源が他地域より劣っている地域
においても，事業化を達成できていると解釈する方が自然であろう．実際，域
外ネットワーク数の回帰係数の大きさをみると，ライフサイエンス分野と情報
通信分野では，他分野よりも相対的に大きな値となっており，域外との共同研
究開発が，域内の知識資源の少なさを補完していることが示唆される．

　最後に，同一技術分野の近隣従業者数の回帰係数をみると，ライフサイエン
ス分野では正で有意となり，近隣地域からの正の波及効果が存在することが
示唆される．一方，ナノテクノロジー・材料分野と製造技術分野においては，
負で有意となることから，当該分野においては負の波及効果が働くと考えら
れる．

IV　結　論

　現在，産業集積におけるイノベーションの生成の際に，産業集積の「外部」
とのつながりが重要であるという主張が多くの論者によってなされている（水
野，2005，p.218；山本，2005；松原，2007など）．それは有形的なモノやカネ
がやりとりされる企業間の取引関係だけではなく，無形的な情報・知識の交換
が行われる共同研究開発のような水平的な組織間関係においても当てはまる．
経済地理学の分野においても「イノベーション・ネットワーク」や「知識のパ
イプライン」といった域外との関係に関する新しい概念が登場しているが，そ
れらの計量的な実証研究はまだ発展途上であるといえる．

　そこで本章では，産業集積地域の成長やイノベーションの要因分析に関する
議論を概観した後に，知識資源や研究開発ネットワークによって生み出される
外部性と，イノベーションとの因果関係について考察した．残された課題につ
いてふれながら，本章で得られた知見をまとめると以下のようになる．

　第1に，産業集積がイノベーションに与える効果は，これまで3種類の動
学的外部性（地域特化の経済，多様性の経済，市場の競争性）によって理論
的に捉えられてきたことをみた．そして，産業集積地域における成長やイノ

ベーションと，それら集積の経済との因果関係に関する実証研究の動向を検討した結果，対象地域や対象期間の違いによって，異なる分析結果が得られていることを確認した．ただし，既存研究におけるイノベーションの要因分析では，被説明変数や，集積の経済の代理変数が異なっているものの，総じて多様性の経済がイノベーションに対して正の効果を与えているとの分析結果を得ている．ポアソン回帰モデルを用いた本分析結果においても既存研究と同様，多様性の経済がイノベーションに正の効果を与えることが確認された．ただし，技術分野別に詳細に検討した結果，特定の技術分野では地域特化の経済や規模の経済も，イノベーションに正の影響を与えていることが明らかとなった．

　第 2 に，既存研究における動学的外部性概念を用いた産業集積地域の成長要因分析では，域外との関係性が取り扱われることがほとんどなかったといえる．本章では，広域市町村圏を分析単位とし，また地域新生コンソーシアム研究開発事業を事例とすることによって，空間的次元を考慮したネットワークの定量化を行った．計量的な分析の結果，域内の主体が多く参加して密な研究開発ネットワークが形成された地域ほど，イノベーションを多く達成していることが明らかとなった．ただし，域外との関係がイノベーションに対して負に働くわけではなく，域外の組織が有する知識が，域内の共同研究開発を補完する役割を果たしていることが分析結果から示唆された．

　しかし，本章では分析データの制約のため，事業化の達成のみをイノベーションと捉えている点に留意する必要がある．特許出願や論文発表，商品化，起業化といった他のイノベーションについても今後，分析対象に含めていく必要がある．また，動学的視点をより充実させる必要もあろう．本章の分析枠組を複数時点間の比較分析へと拡張することにより，研究開発ネットワークの進化概念を導入することが可能になると考えられる．

　技術分野の違いによってイノベーションに用いられる知識も多様である．すなわち，ナノテクノロジーやライフサイエンスといったサイエンス系の産業では，特許や論文といった科学的知識が重視されるが，製造技術分野のような産業では実践的技術や工学的知識が重視される．Asheim and Gertler（2005）や Asheim *et al.*（2007）では産業が依存する「知識ベース」の違いによって，イ

ノベーションプロセスが異なると主張している．また近年，地域内における産業間の技術的関連性に着目した新たな多様性概念[25]として，関連多様性（related variety）をキーワードに挙げた研究が，進化経済地理学の分野において蓄積されつつある（遠藤，2012，p.51；水野，2014，p.63）．これら新しい多様性概念を考慮にいれるとともに，各技術分野で用いられる知識の違いに着目して，本章の分析枠組みを拡張させることによって，知識ベースの議論をさらに深化させることができる．

　さらに，ネットワークの形態とイノベーションとの関連について検討の余地が残されている．すなわち，ネットワークにおける個々のアクターの構造的な位置に着目する社会ネットワーク分析を本研究に援用することによって，地域間の関係構造をもとに，各地域のポテンシャルを表す変数を新たに導入することが求められる．それによって，ネットワーク構造においてどのような位置を占める地域が，イノベーションを達成しているのか明らかにすることができよう．

注

1）なお，松尾（2001）は日本と韓国を分析対象に，藤田・久武（1999）と同じ観点から分析を行っている．

2）地域に固有な取引情報や労働市場の情報，また生産技術の情報が企業間に伝達されることを意味する．ここでのスピルオーバーは正の波及効果を意味する．

3）Marshall が指摘した地域特化の経済では，同一業種の小規模企業の集積を考えている点で，MAR の外部性と大きく異なる．むしろ，Marshall の地域特化の経済は後述する Porter の外部性と類似していると考えられる．

4）なお，細谷（2008）は，Jacobs（1969）の具体的事例を紹介しながら，その論点を詳しく説明している．

5）Porter の産業クラスター論の成果と課題については，加藤（2000）による説明が詳しい．

6）Ratanawaraha and Polenske（2007）がイノベーションの要因に関する代理変数について，詳しく説明している．

7）Viladecans（2004）は単年度における集積の経済の影響を検討しており，「静学的」

外部性の分析として位置付けられる.

8)　重回帰モデルにおける多重共線性を測る尺度の 1 つであり, 値が 30 を超えると深刻な（強度な）多重共線性が存在する. ほかに多重共線性の尺度としては, 分散拡大因子（variance inflation factor: VIF）がある（Dobson, 2002）.

9)　標準大都市雇用圏を対象地域として, 雇用成長の決定要因を分析した亀山（2006）においても同様の問題が起きていると考えられる.

10)　バズとは, 同じ産業や場所, 地域に属する人々などの間で流通する, 有用無用なさまざまな情報を意味する. バズを効率的に伝搬するには, 共有された文化的伝統や習慣をもとにした, 対面接触が有益であるが（Bathelt *et al.*, 2004, p.38）, バーチャルネットワークを通してバズが流通する可能性についても言及されている（Asheim *et al.*, 2007, p.660）

11)　地域新生コンソーシアム研究開発事業は委託契約の形態をとり, 委託金額は 1 億円程度, 開発期間は 2 年以内となっている. なお, 公募要領には, 「本事業を実施するにあたっては, 研究開発成果が技術などの実用化までで留まるものではなく, 実際に事業化するところまでを十分に視野に入れたものとなるような研究開発であることが必要」と明記されており, 事業化の達成が強調されている点を特徴とする.

12)　ただし, 専門分野によっては, 事業化を達成するまでに長い期間を要するものもあり, 本章の分析期間では把握できない可能性がある. また, 知的財産権を他組織に移転したものについても補足できないことに留意する必要がある.

13)　採択テーマと研究実施主体のデータに関しては, 経済産業省が公表している『地域新生コンソーシアム研究開発事業および地域新規産業創造技術開発費補助事業の採択テーマについて』（以下, 地域新生コンソーシアム研究開発事業資料と略す）の各年版をもとに集計している.

14)　2006 年度末までに事業化を達成したテーマを対象としている.

15)　事業所・企業統計調査では「都道府県内ブロック」という名称で, 都道府県内の市区町村を経済的, 社会的又は行政面などの特性によって幾つかの地域にまとめた広域市町村圏が, 都道府県ごとに定義されている.

16)　採択年度の違いによって技術分野の名称が多少異なっているため, 本章で定義した技術分野区分別に再集計している.

17)　2001 年度における広域市町村圏別の高等教育機関の従業者数は公表されていな

いため，便宜的に，データが入手できた 2006 年度の高等教育機関の従業者数で代
用している.

18）イノベーションに関する計数データを被説明変数に用いて，一般化線形モデル
による実証研究を行ったものとしては，ポアソン回帰モデルを用いた Feldman and
Audretsch（1999），負の 2 項分布モデルを用いた Owen-Smith and Powell（2004）と
Graf（2006）がある．なお一般化線形モデルについては Ravishanker and Dey（2002）
の chapter 11 および Dobson（2002）が詳しい.

19）Graf（2006）においても域内ネットワーク数と域外ネットワーク数を算出して，
回帰モデルの説明変数に採用している．なお，本章では域内ネットワーク数と域
外ネットワーク数は，ともに分析単位の空間的スケールの大きさに依存しており，
変数間の相関が高くなっている．そのため，便宜的に域内比率と域外ネットワー
ク数の対数値を説明変数として用いている．ただし，域外ネットワーク数はゼロ
の値をとる場合もあるため，1 を足して対数変換を行っている．これら変数間の相
関はいずれの分析でも小さく，多重共線性の問題は回避されている.

20）従業者ベースで算出したハーシュマン・ハーフィンダール指数（HHI）は以下の
式によって表される.

$$\text{HHI}=\sum_i s_i^2$$

ただし，s_i は産業 i（中分類）が当該地区の全製造業の従業者数に占める割合で
ある.

21）本章では ArcGIS を利用して，当該地域のポリゴンの重心から 50 km 以内に属し
ている地域を抽出し，近隣地域と定義している.

22）ただし，異なる技術分野の区分をまとめて分析することにより，イノベーション
に与える各変数の影響が打ち消し合っている恐れがある点に注意する必要がある．
なお，以下に述べるいずれのモデルにおいても Condition Number は 20 未満であり，
本研究において深刻な多重共線性は存在しない.

23）ポアソン回帰モデルにおける適合度の指標の 1 つである（Dobson, 2002）.

24）動学的外部性を採用した既存研究のなかで，Serrano and Cabrer（2004）と
Viladecans（2004）では，要素生産性の成長や雇用成長の地域格差に対して，ハイ
テク産業では地域特化の経済が強く働かず，成熟産業やローテクな業種において
その効果が確認されている.

25) 先駆的な研究成果である Frenken *et al.*（2007）は，地域が有する多様性を，関連多様性と非関連多様性（unrelated variety）とに区分し，前者について技術的関連の高い業種の地域内集積が知識のスピルオーバーを促進すると説明している．これは Nooteboom（2000）による，適切な認知的距離にある産業間で学習の効率性が高まるというアイデアに大きく依っている（Boschma and Frenken, 2011, p.188）．一方，後者について，技術的関連が低い経済活動に地域が多角化することにより失業リスクが緩和され，不況など外部ショックを吸収する効果があると評価している（Frenken *et al.*, 2007, p.695）

第6章　産業見本市と産業集積
－長野県諏訪圏工業メッセの事例

I　産業見本市研究の分析視角

　近年のイノベーションや知識創造の議論において，テンポラリーな（temporary）近接性が果たす役割について注目が集まっている．Maskell *et al.*（2004, 2006）　や Bathelt and Schuldt（2008a, 2010），Wickham and Vecchi（2008）ならびに Rallet and Torre（2009）は，短期的な出張や，専門的会議，イベントなどでの対面接触によって，各主体は，パーマネントクラスター（permanent cluster）と同等の知識・情報を獲得することができると指摘する．また Lorentzen（2007）は，グローバルな知識調達の際に，インターネットのようなバーチャルな近接性とともに，国際的会議や見本市によるテンポラリーな近接性が重要な役割を果たすと強調している．既存研究では，見本市のような，1つの目的の下で特定の期間において，非日常的に主体が集合する経済的現象を，テンポラリークラスター（temporary cluster）と表現している．

　Maskell *et al.*（2004, 2006）は専門的会議，見本市，コンベンションなどが，重要な企業間の相互作用の場であると主張しており，Bathelt and Schuldt（2008a, p.855）も，見本市には単発の取引だけでなく，垂直的・水平的な相互作用 [1] が存在すると述べている．Maskell *et al.*（2004, pp.4-5）はテンポラリークラスターに着目すべき理由として，非常に大きな産業となっていること [2]，プロジェクトベースの活動やパーマネントクラスターとも異なる反復的なコミュニケーションおよび相互作用が存在すること，遠方の市場や知識のプールへのアクセスが可能となること，などを挙げている．

　テンポラリークラスターが有する非日常的な性格は，経済的成果に繋がる重

要な要素であると考えられる．Hansen（2004, pp.3-4）は，トレードショー（見本市）の目的として，マーケティングや企業イメージの構築の他に，従業員や顧客のモチベーションの向上を挙げている．Bathelt and Schuldt（2008b, p.7; 2010, p.1964）は，見本市開催中は刺激を受けやすく，アイデアの創造や他企業の学習がしやすくなると指摘しており，Rallet and Torre（2009, p.17）も同様に，見本市の参加者が日常の関係性やルーティンの埋め込みから解放され，普段接することのない人々と比較的簡単に接触することができると述べている．

　既存研究で分析対象としている見本市は，芸術性や創造性が求められるデザイン志向的な製品を中心としたものと，特殊な加工技術や生産設備のような技術志向的な展示を中心としたものとに区分することができる．

　デザイン志向的な見本市に言及している既存研究を概観すると，たとえばNorcliffe and Rendace（2003, pp.258-259）は，コンテンツ産業であるコミック・ブック産業において，年に数回開かれる各種のコンベンションでのクリエイターや出版社間とのネットワーク形成が非常に重要であると指摘する．またアニメーション産業のグローバルな生産ネットワークを検討したYoon and Malecki（2010, pp.255-256）も，国際的アニメーションフェスティバルや専門的集会が，普段は分散しているアニメーション制作者間の知識共有に貢献すると述べている．

　同様に，芸術的側面が重視される見本市を調査したRamírez-Pasillas（2008, 2010）は，スウェーデンの家具関連企業の集積地域を事例に，見本市開催期間中および見本市終了後における企業の知識波及・獲得に着目している．そこでは社会ネットワーク分析を用いた検討を基に，見本市に参加しなかった企業であっても，見本市に参加した企業とのローカルな（産業集積内の）人的ネットワークおよびパートナーシップの形成によって，間接的に見本市の新しい知見（novelties）が波及すると主張する（Ramírez-Pasillas, 2008, pp.656-657, 2010, pp.173-174）．

　さらにPower and Jansson（2008）は見本市を1回限りの独立したイベントではなく，周期的・定期的なクラスター（cyclical cluster）とみなされるべきであると指摘する．すなわち彼らは見本市を，スケジュールに沿って継続的に開催

される特徴を有し，取引やイノベーションが連続的に更新・再生産され，調整される空間であると議論している（Power and Jansson, 2008, pp.426-427）．そして，スウェーデンの家具製造企業が出展する2つの国際的見本市の調査によって，見本市が①販売・契約，②ネットワーク形成，③市場の情報収集，④知識創造，⑤デザイナーなど新規雇用者の探索の5つの機能的空間を有するとし，それらが見本市開催中に行われる特別なイベントやインフォーマルな会合と共に重複的に存在すると主張する．

　一方，技術志向的な産業見本市に着目している Chen（2009）は，台湾の工作機械企業の調査によって，海外の新しい知識の調達においてインフォーマルな結合関係が重要であると述べている．そのようなインフォーマルな関係性の例として，市場や技術ノウハウを得るための，国際的な見本市への積極的な参加を挙げている．ここでは他社の技術の観察による最先端な知識の獲得と，海外企業との協同的関係の構築が国際的な見本市の機能として指摘されている．また台湾のエンジニアの場合には，見本市の期間中ではなく準備中に，他社の技術を観察し，後に自身の企業で応用する．海外企業との協働的関係の構築は，見本市の期間中に試みると述べている．

　また長野県諏訪・岡谷地域を事例対象とした山本・松橋（1999, pp.137-138, p.166）は，機械系中小企業による展示会出展を契機とした，域外企業との新たな取引関係の構築可能性について言及している．さらに山本・松橋（2000, pp.292-293）は，展示会の利点として同業他社の技術や製品の観察，市場動向の把握，取引先候補となる企業から認知される可能性が高くなることなどを挙げている．

　以上，既存研究の成果を基に，デザイン志向的な見本市と技術志向的な見本市に共通する目的を整理すると，顧客の探索，市場動向の把握，主体間の関係性の構築と維持などが挙げられる．一方，見本市が依存する知識ベースの違いに基づいて，デザイン志向的／技術志向的それぞれの見本市において重視される相互関係は異なると考えられる[3]．すなわち，Bathelt and Schuldt（2008b, pp.8-9）は，象徴的（symbolic）もしくは感性的（emotional）な価値が重視されるデザイン志向的な産業の見本市では，展示品と直接，接触することによっ

て新たな知識を獲得し，新製品を探索することが重要になるとする．さらに象徴的な知識を基盤とする産業では，専門家のコミュニティを形成し学習することが大きな目的となるため（Asheim *et al.*, 2007; 與倉，2009a, pp.86-87），デザイン志向的な見本市では，人的ネットワークを形成し，知識共有が行われるコミュニティを強化することが重要となる．

　これに対して，技術志向的な見本市では，実際の展示品を観察することのみで価値判断を下すことが難しいために，顧客とサプライヤー間の展示場以外での個人的な会合が重視され，さらに中・長期的な企業戦略の情報獲得に関心が集まる（Bathelt and Schuldt, 2008b, pp.8-9）．すなわち，技術志向的な見本市で共有される知識は，具体的なノウハウや技能，実践的技術といった製品に付随した暗黙知が中心であるため，主体間の緊密な相互学習の場が必要となると考えられる．

　しかしながら，既存研究では技術志向的な見本市における企業間の相互作用や学習過程について十分な検討がなされてはいない．またテンポラリーなクラスターが既存の産業集積に果たす役割について言及した研究も少ない．そこで本章では精密機械工業の集積地域として知られる長野県諏訪地域において，2002年度以降毎年開催されている，大規模な産業見本市である諏訪圏工業メッセを事例として，実行委員会へのインタビュー調査などから，見本市における商談や新規受注，出展者と来場者との新規関係性の構築状況，産業集積地域における既存の産・学および産・産の協働関係などの一端を明らかにする．そして見本市の参加主体である出展者および来場者の多様な関係性構築の状況について検討することが本章の目的となる．諏訪圏工業メッセを取り上げる理由は，諏訪地域に立地する企業が非常に高度な微細加工技術や実装技術を有しており，技術集積型地域（日本政策投資銀行，2000）として既存研究において諏訪地域が注目されていることに加えて，日本の技術志向的な見本市のなかでも有数の出展者・来場者規模を誇ることによる．

　本研究では2010年9月に，諏訪圏工業メッセの実行委員会に対してインタビュー調査を行い，見本市に関する情報や過去の出展者リストなどの資料を得た．またメッセ実行委員会では2003年以降，財団法人長野経済研究所へ業務

委託し，諏訪圏工業メッセの開催効果に関するアンケート調査を出展者と来場者に対して行っている．本研究では「諏訪圏工業メッセ 2003」の出展者に対して 2004 年 1 月～2 月に行われたアンケート調査結果と，「諏訪圏工業メッセ 2009」の出展者および来場者に対して 2009 年 10 月～11 月に行われたアンケート調査結果をもとに，見本市における関係性構築の実態把握を試みている [4]．

II　諏訪地域の製造業

　長野県は合計 10 地域の広域市町村圏 [5] を設定しており，本研究で対象とする諏訪広域市町村圏（以降，諏訪地域と略す）は岡谷市，諏訪市，茅野市，下諏訪町，富士見町，原村の 3 市 2 町 1 村から成る．諏訪地域は，経済産業省関東経済産業局が推進する産業クラスター計画の中で，山梨県甲府地域とともに「中央自動車道沿線ネットワーク支援活動」の対象地域に指定されている．また 2008 年に同意された企業立地促進法に基づく地域産業活性化計画では，基本計画地域として「スマートデバイスなど優位性のある技術を基に産学官が一体となって研究開発・商品化・事業化を推進，波及させ高度ものづくり基盤技術産業の集積を図るとともに，寒天，味噌，凍り餅，清酒などの歴史とブランド力のある伝統的な食品加工業を核とした地域資源活用型食品加工産業の集積」（経済産業省，2008）の形成を目指している．

　諏訪地域では江戸時代には養蚕業が栄えており，明治時代に機械製糸が始まり，昭和初期まで製糸業が発展した（井出，2002）．その蚕糸機械の修理に端を発して，金属機械の部品工場が諏訪地域内で繁栄した．第二次大戦後には，諏訪地域内の一般機械工業の中核を担っていた北沢バルブ（現：キッツ）の技術者が独立し，オルゴール製造の三協精機（現：日本電産サンキョー），光学関連のチノン（後にコダックの子会社に吸収合併）やヤシカ（後に京セラに吸収合併）などの前身が設立され，諏訪地域内の精密機械工業の素地が築かれた（日本政策投資銀行，2000，p.55）．さらに戦時中の疎開工場および軍需工場である，第二精工舎（現：セイコーエプソン）や高千穂光学（現：オリンパス），

帝国ピストンリングなどが，戦後に民生化して残留し，諏訪地域を代表する大企業となって精密機械工業集積の中核となった（板倉，1966，pp.71-73；井出，2002，pp.95-97）．しかし，1970年代ごろから，大手の精密機械系の企業による海外への工場移管が進み，諏訪地域内の企業間関係は再編されることになる（関・辻田，2001）．

　既存研究では，現在の諏訪地域内における企業間の取引関係について，中核企業を頂点とする系列が解体され，中小企業の自立化が促されており，諏訪地域内における受発注関係が希薄化していることが指摘されている[6]．たとえば日本政策投資銀行と諏訪市とが共同で行った，諏訪市内の企業への聞き取り調査では，諏訪地域内の企業からの受注割合が2割程度に留まっており，域外からの受注が主流になっているとの結果が報告されている（大熊，2001）．また渡辺（1997，pp.216-218）は，諏訪地域の完成品メーカーをとりあげ，地元下請企業同士の繋がりが弱く，一貫工程の発注に対して迅速に対応することができないために，コスト面では高いものの再下請ネットワークが発達した東京方面の外注を積極的に利用する事例を紹介している．さらに藤田（2007）は，試作開発能力を有した革新型中小企業が，従来の系列を離脱し，新しい技術に関する知識や情報の調達を，東京大都市圏などに立地する商社やメーカーなどから収集していることを明らかにしている．

　諏訪地域内の企業間の関係性で注目されているのは，系列のような強固で垂直的な取引関係ではなく，研究会や勉強会のような相互の信頼に基づいた緩やかで水平的な協力関係の構築である．たとえば山本・松橋（1999，2000）や関・辻田（2001）は，諏訪地域内において若手経営者の研究会や，異業種交流会のような中小企業間の水平的協力関係が存在し，イノベーションを生み出す地域的システムが構築されていることを，新しい動きとして紹介している．

　ここで，長野県が独自に集計した2008年の工業統計調査結果（従業者数4人以上の事業所）をもとに，長野県工業における諏訪地域の位置付けをみると（表6-1），事業所数は1,056を数え，長野地域に次いで2番目に多いことがわかる．従業者数は29,628人で長野地域，松本地域に次いで3番目に大きいが，4位の上伊那地域との差はわずかである．製造品出荷額等は松本地域が2兆円

表 6-1　長野県広域市町村圏別の製造業事業所数・従業者数・製品出荷額等

	事業所数 （所）	従業者数 （人）	製造品出荷額等 （百万円）
長　　野	1,375	42,889	1,060,301
諏　　訪	1,056	29,628	694,004
松　　本	1,001	39,550	2,056,984
上伊那	773	29,171	871,078
上　　小	688	24,775	691,130
飯　　伊	617	17,798	419,942
佐　　久	578	18,669	495,627
北　　信	190	6,300	135,197
大　　北	134	3,671	129,083
木　　曽	121	2,622	70,676

注：従業者数4人以上の事業所の数値.
資料：長野県工業統計調査結果（2008年）より作成.
原資料：経済産業省工業統計調査結果（2008年）.

超で群を抜いて大きく，長野地域，上伊那地域が続き，諏訪地域は 6,940 億円で県下 4 位となる．このように諏訪地域は事業所数が多い一方で，従業者・出荷額規模でみると長野，松本，上伊那地域と比べて相対的に小さいことを特徴とする．

　続いて全事業所が調査対象である事業所・企業統計調査報告をもとに，諏訪地域の製造業における事業所数と従業者数の業種構成について，1981 年から 2006 年までの推移をみると（図 6-1），事業所数・従業者数ともに概ね減少傾向にあるものの，一般機械器具，電気機械器具，精密機械器具など機械系の業種が非常に高い割合を占め続けていることがわかる．しかしながら，精密機械器具製造業は 1981 年以降，事業所数・従業者数ともに急激に減少している．特に従業者数は 1981 年の 17,781 人から，2006 年には 3,925 人へと 2 割強の水準にまで減少した．金属製品，一般機械器具，輸送用機械器具製造業の 3 業種に関して推移の特徴を述べると，事業所数は 1991 年をピークに漸減傾向にあるが，従業者数は期間を通じて大きな変化はみられず，横ばいで推移している．一方，電気機械器具製造業の場合は，事業所数こそ 1991 年の 544 をピー

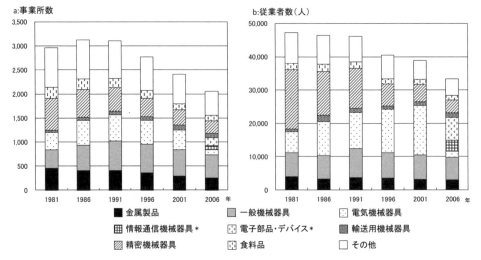

図 6-1 諏訪地域における製造業中分類別の事業所数（a）と従業者数（b）の推移
注：＊は 2006 年のみ
資料：事業所・企業統計調査より作成.

クに減少傾向を示しているものの，従業者数は堅調に増加しており，2001 年
は 14,785 人にまで達している．しかし，2006 年になると，情報通信機械器具
と電子部品・デバイス製造業を併せた電気機械器具の従業者数[7] は 12,000 人
に及ばず，1996 年水準を下回るほど減少している．

　また，前述した企業立地促進法に基づく地域産業活性化計画において，諏訪
地域では伝統的な食料品加工業の集積形成を目指しているが，食料品製造業の
事業所数・従業者数の推移をみると，1981 年には事業所数が 225 であったが，
2006 年では 112 と半数にまで減少している．従業者数は事業所数ほどの急激
な減少はしていないが，1986 年から 2006 年まで漸減傾向にある．

　このように諏訪地域の製造業は機械系工業が中心であり，特に精密機械にお
けるエレクトロニクス化の進展によって，近年は電気機械器具（電子部品・デ
バイスおよび情報通信機械器具）へと中心的業種が変化している．製造業全体
の 2006 年の事業所数・従業者数は 1981 年から 3 割減となっており，厳しいリ
ストラクチャリング期に直面しているといえる．そのような中で，諏訪地域で

は精密加工技術に関する歴史的・技術的な厚みを活かした地域産業再生の方法として，地域ブランド構築を目指した地方開催型の見本市が企画されたのである．

Ⅲ　諏訪圏工業メッセにおける主体間の関係性構築

1. 諏訪圏工業メッセの概要

　諏訪地域では従来，行政が中心となり各市町村単位での工業展が開催されていたものの，規模が小さく，十分な成果が挙げられていなかった（島，2003；山崎，2002，2004）．そのような状況下において，高度精密微細加工技術を有した企業が集積する諏訪地域を「SUWA ブランド」として国内外に発信することを目標として，2002 年 10 月に，当時の諏訪商工会議所会頭の山崎壯一氏が実行委員長となり，諏訪地域 6 市町村の 4 商工会議所，2 商工会が中心となって諏訪圏工業メッセが開催されることになった [8]．

　諏訪圏工業メッセの実行委員会は上記の 6 市町村と商工会議所の他に，日本政策投資銀行，長野県諏訪地方事務所，長野県中小企業振興センター，長野県工業技術総合センター，長野県テクノ財団，ジェトロ長野貿易情報センター，長野県経営者協会，長野県中小企業団体中央会，諏訪信用金庫などの団体から構成される．構成団体の中で，6 市町村と商工会議所が開催資金の調達を担当する．また商工会議所の会頭が開催ごとに持ち回りで実行委員長に就く．日本政策投資銀行や長野県の産業支援機関などのその他の構成団体は，受付や会場管理などへの人材の提供のほかに，後述するように域外企業や海外企業をメッセへ招待している．

　全国の見本市の中での諏訪圏工業メッセの位置付けを把握するために，表 6-2 では日本貿易振興機構（ジェトロ）の見本市・展示会データベースをもとに，出展者数と来場者数を多く集める日本の主な見本市を，開催地域の違い（大都市開催・地方開催）と，特殊な加工技術や生産設備のような「技術志向的」

表 6-2　日本における大都市開催型，地方開催型の主な見本市の概要

分野	大都市開催型	開催地	出展者数	来場者数	地方開催型	開催地	出展者数	来場者数
技術	ｸﾗｳﾄﾞｺﾝﾋﾟｭｰﾃｨﾝｸﾞEXPO	東京	1,241	124,056	びわ湖環境ﾋﾞｼﾞﾈｽﾒｯｾ	滋賀	313	36,580
	エコプロダクツ	東京	745	183,140	諏訪圏工業メッセ	長野	255	24,180
	シーテック ジャパン	千葉	616	181,417	バリシップ	愛媛	179	13,985
	東京国際包装展	東京	551	170,859	北陸技術交流ﾃｸﾉﾌｪｱ	福井	163	17,621
	国際食品工業展	東京	406	140,576	機械工業見本市金沢	石川	103	50,068
デザイン	東京ｲﾝﾀｰﾅｼｮﾅﾙｷﾞﾌﾄｼｮｰ	東京	2,506	201,245	静岡ホビーショー	静岡	79	80,000
	国際宝飾展	東京	1,257	35,763	甲府ジュエリーフェア	山梨	73	2,223
	大阪オートメッセ	大阪	251	210,118	シズオカKAGUメッセ	静岡	67	7,500
	東京ゲームショウ	千葉	194	207,647	旭川家具産地展	北海道	30	2,352
	東京モーターショー	東京	113	614,440	金沢輸入車ショウ	石川	7	800

資料：ジェトロ見本市・展示会データベースおよび（株）ピーオーピー『見本市展示会2011総合ハンドブック』により作成

な展示であるのか，コンテンツ産業や家具，装飾品のような芸術性や創造性が求められる「デザイン志向的」な製品を中心としたものなのかといった，展示分野の違いに従って類型化している[9]．地方で開催される技術志向型の見本市として位置付けられる諏訪圏工業メッセは，出展者数，来場者数において東京ビッグサイトや幕張メッセなどの大規模イベントホールで開催される大都市開催型見本市に及ばないものの，地方開催型の見本市のなかでは出展者数，来場者数ともに高い実績をあげていることがわかる．

　諏訪圏工業メッセの2002年当初の開催予算額はおよそ4,000万円で，そのうち6市町村からの補助金が1,000万円，県と国から1,000万円，4商工会議所，2商工会から1,000万円，出展者から1,000万円であった（山崎，2006）．実行委員会への聞き取り調査によると，2010年開催時点では6,000万円弱にまで開催予算額は増加しており，6市町村から1,200万円，4商工会議所，2商工会から800万円，県からが700万円であり，残りが出展者の出展料や協賛金から成っており，出展者からの割合が現在は5割を超えている．

　図6-2は諏訪圏工業メッセの出展者数と来場者数の推移を示している．初開催時の出展者数は174社，延べ来場者数は12,000人であったが，毎年開催ご

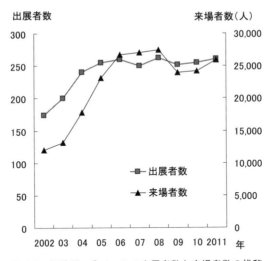

図 6-2　諏訪圏工業メッセの出展者数と来場者数の推移

資料：ジェトロ見本市・展示会データベースおよび諏訪圏工業メッセ実行委員会資料により作成.

とに参加規模は拡大傾向にあり，2009 年度には 252 の企業・団体が出展し [10]，延べ来場者数はおよそ 24,000 人と倍増している．出展者数が 2004 年以降横ばいで推移している理由は，会場におけるブーススペースが消防法の約款上，これ以上増やすことができないことが原因である．現在は出展者審査によって，諏訪地域に立地しているか，支所を諏訪県内に有しているなど，諏訪地域と関連する企業・大学が出展の際に優先されており，出展希望企業のうち 2 割近くが出展できていない．

　諏訪圏工業メッセは入場時に来場者の名刺を集め，来場者の属性を調査している．表 6-3 は名刺を入手できた来場者の地理的分布の割合を示している．第 1 回目には諏訪地域内からの来場者の割合が 5 割以上であったが，2009 年開催時には諏訪地域以外の長野県内からの来場者数が 39.4％，長野県外からが 23.3％となり，大幅に増加していることがわかる．

　諏訪圏工業メッセは初開催から 10 回目となる 2011 年開催を区切りとして一端終了する予定であった．しかし，諏訪地域の 6 市町村や地元企業の代表など計 9 人で構成された，諏訪圏工業メッセの運営に関する検討組織が，2009 年

表6-3　諏訪圏工業メッセにおける来場者の地理的分布の割合

	2002年（第1回目）		2009年（第8回目）	
諏訪地域内	2,553	51.4%	2,624	37.4%
県内（諏訪地域以外）	1,484	29.9%	2,762	39.4%
長野県外	929	18.7%	1,632	23.3%

注：名刺を入手した来場者に限る．
資料：諏訪圏工業メッセ実行委員会資料により作成．

に出展者に対してメッセの継続に関するアンケートを行った結果，9割近くの企業から継続を希望する声がでた（信濃毎日新聞2009年12月2日付）．これは今後，開催予算のうち県や市町村からの補助金が削減されることが予想され，出展者の負担が増加することが前提となる中での結果である．多くの企業が見本市の継続を希望したことを受けて，6市町村の首長と商工会議所で組織された委員会は，2012年以降も諏訪圏工業メッセを継続することを決定した．後述するように諏訪地域の企業にとって，諏訪圏工業メッセは定期的に域外との接触を可能とさせるものであり，諏訪地域内における中小企業の営業力の乏しさを補完させる重要なイベントとして認識されているとみられる．

2.　出展者の地理的分布

本項では出展者の地理的分布を明らかにするために，2009年度諏訪圏工業メッセの出展者リストと出展者のウェブサイト，NPO法人諏訪圏ものづくり推進機構が運営するウェブサイト「諏訪圏企業ガイド」を利用し，出展者の所在地と従業員規模を分析した．

諏訪圏工業メッセでは出展者が（1）加工技術，（2）機械・完成品，（3）産学・研究，（4）ソリューションなどのテーマ分野別に分けられている．図6-3は2009年度のテーマ分野別の出展者の地理的分布の割合を示している．「加工技術」に分類される企業・団体が最も多く，161社がブースを設けているが，諏訪地域からの出展の割合は8割に迫るほど高い．「機械・完成品」では55社

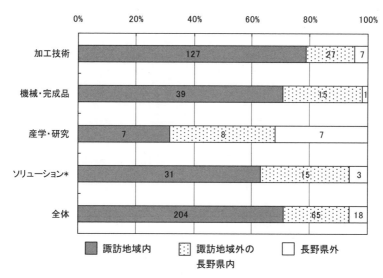

図 6-3 諏訪圏工業メッセにおけるテーマ分野別出展者の地理的分布の割合

注：グラフ内数値は出展者の実数

＊ソリューションは，金融・流通・修理・コンサルなど

資料：諏訪圏工業メッセパンフレット（2009 年）と出展者ウェブサイトなどにより作成.

で，そのうち 7 割にあたる 39 社が諏訪地域からの出展であり，長野県外から
は 1 社のみが出展している．「産学・研究」には大学や工業高等学校，公設試
験研究機関などが含まれ，計 22 の団体・部署がブースを設置しているが，諏
訪地域内からの出展割合よりも諏訪地域外からの出展割合の方が高い．山梨大
学や芝浦工業大学，中部大学など県外の大学も出展しており，長野県外からの
出展割合は他のテーマ分野よりも一際高い．「ソリューション」には金融機関
や流通関連，機械修理業およびコンサルタント業務を行う企業などが含まれ，
計 49 の企業・団体が展示ブースを設けており，長野県外からよりも県内から
の出展割合が圧倒的に高い．このように諏訪圏工業メッセの出展者は，諏訪地
域の企業が中心であり，長野県外の企業・団体の出展は 18 社で全体の 6％を
占めるに過ぎない．

　図 6-4 は諏訪地域内における 2002 年と 2009 年の見本市出展者の分布を示し
たものである．2002 年では 145 の諏訪地域内の企業・団体が出展していたが，

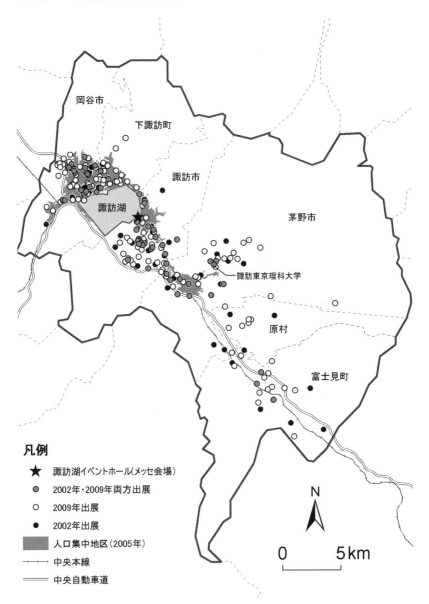

図 6-4　諏訪圏工業メッセにおける諏訪地域内の出展者の地理的分布（2002 年および 2009 年）
資料：諏訪圏工業メッセパンフレット（2002 年／ 2009 年）と出展者ウェブサイトなどにより作成.

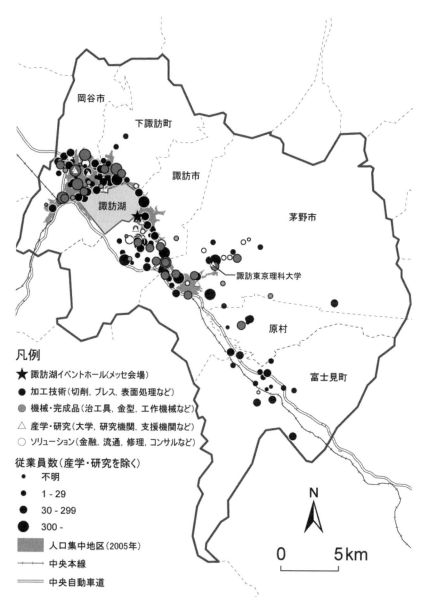

岡谷市

下諏訪町

諏訪市

茅野市

諏訪湖

諏訪東京理科大学

原村

富士見町

凡例

★　諏訪湖イベントホール(メッセ会場)

●　加工技術(切削, プレス, 表面処理など)

●　機械・完成品(治工具, 金型, 工作機械など)

△　産学・研究(大学, 研究機関, 支援機関など)

○　ソリューション(金融, 流通, 修理, コンサルなど)

従業員数(産学・研究を除く)

・　　不明

●　　1 - 29

●　　30 - 299

●　　300 -

人口集中地区(2005年)

中央本線

中央自動車道

N

0　　　5km

図 6-5　諏訪圏工業メッセにおける諏訪地域内のテーマ分野別出展者の地理的分布 (2009 年)
　　資料：諏訪圏工業メッセパンフレット (2009 年) と出展者ウェブサイトなどにより作成.

2009年には6市町村全てにおいて増加傾向が見られる．また，原村を除く5市町において2002年と2009年ともに出展している企業・団体があり，その数は74に上る．つまり，2002年出展者の半数以上が2009年現在も出展しており，リピーターの数の多さが目立つ．これは諏訪圏工業メッセが，出展者のニーズにある程度応えられている表れであると考えられる．

　図6-5は，諏訪地域における2009年開催時の204の見本市出展者の立地点と企業規模を，テーマ分野別に示したものである．図から従業者規模が30人以上の機械・完成品分野の出展者と，図6-4の2002年と2009年両方に出展している企業・団体とが重なっていることが見て取れる．これは帝国ピストンリングなどの大企業とともに，中堅の機械・完成品メーカーもメッセに継続的に出展していることによる．

　2002年では諏訪地域に立地する145の出展者のうち，3割にあたる44の企業・団体が人口集中地区（DID）に立地していたが，2009年には諏訪地域の出展者のうち4割に当たる84の企業・団体がDIDに立地しており，諏訪湖北部周辺で顕著にみられる（図6-4）．図6-5をみると2009年には中小企業だけでなく，300人以上の規模の大きな企業も市街地に立地しており，特に機械・完成品を展示する企業でその傾向がみられる．そのほかに中央自動車道沿線に加工技術を展示する企業が立地しているが，総じて企業規模は小さい．そのような企業は図6-4をみると2002年には出展していないが，2009年に出展するようになったものが多い．また中央自動車道沿線以外では，茅野市の諏訪東京理科大学周辺の福沢工業団地や塩之目工業団地に立地する加工技術，機械・完成品，ソリューション分野の企業が2009年に新たに出展していることがわかる．

3. 商談・新規受注の成果

　I節で述べたように諏訪圏工業メッセ実行委員会では，2003年以降，財団法人長野経済研究所へ業務委託し，諏訪圏工業メッセの開催効果に関するアンケート調査を全出展者に対して行っている．2009年のアンケート調査では，メッセ出展の目的（複数回答可：回答187社，総回答数359件）は，「新規取

引先の獲得」が 135 件（72.2%）と最も高い割合を占めている．次いで「自社
の知名度の向上」が 93 件（49.7%）であり，「来場者・出展者との情報交換」
は 3 番目に多く 61 件（32.6%）となっている．また見本市を契機とした商談
があったとする企業は回答 174 社中 123 社（70.7%）であり，1 社当たりの平
均商談件数は 6.4 件となっている．商談の結果，見本市の開催直後に新規受注
を獲得している企業は回答 121 社中 15 社（12.4%）ほどに過ぎない．しかし
開催から 1 年経過後のアンケート調査では商談の結果，新規受注を獲得した企
業は回答 107 社中 38 社（35.5%）へと増加する．メッセ実行委員会への聞き
取り調査によると，見本市の開催期間中の見積もり作成や，即時の受注関係の
構築に対しては否定的であり，その理由として「メッセに参加してすぐ商売に
なるものは，難しくて誰もやらないもの，儲からなくて誰もやりたがらないも
のに過ぎない」ことを挙げていた．むしろ，メッセ実行委員会は，見本市での
展示を契機に名刺交換などで顔見知りとなり，その後に連絡を取り合って連携
をつくりながら情報を得ていくことが，継続的な取引関係の構築へと繋がると
考えている．

　そのような連携作りの手助けとして，諏訪圏工業メッセでは商談・受注獲得
に向けてのいくつか特徴的な取り組みがなされている．1 つめが「現場商談プ
ラン」と呼ばれるものである．これは見本市への来場を機に，出展者の展示に
関心をもった来場者を自社工場に案内するというものである．2009 年には出
展者のうち約 20 社が現場商談プランを活用し，実際に生産設備をみてもらう
ことによって，来場者から自社の技術力への信頼を得ようと試みている．東京
ビッグサイトや幕張メッセなどで行われる大都市圏での産業見本市への出展で
は不可能な商談形態であり，地元産業集積内で開催される見本市だからこそ可
能なものである．

　2 つめが「販路開拓個別相談会」で，NPO 法人諏訪圏ものづくり推進機構が
企画している．この NPO 法人は，諏訪地域の製造業の発展を目的として，初
回の諏訪圏工業メッセの実行委員長である山崎壮一氏を初代理事長として諏訪
地域内の企業が中心となり，2005 年 4 月に発足した．現在は諏訪圏工業メッ
セの事務局を担当するほか，産・学のコーディネート事業や人材育成事業など

を行っている．販路開拓個別相談会では見本市開催の事前に，参加希望の企業が得意な技術分野を NPO に登録し，それをもとに NPO がメーカーとのマッチングを行う．2009 年には 30 社が登録し，17 社が受注を獲得するなど大きな成果を挙げている．

　なお，2002 年の見本市の初開催時には，出展者間での発注先の探索もみられたが，現在はほとんどそのような関係性は存在しない．実行委員会によると，メッセでの展示ではじめて，隣接する会社が何を作っているか知るというケースもあるという．出展者同士で諏訪地域内の企業の技術・製品の水準を観察したり，市場ニーズを把握したりすることが，出展の主要な目的となっているとみられる [11]．

4. 域外企業との関係性構築

　本項では出展者と域外からの来場者との関係性がどのように構築されているのか見ていく．2002 年の初開催時にはトヨタ自動車株式会社の技監の林南八氏がトヨタ生産方式の講演を行い，トヨタ自動車が下請企業や関連企業に見本市への来訪を呼びかけるなどの全面的支援があったおかげで，中部圏からの来場者が多かった．現在は，県外でも特に北関東からの来場者が多い．メッセ実行委員会による 2009 年の来場者に対するアンケート結果（回答者 577 人）によると，県外からの来場者のうち，東京都からが 28%，東京を除いた関東圏からが 36%，愛知県からが 11%，愛知を除いた中部圏からが 10% となっている．長野県の地方銀行である八十二銀行が，営業拠点を有する群馬県や埼玉県の企業を招待したり，長野県東京事務所や長野県中小企業振興センターなどが県外企業を貸し切りバスで連れてきたりするなどの試みがなされている．そのほか旅行会社の JTB が諏訪地域内のホテルと JR のチケット，会場までのタクシーや送迎バスを手配したパッケージプランを作り，域外からの来場者の確保を行っている．

　さらに見本市の主要な目的の 1 つとして，域外の重要な取引先を接待し，既存の関係性を深耕させることが挙げられる．先に紹介した長野経済研究所

の 2009 年アンケート結果では，参加企業のうち 5 割以上が既存の取引先への宣伝・招待を行っており，普段会うことのできない域外の取引先の社長や部長などを，見本市を機会として招待している．昼は展示の案内や周辺の観光に連れだし，夜は近隣のホテルや飲食店で接待して，親しくなることも試みている [12]．

　また諏訪圏工業メッセ実行委員会では海外への販路開拓にも精力的に取り組んでいる．2009 年にはジェトロが主催し，自動車部品関連のスイス，フランス，米国，カナダの企業を招いた商談会を見本市会場内で行っている．外国企業の要求に応えるために，NPO 法人諏訪圏ものづくり推進機構が事前に諏訪地域内の企業を推薦する．2009 年には約 50 社が商談会に参加し，その中で諏訪地域内の 2 社が新規受注を獲得している．また財団法人長野県テクノ財団も，スイスなど 4 ヶ国の企業をジェトロとは別に招聘し，小型工作機械の商談会を実施している．

　見本市での海外企業との販路開拓において材料卸売業者や産業機械器具・電気機械器具卸売業者のような商社機能を有する諏訪地域の企業も重要な役割を果たしている．2002 年の開催当初は，諏訪地域内のものづくり企業が来場者と，直接，取引ができることが見本市の売りであった．これに対して諏訪地域内の商社は，材料の売り込みや，生産設備の売買を目的として，見本市に参加していた．実行委員会としては見本市の当初の目的から外れてしまうことを懸念して，商社の積極的な参加に対して抵抗感があったという．しかし，営業部門をもたない諏訪地域内の企業が市場のグローバル化に対応することができなくなった実情を踏まえ，海外市場のニーズや情報を有したバイヤー・商社が出展することが見本市全体の成功のためにも良いと判断し，2005 年ごろから商社機能を有した企業の参加が増え始めた．2010 年現在の見本市参加企業の中で，商社機能を有した企業数は諏訪地域を中心に 10 社を数える．また実行委員会への聞き取り調査によると，中国の人件費高騰により，コスト面で中国と諏訪地域との差は縮小しており，高品質な製品・部品を欲している海外企業に対して，諏訪地域の信頼性の高い技術を売り込むためにも，商社の役割は大きくなっているという．これら商社機能を有した企業によって，諏訪地域で獲得するこ

とのできない海外市場の情報が諏訪地域内に導入される可能性があり，商社がパイプライン構築（Owen-Smith and Powell, 2004）の役割を果たしていくことも考えられる．

5.　諏訪地域内の産学連携と産産連携

諏訪圏工業メッセは商談の場の提供だけではなく，産学官のリエゾン，マッチングも重視されている（山崎，2006）．2002年の開催当初は諏訪東京理科大学，信州大学，山梨大学といった諏訪地域内企業と関連深い大学や研究機関が参加していた．またトヨタ自動車が全面的に支援していたこともあり，中京圏の大学の参加も見られた．しかし，2005年頃から諏訪地域と無関係な大学や研究所が研究成果のPR目的で参加することが増え始め，実行委員会は諏訪地域ブランド構築という諏訪圏工業メッセの当初の目的から外れることを懸念し，2010年度から諏訪地域内企業と関連する連携機関のみに見本市への参加が限られている．

諏訪圏工業メッセでは，諏訪地域内の企業が集まってできた研究会・勉強会単位で見本市に参加している例が多くある．NIOMやNEXT（岡谷市新世代経営者研究会）といった諏訪地域内の異業種企業集団や若手経営者の研究会は，2002年の初開催時から現在までほぼ毎年参加している．そのほか2000年に発足し2008年現在までに28の企業・団体が参加している小型工作機械関連の研究会であるDTF（デスクトップファクトリー）研究会や，諏訪地域の8社の企業から成る2004年に発足した株式会社世界最速試作センター，2007年に任意団体として発足した諏訪産業集積研究センター（SIARC）[13]なども継続的に見本市に出展している．このように見本市の展示に向けて企業や大学の研究者が集まって新製品の開発や新技術の展示を行ったり，研究成果の発表・実演の場として見本市を活用したりすることが，既存の主体間の関係性を強化する契機となっていると考えられる．

Ⅳ　結　論

　図 6-6 は，見本市の準備期間，開催期間中，開催後の 3 期間に分けて，諏訪圏工業メッセにおける主体間の関係性構築の状況を，メッセ実行委員会への聞き取り調査および同実行委員会のアンケート調査などから確認された関係性についてまとめてみたものである．出展者にとって見本市は，諏訪地域内の研究会や勉強会を通じて新製品や展示品を開発したり，研究成果を発表したりするなど，自社の技術力向上の動機付けとなっている（図 6-6-a）．さらに既存の取引先に事前に見本市を宣伝し，招待することも重要な営業活動の 1 つである．見本市開催中は（図 6-6-b），来場者が発注先を探索するほかに，出展者と来場者との情報交換や，他の出展者の展示品や技術水準の観察によって，新しい情報・知識を獲得する場として見本市は機能しているようだ．特に大企業と比べて営業力が乏しい中小企業にとっては，名刺交換などによって，域外の取引先となる可能性がある主体との関係性を構築することには大きな利点があるだろう．また見本市において主要な取引先に自社の製品・技術を見学させ，自社の技術力を信頼してもらい，また見本市会場外のホテルや飲食店などで接待を行うことによって継続的な受注関係や信頼関係の構築を試みている企業もある．見本市開催中に新規の取引先を得ることは難しいが，見本市後に継続的に商談を行うことで，多くの企業が新規受注を獲得しているとみられる（図 6-6-c）．

　本章で得られた知見をもとに，見本市を媒介とした産業集積の高度化の可能性が以下に示すような形で見えてくるのではないか．すなわち，商社機能を有した企業や，海外との販路開拓に成功した企業によって，域外の市場の情報やニーズを域内の企業が入手できると考えられる．また見本市では取引関係のような垂直的関係だけではなく，産学連携や産産連携によって，展示者間の協力的な水平的関係も強化されるようになるだろう．それらによって諏訪地域内における見本市出展者の技術力の向上が達成されうる．諏訪地域内の見本市出展者に導入された新奇的な知識や技術は，研究会や勉強会のような諏訪地域内の既存の水平的協力関係を介して，見本市に参加していない企業にも伝達されていくことが期待される．そのような見本市の間接的な波及効果によって諏訪地

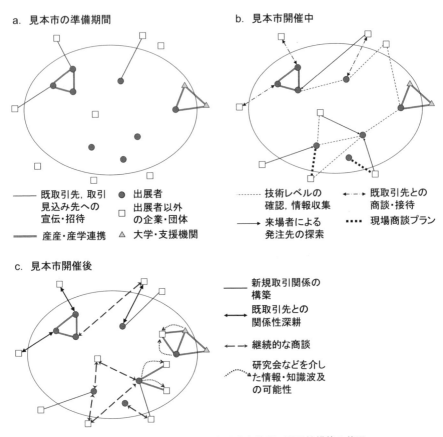

図 6-6　諏訪圏工業メッセにおける主体間の関係性構築の状況

域全体の技術力が向上し，諏訪圏工業メッセが目指す世界へ発信可能な地域ブランドの構築へと繋がると考えられる．そして高度な微細精密加工を売りとした地域ブランドが，さらなる出展者・来場者の見本市参加への動機付けとなり，開催期間が限定されたイベントである見本市と，既存の産業集積との好循環が生まれるのではないだろうか．

　最後に研究課題を述べる．本研究では，見本市において出展者と来場者との間で発注先の探索や技術レベルの確認などさまざまな目に見えにくい関係性が

構築されている一端が明らかとなった．今後は見本市で構築される主体間の関係性について，出展者への聞き取り調査などによって，新規受注先や既存の取引先など企業間の関係性に関するデータを収集し，社会ネットワーク分析を援用して関係構造を明らかにすることが求められる．

　また，企業間の既存の取引関係や産学官の連携関係が，見本市の新規関係性に与える影響を考察し，重層的な主体間ネットワーク（見本市で構築される関係性，集積内外で存在する取引関係，広域的な産学官間の知識フローなど）と企業活動のパフォーマンス（見本市への参加数，特許出願数，共同研究開発の件数など）との関連性を評価することが必要となる．そして見本市に参加した企業と，参加していない企業との比較分析を行うことで，どのようなネットワーク構築が，産業集積内の企業活動のパフォーマンスにとって有益であるのかを明らかにすることができ，関連主体への含意を提示することが可能となるであろう．

注

1) Bathelt and Schuldt（2008a, pp.855-856）は，垂直的相互作用の例としてサプライヤーとカスタマーとの間の市場の情報共有や交換を挙げ，水平的相互作用の例として競争相手の製品・戦略の観察および比較を挙げている．

2) Meeting（会議），Incentive tour（報奨旅行），Convention/Congress（コンベンション），Exhibition（展示会）は頭文字をとって MICE 市場と呼ばれ，広義の観光産業に包含されるものであり，主要な産業として注目が集まっている（ジェイティービー能力開発編，2006, p.32）．

3) Schuldt and Bathelt（2011）は企業や製品，業種の違いによって，見本市におけるネットワーク構築や情報調達の方法が異なることを，ドイツの国際的な見本市を事例に実証している．

4) アンケート調査ではメッセ出展の目的や，新規取引先の構築状況などが調査項目に含まれている．2004 年のアンケート調査は全出展者の 178 事業所が対象であり，有効回答数は 126 事業所，有効回答率は 70.8％である．一方，2009 年のアンケート調査は全 252 事業所が対象であり，有効回答数は 188 事業所，有効回答率は 74.6％である．また 2009 年の見本市開催時には来場者の職業や住所，来場の目

的や見学時間などについてアンケートを行い，来場者 592 人が回答している.

5) 総務省の事業所・企業統計調査で定義されている県内ブロックの空間スケールと
合致している.

6) ただし鹿嶋 (1995) は諏訪地域におけるプリント配線板製造業の検討の中で，プ
リント配線板の部分工程を担当する下請企業の集積が見られ，ほぼ域内で完結し
た外注連関が存在すると指摘する. 一方，下請企業はメッキや切削などにおいて
技術の高度化・専門化が進んでおり，域外から受注することもあると述べている
(p.125).

7) 2002 年の日本標準産業分類の改訂によって，2001 年以前までの電気機械器具製
造業が，情報通信機械器具，電子部品・デバイス，電気機械器具に分割されている.

8) 見本市会場は初回から現在まで，諏訪湖畔の旧・東洋バルヴ諏訪工場跡地を利用
している. 第 1 回見本市終了後，工場は解体される予定であったが，諏訪地域内
の貴重なコンベンション会場候補地として見直され（山崎，2004），現在では諏訪
市が管理し，諏訪湖イベントホールとして保存・活用されている.

9) Yokura (2015, p.199-201) は民間企業や公的機関が公表する見本市に関するデー
タを用いて，見本市の地理的分布などを示しているが，日本の見本市をめぐる問
題として，来場者データなどの集計方法に統一性が乏しく，欧米およびアジアの
見本市との厳密な比較が難しいことを挙げている.

10) メッセ実行委員会は 2009 年度の出展者数を 252 と発表しているが，町村の商工
会が支援してグループで出展している場合があり，実際の出展者数は 286 となっ
ている.

11) メッセ実行委員会による 2009 年の出展者へのアンケート調査結果をみると，メッ
セ出展による効果として，諏訪地域内企業の情報収集ができたとする出展者数は
101 の企業・団体（54.6%）を数える. 山崎 (2006) は，「諏訪は隣の会社が何をやっ
ているのか，隣の地域が何をやっているのか，あまりにも知らなすぎる」と指摘し，
諏訪地域の技術・製品の動向を把握する契機としてのメッセの役割を主張してい
る. メッセ実行委員会へのヒアリング調査においても同様の趣旨の発言が得られ
た.

12) 諏訪圏工業メッセは毎年度 3 日間開かれ，木曜日と金曜日にビジネス向けの展
示が行われるが，金曜日には会場直近の上諏訪駅前の飲み屋街が一年の中で最も
賑わいをみせるとのことである（実行委員会への聞き取りによる）.

13) 同センターは，京都大学の喜多一教授が会長，東京工業大学の出口弘教授が副会長となっており，中小企業の製造技術と，大学の研究試作とをマッチングさせるために，既存の諏訪地域内の交流ネットワークと，大学が有する研究ネットワークとを相互に結びつけることを設立趣旨に掲げている（喜多，2009）

第7章　産業集積とネットワーク進化
－静岡県浜松地域の事例

I　インフォーマルネットワークの分析視角

　現在の地域経済におけるイノベーションや知識創造の議論では，産業集積内外の主体との緩やかな繋がりをはじめとして，主体間の関係構造に着目した研究がなされつつある（Bathelt *et al.*,2004; Graf, 2006 など）．水野（2011）は経済地理学におけるイノベーション研究の動向と課題を検討し，知識の流通や学習を捉える際にネットワークの視点が有効であると指摘した上で，特定のネットワーク構造が新しい知識流通を促進させ，さらに新しい知識の流通がイノベーションを生み出すと主張している（pp.81-82）.

　上記のような研究潮流のなかで，研究会や勉強会，産業見本市のようなテンポラリークラスターが，知識創造における重要なチャネルとして注目されている（Maskell *et al.*, 2004, 2006）．年に数回開かれる研究会や勉強会の場においては，モノやカネのやりとりを含んだ取引は，参加費用を除いて基本的に存在しない．またプロジェクトベースの研究開発活動（與倉，2013b）やコンテンツ産業でみられるような制作・製造活動（原，2005；半澤，2016；Grabher, 2002a,b）と異なり，厳格な契約に基づかない点において，研究会などの活動によって構築されるネットワークはインフォーマルな性格が強いといえる[1].

　そのような組織間のインフォーマルなネットワークと知識創造に関する既存研究をみると，異業種交流活動[2]など先駆的・先進的な事例に着目したものや，研究会や勉強会発足の歴史的経緯を明らかにしたものなど，実態把握的，定性的な実証研究の蓄積が豊富である．松橋（2002, 2004, 2005）や末吉・松橋（2005）では，山形県米沢市，岩手県花巻市，北上市を事例として，ロー

カルに根付いた社会的環境ネットワーク（企業外環境ネットワーク）の発達を指摘している．そこでは企業間の垂直的な取引関係ではなく，中小企業間の水平的な協力関係に焦点が置かれ，自治体を含む産業支援機関のコーディネーターとしての役割が強調されている．

　また山本・松橋（1999, 2000）や西口編（2003）は，長野県諏訪・岡谷地域を事例として，異業種中小企業による協同組合の事例や，若手経営者らによって自発的に開催された研究会などによる取り組みに光を当てている．そこでは特に異業種交流会（グループ）NIOM が有するローカルなネットワークの強みと，地域外との「多様なネットワーク」（西口編, 2003, p.124）から得られる新奇的知識の有用性が主張されている．さらに山本（2002）は長野県の公設試験研究機関が媒介する研究会の歴史的展開を検討しており，諏訪・岡谷地域の大中小の製造業企業が組み込まれた「交易関係にない相互依存」（Storper, 1997）のネットワークが，研究会活動を通じて形成された可能性について言及している．

　しかし，上記のような研究会などにより構築されたインフォーマルなネットワークが，イノベーション創出や新規事業化などに直線的な形で貢献しているかについては疑問が呈される．岡室（2009, p.52）は，中小企業が参加する多くの異業種交流活動では，人的交流や情報交換が主の目的となっており，事業化の達成などビジネス面での成果は限定的であると主張している．また杉山（2011）は異業種交流活動による「知識や地域アイデンティティの共有」（p.120）と，イノベーション創出との間に時間的な隔たりが存在しうることを，大阪市の事例を基に指摘している．

　イノベーション創出の観点からみると研究会や異業種交流活動は，参加主体が共同研究開発を行う1つの契機であると考えられる．すなわち，研究会や異業種交流活動は出会いの場もしくは交流の場であり，非常設的（テンポラリー）な会合に繰り返し参加することによって主体間に信頼関係が醸成される．そして信頼関係を有した主体が集合し，共同研究開発を行うことにより，イノベーション創出に至ると考えられる[3]．

　以上を踏まえると，インフォーマルネットワークとイノベーション創出との

関連性を捉える際に，まずインフォーマルネットワークが有するポテンシャルを定量的に評価することが肝要であると筆者は考える．現在，社会ネットワーク分析などの分析ツールの発達により，計量的手法を用いて主体間の構造に着目し，関係構造全体を体系的に把握することが可能となっており，既存の実証研究を補完することが必要と思われる．

　そこで本章では研究会や異業種交流活動への参加に基づくインフォーマルなネットワークについて，参加主体に関するデータベースを基に検討することから始める．そして複数の研究会や異業種交流活動に参加する中で，異質な知識を伝達する役割を果たしている主体を析出・描写し，インフォーマルネットワークの関係構造を定量的に検討する．

　続いて共同研究開発のような契約に基づくフォーマルなネットワークに対して，研究会などで構築されたインフォーマルなネットワークが与える影響について解明する．筆者は知的クラスター創成事業[4]や地域新生コンソーシアム研究開発事業，地域結集型共同研究事業など日本の科学技術振興政策の下で推進されている共同研究開発体制を事例として，産学公連携に基づくフォーマルネットワークの形成と，その成果について計量的に実証し，一部の限られた大学や公設試験研究機関がネットワークのハブとなり，イノベーションの達成と密接に関わることを明らかにしている（與倉，2012，2013b）．

　また本書の第3章では産業集積が域内の主体に果たす役割について検討するなかで，「インフォーマルな知識交換を促進する外部環境の提供」について言及している．そのようなインフォーマルな知識交換を促すものとして，本書の第6章では産業見本市を取り上げ，研究会単位での見本市への参加によって，主体間の関係性が強化されうると指摘している．さらに見本市に参加していない企業などにも研究会を通じてインフォーマルに知識が波及されることにより，産業集積地域が高度化する可能性について論じている．

　本章では以上の研究成果を踏まえて，研究会などを通じて構築されるインフォーマルネットワークのポテンシャルと，イノベーションをもたらしうるフォーマルネットワークの形成との関連性について解明することが目的となる．

　本研究の分析対象地域は，静岡県浜松地域である．浜松地域は経済産業省の産業クラスター計画や文部科学省の知的クラスター創成事業の実施地域に含まれる産業集積地域であり，研究会や勉強会の開催において，参加主体間の調整やガバナンスを行う産業支援機関などの「制度的な厚み」（Amin and Thrift, 1992, 1995）がある．また辻田（2004）や西口編（2003）が紹介するように，企業の枠を超えたさまざまな連携が存在しており，協働的なネットワーク構築が着目されていることから浜松地域を対象地域として選定した．

　本研究では 2011 年 11 月に浜松市役所と浜松商工会議所に対して聞き取り調査を行った．その際に浜松地域内で開催されている研究会などへの支援事業や産業支援施策に関する資料と，浜松地域内で開催されている一部の研究会の参加名簿を得た．また浜松地域内の産業支援機関がホームページで公表している研究会や異業種交流活動の参加名簿を活用することによって，浜松地域内で開催されている研究会などに関するデータベース [5) を構築した．

　まずⅡ節において基礎的な統計をもとに浜松地域の製造業を概観する．Ⅲ節では浜松地域の産業支援機関などによって主催される研究会や異業種交流活動の実態を把握し，構築したデータベースを基に社会ネットワーク分析を適用して，インフォーマルネットワークのポテンシャルを定量的に明らかにする．Ⅳ節ではインフォーマルネットワークとフォーマルネットワークとの関連性について考察し，Ⅴ節において本研究の成果と課題を述べる．

Ⅱ　浜松地域の製造業

　本研究で分析対象とする静岡県浜松地域は，浜名湖周辺の浜松市，湖西市から成る．この2市は，経済センサス（事業所・企業統計調査）の都道府県内ブロックでは静岡県西部地域として，また工業統計表の工業地区編では静岡県西遠地区として定義されており，経済的・社会的まとまりを有した広域的な経済圏・生活圏と考えられる．

　浜松地域はかつて，わが国有数の綿織物工業地域として知られ，力織機など

先行産業の技術を核として工作機械工業や二輪車工業が生じ，また天竜木材の集散地として製材業が生まれ，それが木工機械や楽器製造業などに発達した [6]（大塚，1986；間淵，2004）．浜松地域において繊維，楽器，輸送用機器は「3大産業」と呼ばれている．大塚（1986，p.10）は，浜松地域外から導入され定着した産業ではなく，浜松地域で各種の工業が発生・発展し，相互に連関していることを踏まえ，浜松地域を「複合工業地域」と表現している．

　浜松地域では新興技術分野である光関連の産業が注目されている．1926 年に浜松高等工業学校助教授の高柳健次郎がブラウン管によるテレビ送受信に世界で初めて成功し，その技術をもとに浜松地域の光産業が発展した（西野，2009）．1980 年代初頭において当時の通商産業省のテクノポリス開発計画 [7] が浜松地域において策定されるが，その際に先端技術有望分野として光産業が挙げられることになる（細谷，2009，p. 41）．

　浜松地域は 2002 年に文部科学省の知的クラスター創成事業の推進地域として指定され，「次世代の産業・医療を支える超視覚イメージング技術」の研究促進によるイノベーション創出を目的として，光学（オプティクス）と電子工学（エレクトロニクス）を融合した浜松地域オプトロニクスクラスター構想が推進されてきた．2009 年には文部科学省および経済産業省が実施する地域中核産学官連携拠点に東三河地域とともに採択され，光・電子技術イノベーション創出拠点の形成を目指している．

　さらに 2011 年 8 月には地域イノベーション戦略推進地域 [8] に選定され，次世代輸送機関連産業，健康・医療産業，植物工場の促進などとともに光エネルギー産業の創出に取り組んでいる．また知的クラスター創成事業を引き継いだ地域イノベーションクラスタープログラムにおいても「オプトロニクス技術の高度化による安全・安心・快適で，持続可能なイノベーション社会の構築」が図られている [9]．

　経済産業省関東経済産業局の産業クラスター計画の地域活性化プロジェクトにおいては，三遠南信地域（愛知県東三河，静岡県遠州，長野県南信州）の「輸送機械，産業機械，光学機器等の産業集積のポテンシャルを活かし，国際的な市場競争力の確保をするために，地域間連携を推進するとともに，大学等教育

機関，公的研究機関や企業間の連携を推進する」[10] ことを目指した「三遠南信ネットワーク支援活動」が展開されてきた．産業クラスター計画の廃止後，2010 年には企業立地促進法に基づく三遠南信地域産業活性化協議会が設立され，豊橋，浜松，飯田の 3 支部を中心に研究開発支援事業が展開されており，広域的な連携の取り組みもなされている．

　このほかに浜松地域では製造業を支援するソフトウェア産業の集積もみられる（辻田，2004，p.9）．その契機は 1980 年代初頭の「HY 戦争」（本田技研工業とヤマハ発動機によるオートバイの販売競争）にある．HY 戦争に敗れたヤマハ発動機が希望退職者を募集した際に，CAD システムなどを開発するソフトウェア関連のスピンオフ企業が多数生まれている（長山，2010，p.143）．そしてスピンオフ企業の顧客である浜松地域の輸送用機器メーカーが技術を提供し，さらに共同研究開発を進めていく中で，スピンオフ企業が新たに連続的に生まれている [11]．

　図 7-1 は，全事業所を対象とした事業所・企業統計調査をもとに，浜松地域における製造業事業所数および従業者数の業種構成について，1981 年から 2006 年までの推移を示したものである．1981 年時点で繊維工業の事業所数は 2,000 を超え，製造業の中で最大の割合を占めていた．しかし 1996 年に輸送用機械器具製造業に抜かれ，2006 年には 1981 年水準の 2 割程度にまで事業所数は大きな減少を見せており，全事業所数もこれに伴い一貫して減少傾向にある．従業者数の推移をみると，1981 年時点では輸送用機械器具製造業の割合が最も大きく，楽器製造業が含まれる「その他の製造業」と繊維工業が半分ほどの規模でそれに続いている．「その他の製造業」と繊維工業の従業者数は 1981 年以降減少傾向にあるが，輸送用機械器具製造業の従業者は 1986 年に大きく増加している．また電気機械器具製造業も順調に割合を伸ばしていることがわかる．しかし 1991 年以降，それらの伸びは鈍化もしくは微減し，結果として 1996 年には全製造業の従業者数が 1981 年水準を下回り，2006 年まで減少傾向にある．

　続いて表 7-1 は，従業者 4 人以上の事業所について工業地区別に集計された工業統計表工業地区編をもとに，浜松地域（西遠地域）における 1980 年（表

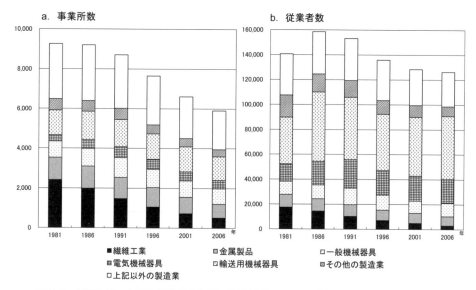

図 7-1　浜松地域における製造業中分類の事業所数（a）と従業者数（b）（1981-2006 年）
資料：事業所・企業統計調査により作成.

7-1-a）と 2009 年（表 7-1-b）の産業細分類別の製造品出荷額等の上位 10 業種
について，1980 年，1990 年，2000 年，2009 年の 4 時点における順位の推移を
示したものである [12]．自動車部分品・附属品製造業と自動車製造業（二輪自
動車を含む）がいずれの時点でも 1 位と 2 位を占め，これらが浜松地域のリー
ディング産業となっていることがわかる [13]．これに対して，その他の楽器・
楽器部品・同材料製造業は 2000 年まで 3 位を維持していたが，2009 年に 19
位にまで落ち込んでいる．同様に製材業や家具など木材加工関連の製造業も順
位を大きく落としており，1980 年に 8 位に入り 2000 年にも 10 位以内にあっ
た電気音響機械器具製造業が，2009 年になると上位 60 位から姿を消している．
代わって内燃機関電装品，蓄電池，その他の電子部品・デバイス・電子回路な
ど電気機械器具製造業が 2009 年時点で 10 位以内に入り，伸びていることがわ
かる．また輸送用機械器具の中では，舶用機関製造業の出荷額の割合が近年大
きくなっており順位を上げている．

表 7-1　産業細分類別の製造品出荷額等における上位 10 業種の順位の推移（1980-2009 年）

a. 1980年上位10業種の推移

	1980	1990	2000	2009
自動車部分品・附属品製造業	1	1	2	1
自動車製造業（二輪自動車を含む）	2	2	1	2
そのの楽器・楽器部品・同材料製造業	3	3	3	19
他に分類されない木製品製造業（竹，とうを含む）	4	－	－	－
他に分類されないその他の製造業	5	－	－	－
一般製材業	6	19	35	－
ピアノ製造業	7	44	60	6
電気音響機械器具製造業	8	11	9	－
内燃機関電装品製造業	9	23	21	4
家具製造業（金属製，漆器類を含む）	10	14	34	37

b.　2009年上位10業種の推移

	1980	1990	2000	2009
自動車部分品・附属品製造業	1	1	2	1
自動車製造業（二輪自動車を含む）	2	2	1	2
発電機・電動機・その他の回転電気機械製造業	－	4	4	3
内燃機関電装品製造業	9	23	21	4
舶用機関製造業	16	9	6	5
ピアノ製造業	7	44	60	6
蓄電池製造業	17	18	11	7
たばこ製造業（葉たばこ処理業を除く）	－	5	5	8
ビデオ機器製造業	－	7	7	9
その他の電子部品・デバイス・電子回路製造業	19	21	19	10

注：－は上位60位に含まれないことを示す.
資料：工業統計表工業地区編により作成.

　このように浜松地域の 3 大産業と呼ばれる繊維，楽器，輸送用機器のうち，繊維と楽器はその位置付けを大きく低下させているのに対して，輸送用機器は従業者規模，出荷額規模ともに際だって大きな割合を占めており，浜松地域の経済を牽引している．またテクノポリス政策や知的クラスター創成事業におけるオプトロニクスクラスター構想の推進にみられるように，浜松地域の光・電子関連の技術を核としたイノベーションが重視されてきており，電気機械器具製造業の位置付けが大きくなっている．浜松地域を代表する輸送用機械器具や

電気機械器具製造業においては生産拠点のみならず，研究開発機能を有した企業が集積しており（長谷川，1992，pp.71-73），近年，分野横断的にさまざまな主体が参加する研究会や異業種交流会などが発足している．

Ⅲ　浜松地域におけるインフォーマルネットワークの発展

1.　インフォーマルネットワークの支援体制

　浜松地域は 1980 年代以降，テクノポリス政策などさまざまな科学技術振興政策において支援対象の指定地域となっており，そのため他地域と比較して多くの産業支援機関が存在している（岡本，2007，p.132；西口編，2003，p.68）．その中で，財団法人浜松地域テクノポリス推進機構（以下，テクノポリス推進機構と略す）は研究会活動や異業種交流活動への支援を積極的に行い注目されており，西口編著（2003）や細谷（2009）がその活動内容を詳しく紹介している．
　テクノポリス推進機構の前身である財団法人ローカル技術開発協会は，1981 年に産学連携による新産業育成を目的として，大学関係者と経済界による出資で設立された [14]．同協会を母体として 1982 年には異業種交流会の「静岡県技術交流プラザ」（1983 年に静岡県西部地域技術交流プラザに改称）が発足する．同プラザは 1987 年に会員企業を限定させ異業種技術の融合促進を図るため，「浜松技術交流プラザ 82」と「静岡県西部地域技術・市場交流プラザ」（1988 年に「TM プラザはままつ」に改称）に別れる．なお，プラザが分離する前の 1986 年には，現在の浜松技術交流プラザ 82 の参加者を中心として，開発部隊を持つ企業が同一敷地内に集まり経営資源を補完しあうという趣旨の基に異業種協同組合であるテクノランド細江が誕生し，1988 年には異業種工業団地を建設している（西口編著，2003，pp.78-79）．また 1990 年には TM プラザはままつを母体として，協同組合都田テクノパークが組織化され，テクノランド細江と同様に工業団地を建設し，さらに 1993 年には組合のメンバーが営利活動を行えるよう株式会社を新設している [15]（西口編著，2003，p.81）．さらに，

これら組合とは別組織として，都田地区への進出企業の経営基盤の強化，技術力や販売力を向上させるため，1993年には企業間交流を推進する「都田アソシエイツ」を組織化している．このように1980年代から続く異業種交流活動をテクノポリス推進機構は一貫して支援し続けている（細谷，2009，p.40）．

　さらにテクノポリス推進機構は，1991年に設立された有機デバイス研究会[16]を始めとして，これまで成長が見込まれる産業に関して多くの研究会を立ち上げている．2010年度のテクノポリス推進機構の事業報告書によると，VB・VC（ベンチャービジネス・ベンチャーキャピタル）研究会，ソフトウェア産業振興研究委員会，ライフサイエンス研究会[17]，先端精密技術研究会，次世代設計・製造構造研究会，浜名湖のりブランド推進協議会[18]，以上6つの研究会が実施されている．各研究会の開催回数は，おおむね年に5〜10回程度を数え，浜松地域以外からの参加企業も多い．なお2011年現在，テクノポリス推進機構への浜松市の出資比率は30.1％（543百万円）であり[19]，浜松市役所から3名が出向しており，浜松市との関係性が強い．

　また浜松市が事業費を100％負担し，テクノポリス推進機構が浜松市から受託し運営している，はままつ産業創造センターでは，基盤技術の高度化を目指す研究会が2009年以来，次々と発足している．もともと次世代輸送用機器関連の新素材，新成形技術に関する研究会を1つ立ち上げる予定であったが，技術分野が特殊で専門化が進んでいることから，参加企業の要望によって分化会が発足し，2011年11月現在5つの研究会が存在する．各々の研究会の参加企業数は20〜35社ほどである．浜松市役所への聞き取りによると，はままつ産業創造センターへは，浜松市から2名が出向しており，浜松市は2012年4月にテクノポリス推進機構と浜松産業創造センターを一体化して公益財団法人に移行させることによって，ワンストップ型の支援体制を形成することを目指している．

　さらに2010年にはスズキ，ヤマハ発動機，フォルクスワーゲンジャパンなど大手輸送用機器メーカーが参加する「はままつ次世代環境車社会実験協議会」が設立され，次世代エコカーの実用化が図られ，浜松市役所産業部が事務局として活動していた（読売新聞2010年5月20日付け）．

　その他の浜松地域の産業支援機関をみると，浜松商工会議所が複数の研究会を主催しており，積極的にイノベーションの創出を試みている[20]．浜松商工会議所は1998年に静岡大学工学部や浜松ホトニクスの協力を受けて，県の浜松工業技術センターとともに半導体レーザー産業応用研究会を設立させ，光産業に焦点を置いた産学公連携による共同研究開発を推進している[21]．2011年現在，浜松商工会議所は先に挙げた三遠南信地域産業活性化協議会の事業実施主体の1つとなっており[22]，産業クラスター計画開始後の2005年から光産業のほかに，輸送用機器や宇宙航空技術などを対象とした5つの研究会を立ち上げている．

　一方，浜松地域の支援機関に依存せず，企業が自発的に構築したネットワークも存在する．その1つが浜松システム開発協同組合であり，計測器メーカーの新日本特機とパルステック工業，ヤマハ発動機のスピンオフ企業であるアルモニコス，製造品卸売商社の電興社によって1990年に発足し，試作から営業まで異業種企業が協力し対応している（辻田，2004，p.16）．また2010年には宇宙航空技術利活用研究会に参加していた企業8社によって，炭素繊維強化プラスチックの加工技術の共同開発に取り組み，航空機機体部品などの共同受注を目指す「浜松航空機産業プロジェクト」が発足している[23]（日刊工業新聞2010年10月15日付け）．

　そのほかには，ヤマハ発動機からのスピンオフ企業によるインターネットを活用した500社を超える企業とのものづくりネットワークや，異業種企業との通信販売ネットワーク構築の事例などが既存研究では紹介されている（西口編著，2003，pp.94-98）．しかしながら，浜松市役所への聞き取りによると，上記のような企業独自で主催する研究会やネットワーク活動は稀な事例であり，浜松地域内の産業支援機関が主催する研究会や異業種交流活動が大半を占めている．

2.　インフォーマルネットワークの地理的拡がり

　本節では浜松地域におけるインフォーマルネットワークの構築状況につい

て，研究会などへの参加主体の所在地と従業者規模をもとに地理的拡がりを検討し，社会ネットワーク分析を用いて関係構造の特徴を考察する．表 7-2 は本研究で対象とする研究会や異業種交流活動の概要を示している．また図 7-2 は，浜松地域における研究会や異業種交流活動の歴史的展開を表している．参加主体のリストについては，各研究会などを主催する産業支援機関で直接入手したものの他に，ホームページで公開されている研究会や協同組合の名簿データなどを利用している[24]．また各企業のホームページなどをもとに参加主体の住所および従業者規模を特定し，ネットワーク分析のためのデータベースを構築している．なお本節では研究会の設立時期の違いにしたがって，第 1 期（1982

表 7-2　分析対象となる浜松地域の研究会および異業種交流会

研究会および異業種交流グループ名	主催機関，事務局	設立年	参加主体数
ライフサイエンス研究会*	浜松地域テクノポリス推進機構	1982	5
VB・VC研究委員会	浜松地域テクノポリス推進機構	1983	24
ソフトウェア産業振興研究委員会	浜松地域テクノポリス推進機構	1984	42
協同組合テクノランド細江	（株）テクニカルサポート代表取締役	1986	13
TMプラザはままつ	浜松地域テクノポリス推進機構	1987	65
浜松技術交流プラザ82	浜松地域テクノポリス推進機構	1987	25
協同組合都田テクノパーク	中野ハガネ（株）代表取締役	1990	11
浜松システム開発協同組合	（株）電興社	1990	4
有機デバイス研究会	静岡大学工学部・電子工学研究所	1991	31
都田アソシエイツ半	浜松地域テクノポリス推進機構	1993	64
導体レーザー産業応用研究会**	浜松商工会議所	1998	60
先端精密技術研究会	浜松地域テクノポリス推進機構	1998	65
宇宙航空技術利活用研究会	浜松商工会議所（浜松地域新産業創出会議）	2005	51
浜松医工連携研究会	浜松商工会議所（浜松地域新産業創出会議）	2005	101
浜松農商工連携研究会	浜松商工会議所（浜松地域新産業創出会議）	2005	48
浜松光技術活用研究会	浜松商工会議所（浜松地域新産業創出会議）	2006	23
次世代設計・製造構造研究会**	浜松地域テクノポリス推進機構	2007	15
輸送機器産業戦略研究会	浜松商工会議所（浜松地域新産業創出会議）	2009	49
はままつ次世代環境車社会実験協議会	浜松市役所産業部	2010	15
浜松航空機産業プロジェクト	（株）オリオン工具製作所	2010	9

参加主体数は2011年11月現在のデータ．ただし*は2010年時点のデータ．
なお**は参加主体のリストが手に入らなかったため，分析対象から外している．
資料：主催機関資料および聞き取り調査により作成．

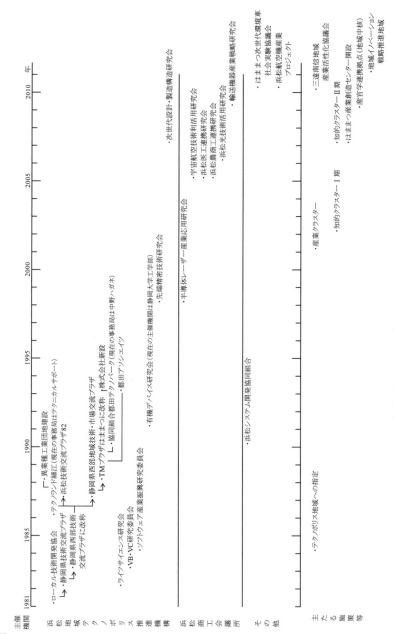

図 7-2　浜松地域における研究会・異業種交流活動の歴史的展開

資料：主催機関資料および聞き取り調査により作成.

〜 1998 年設立）の研究会と，第 2 期（2005 年以降設立）の研究会とに区分して分析する．第 1 期には主にテクノポリス推進機構によって，第 2 期には主に浜松商工会議所（浜松地域新産業創出会議）によって研究会が主催されている．

　図 7-3 は浜松地域における研究会参加主体の分布を示したものである[25]．企業に関しては研究会への参加時期ごとに，従業者規模別に示している．市街地

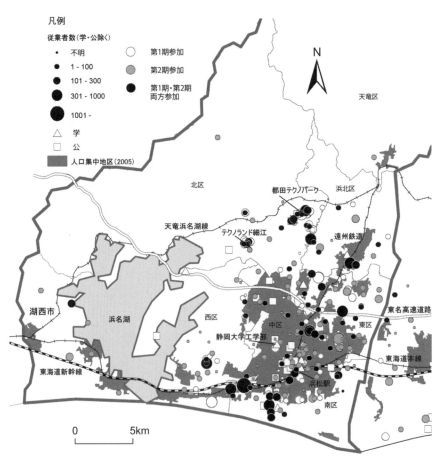

図 7-3　インフォーマルネットワークの参加主体の分布
資料：研究会などの名簿資料により作成．

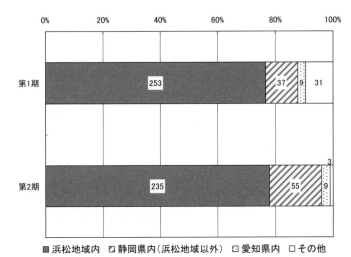

図7-4 インフォーマルネットワークの参加主体の地理的分布の割合

資料：研究会などの名簿資料により作成.

（DID）は東海道本線沿線とともに，浜松駅を中心に中区および東区において面的に広がっており，多くの主体が分布している[26].産学公連携の「学」として重要な静岡大学工学部・電子工学研究所は，中区に立地する.

　従業者規模が300人を超す大企業は，第1期，第2期ともに参加していることがみてとれる.北区の都田テクノパークとテクノランド細江に立地する企業の多くも両時期に研究会に参加している.また浜松駅周辺の市街地に立地する中小規模の企業が，第1期には研究会に参加していなかったものの，第2期では新たに参加していることがわかる.

　図7-4は参加主体の地理的分布の割合を示したものである.第1期，第2期では浜松地域内の参加主体の割合は8割弱でほぼ等しい.一方，浜松地域外からの参加主体の割合には2つの時期の間に大きな違いがあり，第1期では静岡県，愛知県以外の遠方からの参加主体が1割に達しているのに対して，第2期でそのような主体は3主体のみである.第2期では浜松地域を除いた静岡県内からの参加主体が多い点を特徴とする.

3. インフォーマルネットワークの関係構造

　本項ではネットワーク分析のソフトウェアである UCINET を用いて，異業種交流会や研究会で構築されたインフォーマルネットワークの構造を検討する．同一の研究会に参加している主体間に関係性があると考え，複数の研究会に重複的に参加している度合いが多いほど，主体間の関係性は強いと仮定する．表 7-3 は第 1 期および第 2 期において，構築したネットワークを基に媒介中心性を算出し，その値が高い順に上位 10 位までの参加主体を示したものである．浜松ホトニクスをはじめとして，第 1 期で複数の研究会に参加することにより，浜松地域のインフォーマルネットワークの構築において中心的な役割を果たしていた主体の多くは，第 2 期では，特定の研究会のみに参加していることがわかる．また日本設計工業や日本電気のように第 2 期の研究会に参加していない企業もある．

　一方，第 1 期，第 2 期ともに高い値を示しているものとして，エヌエスティー，電興社，榎本工業が挙げられる．制御機械メーカーのエヌエスティーは開発型中堅企業であり，これまで静岡大学工学部や浜松医科大学，大阪市立大学医学部などとも医療関連ロボットの共同研究開発を行ってきている．近年では，はままつ次世代環境車社会実験協議会にも参加しており，ハイブリッド車用バッテリーの検査システムを開発するなどの実績を挙げている（日刊工業新聞 2010 年 6 月 18 日付け）．

　電興社は先に述べたように浜松システム開発協同組合に属する情報制御システム技術および製造品の卸売商社であり，オートバイや自動車など車両関連の試験・計測設備の開発・製造を行う新日本特機株式会社を傘下に抱え，電興社グループを形成している（辻田，2004，p.11）．電興社は顧客であるメーカーとともに研究会や異業種交流会に参加することにより，最新の技術や情報を波及させる役割を有し続けていると考えられる．また榎本工業 [27] も自動車関連，医療機器，電子機器，刃物機器業界など幅広い分野の専用機械を製造しており（浜松市，2011，p.102），浜松地域の多種多様な研究会に参加するインセンティブが大きいことが示唆される．

表 7-3　第 1 期および第 2 期における媒介中心性上位 10 位の主体

第1期

順位	主体名	媒介中心性	第2期での値
1	浜松ホトニクス（株）	10.05	0
2	杉山メディアサポート（株）	7.85	－
3	静岡大学工学部	7.15	0
4	（株）日本設計工業	5.79	－
5	（株）エヌエスティー	5.07	11.19
6	日本電気（株）	4.22	－
7	（株）電興社	4.10	1.89
8	村松精機（株）	3.55	－
9	國本工業（株）	2.49	0
10	浜松市役所商工部	2.42	－

第2期

順位	主体名	媒介中心性	第1期での値
1	（株）エヌエスティー	11.19	5.07
2	榎本工業（株）	7.56	2.20
3	パルステック工業（株）	4.11	0.01
4	ヤマハ発動機（株）	2.70	0
5	（株）テクニカルサポート	2.12	0.13
6	第一工業（株）	2.12	－
7	天龍製鋸（株）	2.12	－
8	（株）榛葉鉄工所	1.92	1.30
9	（有）パパラボ	1.89	－
10	（株）電興社	1.89	4.10

注）－は第1期もしくは第2期の研究会・異業種交流会に参加していないことを示す.
なお第1期，第2期ともに媒介中心性の値は標準化している.

　第 1 期において媒介中心性の値が比較的小さかったテクニカルサポートやパルステック工業は，第 2 期において研究会をつなぐ役割が増加していることがわかる. すなわち，テクニカルサポートは表 7-2 にあるように，現在，代表取締役が協同組合テクノランド細江の理事長となっているが，第 2 期においても宇宙航空技術利活用研究会や浜松医工連携研究会，輸送機器産業戦略研究会などに参加し，中心的な企業となっている. 同じく，協同組合テクノランドの組合員で，光学関連の高い評価技術を有するパルステック工業も，浜松光技術活

用研究会や浜松農商工連携研究会に参加し，複数の研究会同士を媒介する役割を有していると考えられる．

　このように第1期と第2期ともに媒介中心性の値が大きい主体は，他産業との連関が強い工作機械や制御機械メーカー，さらに応用可能性が高い光学技術関連の企業であり，それらが複数の研究会に参加することで，参加主体が特定の業種に固定される場合に存在しうる，研究会間の「構造的空隙」（Burt, 1992）を埋めるブリッジの役割を果たしていることがわかる．すなわち，他産業との連関が強い主体がさまざまな業種・タイプの研究会に参加し，「流動的」（水野，2011，p.68）に多様な主体と接触することにより，固定的・閉鎖的なネットワークに新奇的な知識が流通することが可能になると考えられる．

Ⅳ　インフォーマルネットワークとフォーマルネットワークとの関連性

　本節では研究会への参加によって形成されたインフォーマルネットワークが，共同研究開発プロジェクトによるフォーマルネットワーク[28]の形成に影響を与えているか検討する．浜松地域はさまざまな科学技術振興施策において指定地域となっており，産学公の共同研究開発への支援が多くなされている．本研究では表7-4に示した2000年以降の8つの科学技術振興施策を対象として，浜松地域におけるフォーマルネットワークの構築状況を考察する．ここで示した8つの施策は，特定の技術分野や研究テーマのもとで，イノベーションや事業化の達成を目的として，産学公のさまざまな主体の連携促進が企図されている点で共通している．

　本研究ではイノベーションプロセスが以下のように進むと考えている．すなわち研究会や異業種交流会への参加によってインフォーマルネットワークが形成され，そこで参加主体間に信頼関係が醸成される．そして各主体が有する知識や技術を補完しあい，共同研究開発が行われ，フォーマルネットワークが構築されるとする．もちろん全ての共同研究開発がイノベーションへと繋がるわ

表　7-4　浜松地域における科学技術振興施策

担当府省など	科学技術振興施策	採択年度	分野および プロジェク ト数	参画主体数 （延べ数）
科学技術振興機構	地域結集型共同研究事業	2000	2	21
経済産業省	地域新生コンソーシアム研究開発事業	2001〜2007	14	63
文部科学省	知的クラスター創生事業／地域イノベーションクラスタープログラム	2002，2007	6	71
中小企業庁	新連携支援事業	2005〜2010	21	70
科学技術振興機構	地域イノベーション創出総合支援事業（育成研究）	2006〜2008	3	9
科学技術振興機構	地域イノベーション創出総合支援事業（研究開発資源活用型）	2007	1	4
内閣府	先端医療開発特区	2008	1	6
経済産業省	地域イノベーション創出研究開発事業	2008〜2010	6	27

資料：各施策の事業資料により作成．

けではないが，信頼関係をベースにしたフォーマルネットワークによって，イノベーションが創出されうると考える．本研究では上記のようなイノベーションプロセスのなかで，インフォーマルネットワークとフォーマルネットワークとの関連性に焦点を絞り，共同研究開発後のイノベーション創出や新規事業化へのプロセスについては考察の対象外とする．

　なお，浜松地域において，フォーマルネットワークによって創出されたイノベーションは，枚挙に暇がない．たとえば地域結集型共同研究事業の事後評価報告書によると，2005年までに特許出願38件（海外2件）が達成され，高効率な半導体レーザー励起用電源や半導体レーザー素子冷却用ヒートパイプの開発など11件が実用化されている．また同事業が2005年の光産業創成大学院大学の創設につながり，浜松地域における人材育成に貢献したと評価されている．一方，知的クラスター創成事業の第Ⅰ期（2002年〜2006年）においては，内視鏡手術ナビゲーターの実用化や，高色忠実顕微鏡デジタルカメラシステムの開発などの事業化20件，特許出願254件（海外72件）の成果を挙げている（平

成23年版浜松・東三河地域オプトロニクスクラスター資料より). さらに浜松
商工会議所の新産業創出事業説明資料によると, 浜松地域発の産学連携等によ
り開発された製品として, LED植物育成アームライトやレーザー精密切断加
工機,超微細検査装置,超音波振動式コアリングマシンなどが紹介されている.

　図7-5は本書の第4章で扱った共同研究開発ネットワークと同様の手法で
もって, 共通の共同研究開発プロジェクトに参加している主体同士に関係
性があると仮定して, 8つの科学技術振興施策における共同研究開発による
フォーマルネットワークを描いたものである. 図をみると静岡大学工学部・
電子工学研究所をハブとする巨大なコンポーネントが目立つ. また静岡大学
や浜松医科大学, 静岡県浜松工業技術センター, 浜松ホトニクスなどは, 主
体間を結ぶ線が太いことから, 複数の研究プロジェクトにまたがって揃って
参加していることがわかる.巨大コンポーネントの外側には2〜4の主体によっ
て構築されている小規模なコンポーネントが15存在しているが, いずれも企

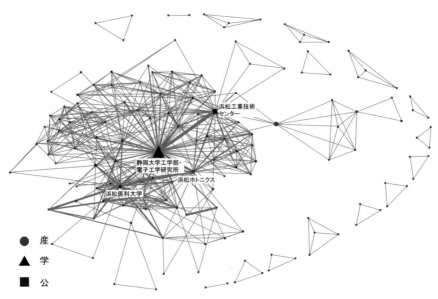

図7-5　フォーマルネットワークの関係構造
資料：各施策の事業資料により作成

業のみが参加しているものである.

　研究会などによって構築されたインフォーマルネットワークにおける構造的位置と,共同研究開発への参加度合いとの間の関連性を明らかにするために,Mann-Whitney の U 検定[29]を用いて有意差の有無に関して,第 1 期と第 2 期において比較検討した(表 7-5).第 1 期においては共同研究開発のプロジェクトに参加している主体の方が,参加していない主体よりも次数中心性[30]と媒介中心性の平均ランクが有意に大きい.これはインフォーマルネットワークにおいて次数中心性と媒介中心性が高い主体ほど,フォーマルネットワークに参加していることを示している.すなわち第 1 期では,多くの主体が参加する研究会に参加し,かつ複数の研究会に参加することによって,共同研究開発に参加する可能性が高まっていると考えられる.

　一方,第 2 期をみると媒介中心性は,第 1 期と同じく共同研究開発に参加している主体の方が,参加していない主体よりも 1%水準で有意に大きな値を示している.しかしながら,次数中心性に関しては p 値が大きく,共同研究開発に参加している主体と,参加していない主体との間で統計的に有意な差はみられない.このことから第 2 期では共同研究開発に参加するためには,特定の研究会のみに参加することよりも,複数の研究会に顔を出し交流を深めていく中で,適切な共同研究相手を探索することが重要であると示唆される.

表 7-5　フォーマルネットワークへの参加主体と非参加主体における中心性の比較

	第1期		第2期	
	次数中心性	媒介中心性	次数中心性	媒介中心性
プロジェクト参加				
主体数	33	33	30	30
平均ランク	183.91	182.85	123.95	137.47
プロジェクト非参加				
主体数	232	232	198	198
平均ランク	125.76	125.91	113.07	111.02
Mann-WhitneyのU	2148	2183	2686.5	2281
p値(両側)	0.000	0.000	0.387	0.004

資料:各施策の事業資料により作成.

　研究会が長年にわたり開催されている場合には閉鎖的・固定的ネットワークが形成され，同質的な主体によるマンネリ化した「仲良しクラブ」の状態に陥ることが懸念される（西口編著，2003，p.124）．しかし浜松地域の第1期の研究会の場合には，図7-4でみたように静岡県外もしくは愛知県外の遠方からの参加主体が比較的多く，新奇的な知識が浜松地域内部に流入することが可能となっている．すなわち，浜松地域内外の主体が参加する規模の大きな研究会への参加によって，多様な知識へアクセスすることができ，それがイノベーションを創出するためのフォーマルネットワークの形成に貢献している．そのようなプロセスを通じて，浜松地域は起業家精神や革新性を抑制・抑圧するような「認知的ロックイン」（Grabher, 1993, pp.262-263）を回避していると思われる[31]．

　一方，第2期に開催されている研究会は，第1期の研究会と比べて，次世代自動車や航空宇宙産業などのように，グローバルレベルの市場トレンドに沿った先端的な技術に焦点を絞っているものが多い．たとえ参加規模が小さくとも，専門性が高く，将来的な市場が高く見込まれる研究会へ参加することにより，共通の目的を持った主体とともにフォーマルネットワークが形成されていると思われる．共同研究開発に積極的な主体は，複数の研究会に幅広く参加することで，単一の研究会のみの参加では得られない，先端的な知識や市場情報の収集が可能になっており，浜松地域の技術レベルを高度化させるようなイノベーションの創出が目指されていると考えられる[32]．

V　結　論

　本章の目的は，産業集積地域における研究会などを介した企業・組織間のインフォーマルネットワークが，イノベーションや知識創造において果たす役割を解明することにあった．ネットワーク研究の理論的・実証的な曖昧さを解決するために，本研究では組織間のネットワークを，産学公の共同研究開発のように，主体間の関係性が契約に基づいたフォーマルなものと，研究会や異業種

交流活動のような契約に基づかず緩やかな繋がりを特徴とするインフォーマル
なものとに区分して考察してきた．以下では本研究の成果をまとめた上で，浜
松地域におけるインフォーマルネットワークの支援体制に関する展望を述べ
る．

　浜松地域では産業構造が大きく変化する中で，自動車産業や光産業など特定
の産業分野の振興を目指し，産業支援機関が中心となりながら，さまざまな研
究会や異業種交流会が開催されてきた．そのような浜松地域のインフォーマル
ネットワークの支援体制は，テクノポリス推進機構が中心となる第 1 期と，浜
松商工会議所が中心となる第 2 期とに大きく分かれ，参加主体の地理的分布や
属性（産・学・公）にも 2 つの時期の間に違いが見られることが明らかになった．
一方，社会ネットワーク分析を用いて浜松地域のインフォーマルネットワーク
のポテンシャルを検討した結果，第 1 期，第 2 期に共通する点として，特定の
主体が複数の研究会に参加することによって，異質な知識を異なる研究会の間
で伝達し，イノベーションや知識創造において重要な役割を果たしていること
が示唆された．

　続いて研究会などへの参加に基づくインフォーマルネットワークと，科学
技術振興施策に基づいた共同研究開発によるフォーマルネットワークの形成
との関連性について，研究会の設立時期ごとに比較検討した．その結果，第 1
期においてはフォーマルネットワークの形成に成功している主体が，参加規
模の大きな研究会に参加していることが明らかになった．一方，第 2 期にお
いては，研究会の参加主体の「流動性」の高さが重要となる．すなわち，研
究会への参加者が固定化されず，多様な主体との接触が可能となることが重
要となり，先端的な知識や市場情報を有する特定の主体がさまざまな研究会
に参加することが，フォーマルネットワークの形成に寄与していることが示
唆された．

　このような研究会における流動性の高さを確保させる要因としては，浜松地
域内における産業支援機関の間のインフォーマルな連携が挙げられる（西口編
著，2003，p.74）．浜松地域のように多くの研究会が存在する場合には，異な
る研究会の間における研究テーマの重複性の高さが問題となりうる．これに対

して，浜松地域では第1期と第2期の研究会とでテーマが重ならないように支援機関の間で頻繁に調整がなされている[33]．それによって主体は研究会に参加することで効率的に新奇的な知識や情報を獲得し，また別の研究会においてその知識や情報を流通させることが可能になっていると考えられる．

　以上を踏まえると，浜松地域の産業支援機関はこれまでに引き続き，インフォーマルネットワークを機能させ，認知的ロックインに陥らせないように研究会の制度設計を行う必要があろう．その際には，浜松地域内外の大企業の存在が欠かせないものとなる．浜松市役所と商工会議所への聞き取り調査では，これまでの浜松地域おける研究会や異業種交流活動では，中小企業の技術力向上や事業化探索への支援が中心であり，新奇的な知識や技術を有する大企業によるコミットメントが小さかったとことが課題として挙げられていた．IV節のネットワーク分析の結果においても，中心性の高い主体の多くは大企業ではなく，浜松地域内の中小・中堅企業であった．このような状況において浜松市役所や商工会議所では，産学公連携において大企業が積極的に参加することを求めている．たとえば先述した地域イノベーション戦略推進地域の推進母体である浜松・東三河地域イノベーション戦略推進協議会では，会長にスズキ元社長が就き，副会長には浜松ホトニクス社長が就いている．協議会の構成メンバーにはヤマハ発動機，ヤマハ，エフ・シー・シーなど浜松を代表する大企業が名を連ねており，それらメンバーの有する独自のネットワークを活用した新規市場開拓や技術波及を，浜松市役所や商工会議所は要望している．

　浜松市役所への聞き取りによると，今後はさまざまな事業プロジェクトにおいて大企業が負担金や人材を供出することにより，オープンイノベーションが促進されることを期待している．また浜松商工会議所も研究会への支援活動を「最重要な事業」として掲げていることから，今後は大企業を巻き込みながら既存の研究会を，市場ニーズの高い先端的な研究テーマを扱う研究会へと成長させ，これまで交流することのなかった主体同士を繋げる場を創造することが求められよう．

注

1）フォーマル（公式）およびインフォーマル（非公式）の定義は論者によって多様である．本研究では Tödtling *et al*.（2006, p.1038）による知識の相互作用の類型化におけるフォーマルおよびインフォーマルな関係性の定義を参考にしている．本研究でいうフォーマルなネットワークは，組織化された共同研究開発や市場を介した取引関係を含む．これに対して，知識波及を可能とさせる研究会や勉強会とともに，飲み会や会合などでの交流も含めた緩やかなネットワークを，インフォーマルネットワークと定義する．

2）細谷（2009, p.42）は，異業種交流活動は「中小企業同士が産対産のさまざま連携を行う活動」を指すものであり，世界的にも類をみないものであると指摘する．また「必ずしも業種を異にする企業同士である必要はない」とされる．

3）ただしイノベーション創出は，単一的な（リニアな）プロセスで進むのではなく，市場トレンドが研究開発内容に影響を与えたり，共同研究開発で得られた知見が研究会のテーマを変更させたりするなど，多様なフィードバックを内包する「連鎖モデル」（一橋大学イノベーション研究センター編, 2001, p.70）によって進むと考えられる．

4）2010年より知的クラスター創成事業は，都市エリア産学官連携促進事業および産学官連携戦略展開事業とともに，イノベーション整備事業として一本化されている（文部科学省, 2010）．知的クラスター創成事業の第Ⅱ期における事業実施地域は，イノベーション整備事業の地域イノベーションクラスタープログラム（グローバル型）において支援対象地域として引き継がれている．

5）なお構築したデータベースには，主体ごとに立地点の地理座標，属性（産・学・公），従業者数（学・公除く），研究会・異業種交流会の名称と設立年が含まれている．

6）浜松地域は豊田佐吉（豊田自動織機製作所創業者），山葉寅楠（ヤマハ創業者），本田宗一郎（本田技研工業創業者）など起業家精神に満ちた人材を輩出しており，「やらまいか精神」（とりあえずやってみよう）と呼ばれる風土や，外来者（よそもの）を受け入れ定着させるような土地柄が存在すると指摘されている（大塚, 1986, p.182；間淵, 2004, p. 66）．

7）浜松テクノポリスの対象地域は，当時の浜松市，天竜市，浜北市，細江町，引佐町の三市二町であり，本研究で定義する浜松地域よりも空間的拡がりは狭い．

8）文部科学省，経済産業省，農林水産省の3省が共同し，指定地域が選定されている．

指定期間は 2011 〜 2015 年度までで，海外からヒト，モノ，カネを引きつける「国際競争力の強化」が目指されている.

9）テクノポリス推進機構の下記ウェブサイトによる．http://www.optronics-cluster.jp/outline/index.html（最終閲覧日 2011 年 12 月 20 日）.

10）経済産業省関東経済産業局の下記ウェブサイトによる．http://www.kanto.meti.go.jp/seisaku/juten/baitara/040601sanennanshin.html（最終閲覧日 2011 年 12 月 20 日）.

11）連続して独立創業する企業家が出現する現象を，長山（2010: 126）はスピンオフ連鎖と表現している．なお，佐藤（2015，p.146）によると，現在の浜松地域における輸送用機械や光産業からのスピンオフは減少しており，ベンチャー企業の創出も学術機関発のものが中心となっている.

12）工業統計表工業地区編では製造品出荷額等の多い順に，上位 60 位までの産業細分類の業種が工業地区ごとに示されている.

13）2009 年における自動車部分品・附属品製造業の製造品出荷額等が全製造業に占める割合は 29.5%，自動車製造業は秘匿となっている．2000 年には自動車製造業の同シェアが 25.4%，自動車部品・附属品製造業が 25.0% であり，この 2 業種が過半を占めている．なお 1980 年代半ばから 90 年代にかけて浜松地域ではオートバイなど二輪車工業から自動車（四輪車）へと主要産業が交代している（長山，2004，p. 96）.

14）1983 年にはテクノポリス開発計画の中核機関となり，その際に静岡県と浜松市が出損し第 3 セクターとなっている（西口編著，2003，p. 68）.

15）株式会社の設立当初は，共同研究を主たる活動としていたものの十分な成果を挙げられなかった．2000 年末には共同研究は休止状態にあり，農協の PR 活動や通信販売，損害保険などの取次代理店機能が付加されるなど，事業内容が大幅に切り替わることになった（西口編著，2003，pp. 82-84）.

16）ただし 2011 年現在，テクノポリス推進機構は有機デバイス研究会の中核機関から外れており，静岡大学電子工学研究所が中心的役割を担っている.

17）ライフサイエンス研究会は 1982 年より研究会活動を実施していたが，2010 年度をもって終了している.

18）浜名湖のりブランド推進協議会の参加主体は，海産物問屋や小売店が中心であるため，本研究の分析対象から外している.

19）浜松市の下記ウェブサイトによる．http://www.city.hamamatsu.shizuoka.jp/admin/

reform/kansa/zaien/230524_6.htm（最終閲覧日 2011 年 12 月 20 日）.

20）ほかにも浜松信用金庫が若手経営者の育成を目指し結成した「はましん経営塾」の OB が中心となり，1997 年に異業種協同組合である「フロンティア浜松」が発足している（落合，2004；辻田，2004）. しかし同組合は 2007 年に解散し任意団体へと移行している.

21）浜松商工会議所の下記ウェブサイトによる. http://www.hamamatsu-cci.or.jp/2nd/kaigisho/cluster.html（最終閲覧日 2011 年 8 月 31 日）.

22）なお研究会活動の管理・事務は浜松商工会議所内に設立されている浜松地域新産業創出会議が担っている.

23）浜松市役所への聞き取りによると，浜松地域内で航空宇宙分野に既に参入している企業にとって，このプロジェクトに参加するメリットは小さいという. 2011 年に参加企業は 9 社に増加しているものの，宇宙航空技術利活用研究会に参加していながら，プロジェクトには参加していない企業も多い.

24）表 7-2 に掲げた計 645（延べ数）の参加主体のうち，ウェブサイトで名称が公表されていない主体を除いた 632 主体が本研究の分析対象となる. なお，はままつ産業創造センターが主催する研究会の名簿は入手できなかったため，分析対象から外している.

25）天竜区からの研究会参加は天竜区南部に立地する 1 主体のみであったため，浜松地域南部（豊橋市，磐田市の一部を含む）のみを拡大して示している.

26）小田（2005）はメッシュデータを用いて旧浜松市の都市圏中心部における工業集積の形成過程を明らかにしている.

27）西口編（2003，p.77）は榎本工業を，静岡大学工学部や異業種企業とのネットワークを積極的に活用している企業の代表的事例であると評価している.

28）共同研究開発プロジェクト以外のフォーマルネットワークとしては，取引関係に基づくネットワークが考えられる. 浜松地域における取引関係構造を対象とした既存研究としては，梶川ほか（2009）が挙げられる. 梶川ほか（2009）は浜松地域における企業間の取引関係に焦点を当て，輸送機器・光産業および関連産業の 1,049 社に関する取引ネットワークの構造分析を行い，輸送用機器産業と比べて光産業のサプライヤーが地域内で育っていないと主張する.

29）ネットワークにおける参加主体の中心性の分布を仮定することはできないため，本研究ではノンパラメトリックな Mann-Whitney の U 検定を用いている. なお輿倉

(2009b) および Cantner and Graf（2010）では，Mann-Whitney の U 検定を用いて，ネットワークにおける中心性の比較・検討がなされている.

30) 次数中心性は主体が有する関係性の総数を示す.

31) ロックインにはポジティブ／ネガティブの両面が存在しうる. 地域のネガティブなロックインを除去するためには，地域の主体間関係を強化させるように新たな主体の参入や政策が必要となる（外枦保，2012，p.49）.

32) 浜松商工会議所への聞き取りによると，「費用がかかるというデメリットがあるものの，流行（市場トレンド）に乗り遅れないため，また次の展開を探るためにも新しい研究会ができれば顔を出す」ことを複数の研究会に参加する目的として挙げている.

33) 連携事例の1つとして，西口編著（2003）は浜松地域の産業支援機関の間の「非公式な人的ネットワーク」を紹介しており，「情報の共有化や一元化を図り，産業振興をより戦略的に行う必要性」（p.75）が，市役所や商工会議所間の非公式なネットワークの中で共有されていき，「半ば自生的に地域社会の中から分出されてきた」（p.74）と指摘している. また商工会議所への聞き取りによると，2010年に，はままつ産業創造センターが新たに光産業関連の研究会を立ち上げようとしたものの，商工会議所が主催する浜松光技術活用研究会と，研究テーマの差別化ができていないとの忠告を受け，重複をさけるため研究会が設立されなかった事例があり，支援機関同士で頻繁に連絡や調整がなされている.

第8章　産業振興と制度的なネットワーク構築支援
－九州半導体産業の事例

I　産業振興と制度的な支援体制の分析視角

　九州の半導体産業は，1980年に当時の通商産業省によって打ち出されたテクノポリス構想以降，それまでハイテク関連産業に関心の無かった九州内の自治体からも成長産業として注目され（山﨑，2003，p.191），国も戦略的に産業育成に向けて継続して支援してきた．経済産業省の産業クラスター計画では，2001年度より「九州シリコン・クラスター計画」が振興プロジェクトとして選定され，福岡県，熊本県，大分県に立地する中堅・中小企業を中心に，半導体関連の新事業の促進がなされてきた．特に九州のなかで，半導体の設計開発拠点の構築を積極的に目指したのが福岡県であり，2001年には福岡県知事主導のもと，シリコンシーベルト福岡プロジェクト[1]が推進され，福岡システムLSI総合開発センター（2004年開設），三次元半導体研究センター（2011年開設），社会システム実証センター（2011年開設）など，半導体関連企業を支援・育成する公的機関が福岡県内に多く立地することになった（科学技術振興機構研究開発戦略センター編，2009，pp.102-104；伊東，2012，pp.99-101；松原，2012，p.745）．

　福岡地域は2006年から2009年までの第2期の産業クラスター計画においても振興地域に選定されており，一貫して半導体産業を中核に据えたクラスター形成が展開されている（松原，2012，p.743）．山﨑（2003，p.192）は，九州シリコン・クラスター計画に注目が集まる要因として，九州内における関連地場企業の集積，企業の共同研究相手となる大学の存在，半導体関連の国際会議の開催，ベンチャー企業の域外からの進出，ソニーの半導体部門の本社機能の立

地などクラスター化を促進させる動きが顕著にみられる点を挙げている.

　一方,文部科学省の知的クラスター創成事業では,2002年から2006年まで福岡地域と北九州地域は「九州広域クラスター」に指定され,システムLSI技術やマイクロ・ナノ分野を中心に据えた北九州ヒューマンテクノクラスター構想とシステムLSI設計開発クラスター構想が並行して推進されてきた(松原,2012).知的クラスター創生事業の第2期(後に地域イノベーション戦略支援プログラム(グローバル型)に事業名称変更)においても福岡先端システムLSI開発クラスターとして,2011年まで半導体関連産業の支援が続き,地域科学技術施策推進委員会による外部からの事後評価では全国指定6地域の中で唯一,最高評価である総合評価Sを獲得している[2].さらに文部科学省の指導のもと1997年から2004年にかけて独立行政法人科学技術振興機構が推進した地域結集型共同研究事業や,経済産業省の地域新生コンソーシアム研究開発事業においても,九州に立地する企業や大学を中心とした半導体関連の研究開発プロジェクトが複数採択されている(與倉,2012,2013b;Yokura *et al.*,2013).

　このように大手半導体メーカーの量産工場の役割を担い,シリコンアイランドと称され,これまで発達してきた九州半導体産業は,グローバル化やアジア諸国の台頭などの環境変化の中で,「自立化」や「多様化」をキーワードとして,量産工場から技術開発拠点への移行を目指し(山﨑・友景,2001,p.56;岡野,2011,p.149),産業集積の強化が図られてきた.特に近年,九州の半導体産業の競争優位の要因の1つとして,地域内・外の多様なアクターとの「ネットワーク」構築の重要性が指摘されている(城戸,2002,p.203;近藤,2008,p.198;岡野,2011,p.156).

　本研究では九州半導体産業におけるネットワーク構築の興味深い事例として,九州経済調査協会が中核主体となり運営する半導体関連の国際会議の開催事業と,ビジネスマッチング事業を取り上げる.その理由は,岡野(2011)や岸本(2011)などの既存研究において,2つの事業はともに九州内・外の企業や近隣のアジア諸国との連携の支援において一定の成果を挙げていると指摘されているものの,既存研究では事業スキームの説明が中心であり,事業に基づき実際に構築された主体間ネットワークの形成過程や,その成果について検討

する余地が残されているからである．

　国際会議のように開催期間が限定されて主体が集合する空間は，テンポラリークラスターと呼ばれており，個人的な会合などによって参加主体相互の信頼関係が醸成される重要な場として論じられている（Maskell *et al.*, 2006）．また企業による学会発表の意義を検討する上で，「学会の商業化」（榊原・松本，2011）という概念を提起し，取引関係構築の契機として，テンポラリークラスターを位置付ける論考もでてきている．さらに Yokura *et al.*（2013）が指摘するように，グラフ理論から発達した社会ネットワーク分析などの統計分析ツールの誕生に伴い，主体間の「関係性の束」から構成されるネットワークについて，構造的な位置に着目し，定量的にアプローチする研究の蓄積が進んでおり，それら分析手法を用いて既存の実証研究を補完する必要があると考えられる．

　II節では九州の半導体関連産業の歴史的経緯と現在の動向について，統計資料を基に概観する．III節では，国際会議が有する多様な機能に着目し，その成果を検討する．IV節では，ビジネスマッチング事業に基づく九州内・外の取引関係の構築状況を把握した上で，社会ネットワーク分析を用いて時系列的にネットワークの形成過程について考察する．最後にV節において本研究の成果をまとめ，九州半導体産業の持続的発展に資する制度的な支援体制を展望する．

　筆者は 2011 年 6 月に福岡県において九州半導体産業の実態調査を行い，半導体関連の国際会議開催事業とビジネスマッチング事業における実施主体である九州経済調査協会に対して聞き取り調査を行った．また 2011 年 11 月に事業成果に関する資料を九州経済調査協会から得た．本研究では，それら聞き取り調査の成果と入手資料を基に，海外や九州外の主体を巻き込みながら産業集積の高度化を目指した上記の 2 つの事業を事例として，九州における半導体関連産業の多様なネットワーク展開を把握することを目的とする．

II　九州における半導体関連産業

　九州における半導体生産の契機は，1967 年に三菱電機が熊本において，半

導体生産の前工程を担当する工場を建設したことにある（岡野，2008，p.60；山﨑・友景，2001，p.47）．その後，九州日本電気（現：ルネサスセミコンダクタ九州・山口）やソニー国分セミコンダクタ（現：ソニーセミコンダクタ九州国分テクノロジーセンター）など大手半導体部品・デバイスメーカーも九州において操業を開始する．九州経済調査協会への聞き取り調査によると，九州内で半導体生産が開始されたこの時期には，半導体関連産業への参入が比較的容易であったため，地場の海運会社や，従業員の履物や作業着などを半導体メーカーに納入する卸売業者など異業種企業にも大手半導体デバイスメーカーが技術供与を行い，それらが協力企業となることによって，九州内に半導体産業集積の素地が築かれたという[3]．1970 年代半ばからは集積回路への需要が爆発的に増えたことにより，九州半導体産業は半導体メモリの一種である DRAM 生産を主軸として急激に成長し，1985 年までに九州における半導体生産額の全国シェアは 3 割の水準に達するまでに至った（岡野，2008，p.64；山﨑・友景，2001，p.53）．

　しかし，1985 年のプラザ合意後の円高の影響で，大手半導体メーカーによる労働集約的な工程の海外シフトが進み，アジア諸国の半導体生産技術のキャッチアップによって国際的なコスト競争が激しくなる．そして 1990 年代後半までには汎用性の高い DRAM 生産は台湾などアジア諸国へと移管され，九州の半導体産業は高付加価値で，多品種多機能なシステム LSI 生産へと特化していくことになる（岡野，2008，p.68；中川・小栁，2012，p.5）．図 8-1 は 1990 年〜 2010 年の九州における主要な集積回路品目別生産額の推移を示したものである．2000 年以降，DRAM に代表されるモス型メモリが全体に占める割合は大きく減少しているのに対して，CMOS などシステム LSI のロジック（論理）部分となるモス型ロジックの生産額が増加し，全体に占める割合も増加していることが見て取れる．

　図 8-2 は 2010 年における半導体関連産業[4]の従業者数の地域的分布と特化係数[5]を都道府県別に示したものである．図をみると大手半導体関連企業の主力工場の立地が，従業者数規模とその特化係数に対して大きな影響を与えていることがわかる．東北自動車道沿線の半導体や電子部品関連企業の立地に

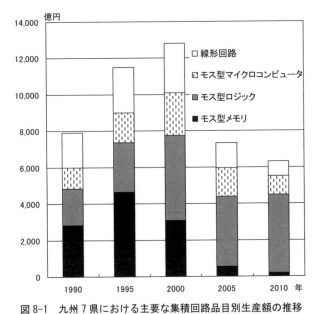

図 8-1　九州 7 県における主要な集積回路品目別生産額の推移
資料：九州半導体イノベーション協議会（2006）および九州経済産業局資料より作成.

よって，東北 6 県の特化係数の大きさが目立つ．また山梨県には半導体製造装置のサプライヤーである，東京エレクトロンやキヤノンの子会社が立地しており，半導体関連産業の集積がみられる．そのほか富士通や東芝の半導体メモリ生産拠点が立地する三重県，セイコーエプソンの半導体事業の拠点がある長野県や，エルピーダメモリやシャープの電子部品・デバイスの生産拠点がある広島県なども特化係数が大きくなっている．九州では大分県，熊本県，鹿児島県の 3 県で特化係数が 3 を超えており，全国の中でも従業者数規模が際立って大きいことが図から読み取れる．

　図 8-3 は九州 7 県に山口県，沖縄県を加えた九州経済圏[6]における半導体関連産業（半導体等製造装置および半導体等電子部品）の主要な国・地域別向けの輸出額の推移を示したものである[7]．米国および EU 向けの輸出額は比較的小さく，アジア市場向けが中心となっている．またリーマンショックに起因した半導体不況によって，2009 年に半導体世界市場は大きく減退しており，

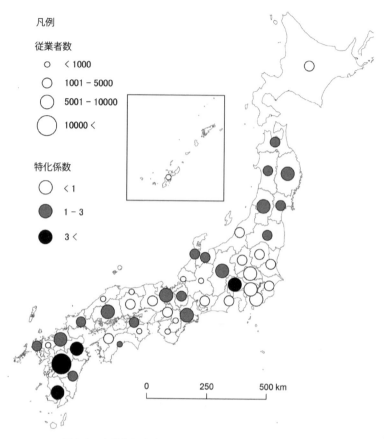

図 8-2　半導体関連産業の従業者数の地域的分布（2010 年）

資料：工業統計表より作成．

九州経済圏における輸出額にもその影響が現れている．ASEAN や，その他ア
ジア諸国への輸出は減少傾向にあるのに対して，九州経済圏の半導体関連市場
において，韓国および中国のプレゼンスは変動が大きいものの，際立って大き
いことがみてとれる．しかし，韓国と中国とで半導体関連産業の輸出品目は大
きく異なる．すなわち，韓国向けの半導体関連産業の輸出額のうち，半導体等
製造装置が占める割合は 2007 年において 43%であったのに対して，2011 年に
おいてその割合は倍増し 85%にまで増加している．

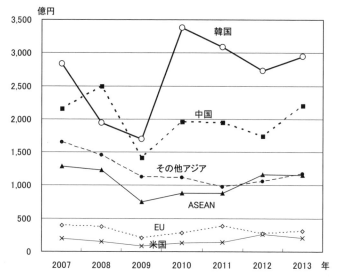

図 8-3　九州経済圏の半導体関連産業における主要な国・地域別の輸出額の推移
注 :「その他アジア」には，中国，韓国，ASEAN10 ヶ国を除いたアジア諸国が含まれる.
資料 : 門司税関『九州経済圏の貿易』各年版より作成.

　一方，中国向けでは 2007 年において半導体等電子部品が占める割合が 98%
に達している．中国国内での半導体生産も増大しており，半導体等製造装置の
輸出額は近年大きく伸びているものの，2011 年においても半導体等電子部品
が占める割合は 7 割ほどで非常に大きい.

　九州半導体産業の競争力としては，高機能デバイスの「実装」技術[8]の優
位性が挙げられる．携帯電話や携帯端末の小型化・高速化の実現において，
LSI チップを実装する技術は欠かせないものであり（山﨑・友景，2001，p.64），
複数の機能を持ったチップをワンパッケージにする SiP（System in Package）や
三次元実装など高密度な実装技術が九州半導体産業の競争力となりうる点が指
摘されている（九州地域産業活性化センター，2000）.

　このように九州半導体産業は，大手半導体メーカーの海外シフトや，中国と
韓国を中心とした東アジア諸国のキャッチアップ，世界的な半導体不況など，
時代ごとの環境変化に適応するために，DRAM からシステム LSI へ，さらに

システム LSI から「実装」へと，競争優位を有する技術を導入し，国や自治体による科学技術振興施策によって集積の高度化が図られてきた．既存研究では九州半導体産業の高度化において，国際的なビジネスネットワークの形成が重要課題として挙げられている（九州半導体イノベーション協議会, 2006, p.79）．IT バブル崩壊後の 2001 年以降において，国際取引の拡大が九州半導体産業の生き残りを支えていると主張されており（岡野，2008，p.82；岡野，2011，p.154），次節でみるように半導体関連の国際会議の開催によって，海外市場を見据えてグローバルにネットワークを構築する動きがみられている．

Ⅲ　半導体関連の国際会議の機能

1. 国際会議の開催経緯

　九州内における半導体関連のネットワーク構築の契機は，1997 年から 2002 年まで地域結集型共同研究事業において，福岡大学の友景　肇教授が半導体デバイス実装研究のグループリーダーになったことに端を発する（ふくおかフィナンシャルグループ・九州経済調査協会編，2009）．この地域結集型共同研究事業で得られた研究成果を九州内の企業へと技術移転させるために，2001 年 4 月に友景教授の呼びかけにより，九州内の半導体実装技術を有する技術者のネットワーク構築を目的とした，定期的な研究会である「デバイス実装研究会」が発足する．発足時には 25 名であった会員数は，研究会の開催を重ねるごとに入会者が増え，発足から半年後には 270 名を数えるまでに至った（半導体産業新聞 2001 年 11 月 21 日付）．

　友景教授はデバイス実装研究会で得られた九州内の人的なネットワークを，九州外にも拡大し，九州の半導体技術を世界に発信するためにも国際会議のような場が必要であると認識するようになった（山﨑・友景，2001，p.200；山﨑・岡野，2004，p.10）．九州経済調査協会への聞き取り調査によると，デバイス実装研究会の開催費用は財団法人福岡県産業・科学技術振興財団から助成

を受けていたが，国際会議開催においては研究会開催以上に大きな費用を要したため，新たに助成金を得る必要があった．友景教授は国際会議開催のための費用調達の方法について九州経済調査協会と共に検討し，「そもそも九州内に半導体の国際会議のニーズがあるのか，国際会議のテーマを何にするのか，半導体関連の企業がどれだけ九州に存在するのか」といった点から基礎調査を行うことになった [9]．この調査では財団法人九州地域産業活性化センター（以下，活性化センターと略す）が調査資金を提供し，半導体関連の企業データベースを構築した結果 [10]，九州内の中小企業においても海外に取引先を有しているものが多く，海外企業との取引拡大を考えている企業が多いことが判明し，それら企業活動を支援するためにも国際会議が必要であると判断された．そして2001 年 11 月に，活性化センターや経済産業省九州経済産業局などが主催者となり，福岡市内において第 1 回目の半導体実装国際ワークショップ（International Workshop on Microelectronics Assembling and Packaging：以下 MAP と略す）が開催されることになる.

　MAP の開催目的としては，「実装技術を中心として、装置・材料など半導体製造に関する最先端の知識や知見について産学官がともに議論し、技術やビジネスの将来展望を試みること」（MAP 参加パンフレットより抜粋）が挙げられている．2010 年 11 月にはウォーターフロント開発エリアのシーサイドももち地区 [11] に立地するヒルトン福岡シーホークを会場として，MAP は 3 日間にわたって開催されており，1 日目と 2 日目に半導体関連企業による展示商談会とプレゼンテーションが行われ，最終日には九州の半導体関連工場の視察会が開催されている.

　MAP の初開催時には活性化センターが開催スポンサーとなり，開催予算の多くを拠出していた．しかし，活性化センターから国際会議開催のための助成金が得られる期間が 2002 年までであったため，事務局であった九州経済調査協会は，2003 年開催時において新たなスポンサーを探す必要があった．そのような状況の中で日本貿易振興機構（JETRO）の当時の北九州事務所所長が，海外との貿易促進のツールとなり得ると MAP を評価し，MAP のスポンサーとなることを九州経済調査協会に打診した．その際に JETRO 側から出された

条件として，口頭発表やポスター展示といった学会形式の成果発表だけではなく，ビジネスに直結するような商品の展示会を併設することが求められた．そこで 2003 年に半導体部品・デバイスや設計技術に関する逆見本市[12] が MAP 開催期間中に併設されることになった．

2. 国際会議の成果

MAP では口頭発表によるプレゼンテーションと，ポスター発表の 2 種類の発表形態がある．口頭発表は全て英語で行われる．発表者は企業の技術者が中心であり，大学や公的な研究機関に所属する研究者による発表は毎年 1 本ほどと非常に少ない．2002 年までは口頭発表者が，発表内容と類似したものをポスターでも展示するということが多かった．2003 年以降，ポスター発表会場で展示商談会が併設されることになり，ポスター発表と口頭発表の役割が区分されることになった．すなわち，ポスター発表ではポスターとともに製品の実物を展示し，自社の製品をアピールする場として活用するのに対して，口頭発表では展示商品の詳しい技術内容を説明することが多くなっているという．

図 8-4 は，ポスター・展示商談会 (a)，口頭発表 (b) における，国・地域別の出展企業数と発表件数の推移について示したものである[13]．2003 年に逆見本市形式の展示商談会が開始されたことを契機として，出展企業数，口頭発表数ともに大幅に増加している．ただし，ポスター・展示商談会の出展企業数の推移は，口頭発表の動向と比べて年ごとの変動が大きい．出展国の偏りをみると 2003 年と 2004 年には中国，2007 年には韓国，2010 年にはインドの出展企業数が際だって多くなっている．これは MAP の実行委員が海外の新規市場を開拓するために，特定の国に焦点を絞り，バイヤーを招聘したことによるものである．

一方，全体の口頭発表数に占める，海外からの発表の割合は 25%〜 45% の間を推移しており，開催当初においては中国，韓国，台湾の 3 国が占める割合が大きかった．発表者の国籍は，MAP が開催を重ねるごとに多様化し

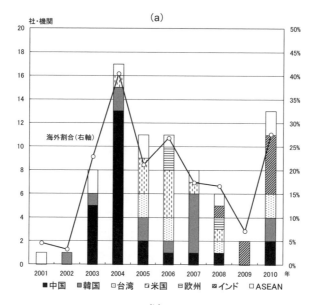

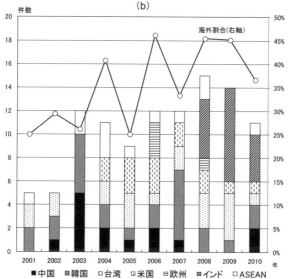

図 8-4 MAP におけるポスター・展示商談会の出展社・機関数 (a)
と口頭発表件数 (b) の国・地域別の推移

資料：九州経済調査協会提供による MAP 関連資料より作成.

ており，米国や欧州からの発表もみられるようになっている．海外からの口
頭発表の件数は 2008 年にピークを迎えており，近年の傾向として，インド
からの発表者が急増している点が注目に値する．これは 2008 年にアジア半
導体機構と，インドの半導体関連団体であるインド半導体協会とが戦略的提
携に向けた覚書（MOU）を締結し，インドとの関係性が深まったことが要因
である．

　MAP への参加者（来場者）数と商談成約率（商談成約総数を商談件数で除
したもの）の推移をみると，両者の関係性の深さがみてとれる（図 8-5）．参
加者数は初開催の 2002 年から 2004 年までほぼ横ばい傾向に有ったが，2005
年から 2007 年にかけて急増している．商談会が開始された 2003 年および翌
年の 2004 年は成約件数と商談成約率はともに高く（2003 年の商談成約数は
70 件，2004 年は 182 件），2005 年の来場者数の増加に繋がっていると考えら
れる．一方，2007 年には成約率が大幅に減少し（商談成約数は 29 件），翌年
の 2008 年の参加者は日本国内，海外ともに減少をみせている．MAP への企

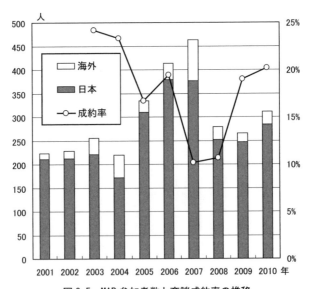

図 8-5　MAP 参加者数と商談成約率の推移
資料：九州経済調査協会提供による MAP 関連資料より作成．

業参加申し込みのパンフレットには，過去の MAP における商談実績が記載されており，参加者は MAP の商機について情報を得ることができる．また MAP では参加者に対して，九州および東アジアに立地する半導体関連企業のリストを冊子として配布し，取引関係構築のための情報提供も行っている．このように過去の商談実績に企業が敏感に反応していることからも，MAP が企業にとって研究成果の発表の場としてだけでなく，商業の場として認識されていることが伺える．

　上記のような成果を受けて，MAP を単年で終わらせず，継続的に開催することが決定された[14)]．2003 年からは JETRO が MAP の開催スポンサーとなり，実行委員会が組織化されるようになった．現在，実行委員会の構成メンバーとして，九州の地場商社も複数参加している．九州経済調査協会への聞き取り調査によると，MAP の開催時において来場者による「あの製品・材料を買いたい」という要望や，もしくは発表者や出展者による「この製品・材料を売りたい」という要望に対して，その場で即座に商社を紹介し対応することができる点で，商社が MAP に参加する意義は非常に大きいという．

　さらに MAP の重要な役割の 1 つとして，既存の人的ネットワークの強化が挙げられる．九州経済調査協会への聞き取り調査によると，MAP では参加者たちが「企業の肩書きを外して自由に意見交換を行う」ことが重要視されているという．MAP のそのような特徴は，半導体関連の技術者らの「人脈づくり」に貢献している[15)]．実際に MAP の参加者のおよそ半分がリピーターであり，半導体技術者らの「同窓会」の要素を強く有しているという[16)]．また MAP への参加を契機として，大手半導体メーカーから早期退職し MAP で知り合った企業へと転職する事例や，共同でベンチャー企業を立ち上げるといった事例もみられ，専門的技術を有した人材の流動化の促進に寄与している．このように MAP で構築された人的ネットワークにより，九州内の企業と，九州外・東アジアの企業との連携が図られており，次節で詳しくみるビジネスマッチング事業へと繋がっている．

IV　ビジネスマッチング事業による企業間ネットワークの展開

1. ビジネスマッチング事業の概要

　経済産業省九州経済産業局の産業クラスター計画の推進組織である九州半導体イノベーション協議会（現：九州半導体・エレクトロニクスイノベーション協議会，略称 SIIQ）は 2008 年 7 月より，「SIIQ ダイレクト」という名称のビジネスマッチング事業を推進している．事業目的として九州内の中小企業を中心とした半導体関連企業によるネットワークを活用し，半導体関連製品の試作・加工・量産に関して，ビジネス創出の支援をすることを挙げている．SIIQ ダイレクトの運営において，事務局は九州経済調査協会に置かれており，福岡大学の友景教授が理事長を務める NPO 法人「半導体目利きボード」がコーディネーター業務を中心的に担っている．

　SIIQ ダイレクトでは顧客（発注元）の案件（半導体部品の調達や，製造先の紹介依頼など）ごとに，半導体関連産業の動向や企業の状況について熟知しているコーディネーターや，事務局の九州経済調査協会が最適な企業を選択し，顧客へと提案するという運営方式をとっている [17]．顧客は企業が主であり，大学や公設試験研究機関など公的機関の参加は少ない．2010 年時点で SIIQ ダイレクトを活用する主体は 247 を数えるが，そのうち企業以外の主体は 15 である．

　なお，顧客からの案件に関して，1 企業のみで対応できない場合には複数企業をチームとして，まとめて顧客に紹介している．九州経済調査協会への聞き取り調査によると，MAP を契機として構築された人脈（人的ネットワーク）と，九州内の半導体関連企業のデータベースを構築したことによって，九州内・外の企業の技術内容を把握することが可能になり，この事業が成立するようになったという．また岸本（2011, pp.8-9）は SIIQ ダイレクトのメンバーと MAP のメンバーとが重複しており，メンバー企業間の信頼醸成に大きく寄与したと指摘している．

　SIIQ ダイレクトの立ち上げ当初においては，顧客と発注先がともに九州の企業同士であることが想定され，「九州内でお互いが仕事を回しあうビジネスモデル」の構築が目的とされていた．しかし，事務局である九州経済調査協会の担当者は，「九州内で完結した閉鎖的なネットワークではなく，東アジアまで含めた広域的なネットワーク構築が，九州半導体産業の成長のために重要である」と捉えていたという．そのため，九州半導体イノベーション協議会の他のメンバーへ，九州外も対象とするように積極的な働きかけを行い，事業開始の初年度から，九州内・外の企業や機関も SIIQ ダイレクトを活用することが可能になった．また海外企業も顧客としてだけでなく，発注先としても SIIQ ダイレクトを通じて，九州内・外の企業との関係性構築が図られている．

　SIIQ ダイレクトの活用状況（案件数と成約件数）をみると，顧客の立地ごとに特徴が異なることがわかる（図 8-6）．すなわち，九州内に立地する企業を発注元とした案件では，発注先として九州内に立地する企業が 194 社，九州外が 192 社とほぼ同数となっている．しかし，その中で成約まで達成したものをみると，九州外に立地する企業の方が上回っている．一方，九州外に立地する企業からの依頼に対しては，発注先の立地は九州内の企業が 188 社，九州外が 33 社となっており，成約まで達成したものも同様の傾向を示している．このように SIIQ ダイレクトでは，九州内と九州外との関係性構築が中心となっている．

　また九州内の半導体産業支援を目的とする SIIQ ダイレクトが，九州外に立地する企業同士のビジネスマッチングに貢献している点も興味深い．これは SIIQ ダイレクトがビジネスに直結するものであるという認識を得てもらい，九州外の企業から SIIQ ダイレクトに対する信頼を獲得することを目的の 1 つとして掲げているからである．そして「自社で出来ないものを他のメンバー企業に紹介する，あるいは自社にない技術を持つ仲間企業と提携する」（岸本，2011，p.8）ことにより，長期的な観点から，九州外に立地する企業や機関との緩やかな連携の進展を企図しており，新技術の導入や市場開拓を目的としたものであると考えられる．

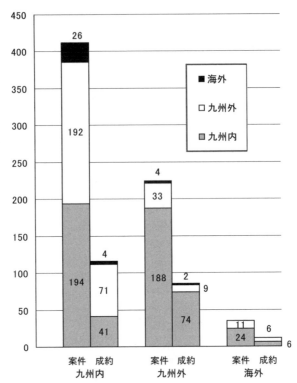

図 8-6　SIIQ ダイレクトの顧客（発注元）の立地別にみた，紹介先の地域的分布
注：海外間の案件は存在しない．図中の数字は案件数と成約件数の実数．
資料：九州経済調査協会提供による SIIQ ダイレクト資料より作成．

2. 社会ネットワーク分析による企業間ネットワークの形成過程の把握

　図 8-7 は SIIQ ダイレクト立ち上げ時の 2008 年から 2010 年まで 3 時点に分けて，各案件の発注元と発注先との関係性を，ネットワーク描画ソフトウェアの NetDraw を用いて示したものである．なお，本研究では時系列変化を分析する際に，2009 年のネットワークには 2008 年と 2009 年のデータを，2010 年のネットワークには 2008 〜 2010 年のデータを用いており，既存のネットワークに新規の関係性を加えることによって，累積的な企業間ネットワークを構築

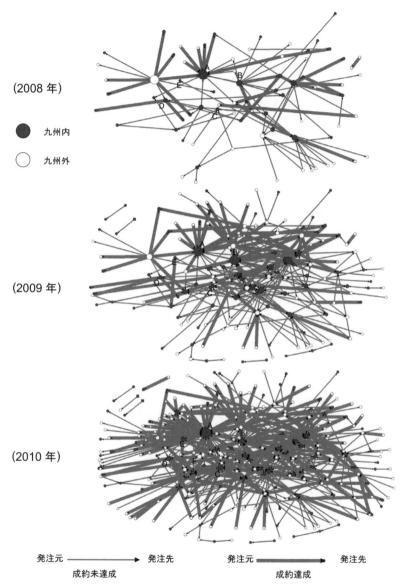

図 8-7　SIIQ ダイレクトにおける発注元・発注先間ネットワーク
注：図中の A 〜 F の記号は 2010 年における次数中心性が大きな企業 6 社を示している.
　　　資料：九州経済調査協会提供による SIIQ ダイレクト資料より作成.

している．図中の関係性のなかで，成約まで達成したものについては，主体間を結ぶ線（リンク）を太く描き，発注元から発注先に向けて矢印が記されている．またノードの大きさは，入次数（他社からの発注先となる総数）と出次数（発注総数）の和によって定義される次数中心性に比例させており，九州内に立地する主体と，九州外（海外を含む）に立地する主体の色を変えている．

　表 8-1 は統計分析ソフトウェアの UCINET を用いて算出したネットワーク統計量を示している．ノード数は SIIQ ダイレクトの参加主体総数，総次数は主体ごとの入次数と出次数の和である．平均次数は総次数をノード数で除したものであり，本研究では 1 主体当たりの SIIQ ダイレクトの案件数を意味する．コンポーネントとはネットワークの中で直接もしくは間接的に結合しているサブグラフである．

　図 8-7 から，特定のノードが次第にリンクを増して成長の核となることにより，密度が疎であった初年時のネットワークが，次第に密なネットワークへと変容し，規模が拡大していく様子がみてとれる．すなわち，特定のノードが発注元かつ発注先となり，九州内・外の主体と結合していくことにより，巨大なコンポーネントが形成されていることがわかる．またネットワークの中で核となるノードは成約まで達成した案件も多いことが読み取れる．

表 8-1　SIIQ ダイレクトの関係性に基づくネットワーク記述統計量

年	2008	2009	2010
ノード数	77	150	247
うち九州内	39	73	94
うち九州外	38	77	153
総次数	216	644	1344
平均次数	2.8	4.3	5.4
成約件数	34	51	195
コンポーネント数	2	5	7
最大コンポーネントに含まれるノード数	75	141	234

注：九州外には海外企業も含まれる．
資料：九州経済調査協会提供による SIIQ ダイレクト資料より作成．

　2008年には九州内の参加主体が半数を超えていたが(77主体のうち39主体)，2010年には九州外からの参加主体の割合が増加している（247主体のうち153主体）（表8-1）．表8-2は発注元と発注先の案件数と成約件数の推移について，九州内・外の地域別に示したものである．2010年にはSIIQダイレクト事業における当初の目標件数180件を大幅に超す案件数（合計469件[18]）が導かれ，成約件数も急増している．これは2009年までは半導体デバイスを専門とするコーディネーター[19]を配置していたが，2010年にはソフトウェアやアプリケーション開発など，これまで手薄だった技術分野の専門的コーディネーターを増員し，案件の紹介先を多様化させたことが要因の1つとして考えられる．

　表8-2をみると，2008年には九州内の企業が発注先となる案件数が多く，九州外に立地する企業は発注元となることが多かったことが読み取れる．2010年には九州外の企業が発注先となる案件数が増加しており，特に九州内に立地する企業が，九州外の主体へと発注する案件数が伸びていることがわかる．この傾向は，先述したようにSIIQダイレクトの立ち上げ当初は九州外の半導体需要を九州内に呼び込むことが主の目的であったのに対して，九州外の企業が近年，発注元としてだけでなく，発注先としても重視されるようになっていることを反映していると考えられる．

表8-2　発注元および発注先の地域別における案件数と成約数の推移

| | | 発注先 | | | | | |
| | | 九州内 | | | 九州外 | | |
		2008	2009	2010	2008	2009	2010
発注元	九州内　案件数	39	87	65	13	45	159
	成約数	7	9	25	5	4	99
	成約率	18%	10%	38%	38%	9%	62%
	九州外　案件数	48	72	95	8	10	31
	成約数	18	30	56	4	8	15
	成約率	38%	42%	59%	50%	80%	48%

注：非公開企業は含まれない．九州外には海外企業を含んでいる．
資料：九州経済調査協会提供によるSIIQダイレクト資料より作成．

　ここで，2010 年時点における次数中心性の値が高い順に上位 6 社を抽出し，企業間ネットワークの展開において各主体が果たした役割を考察する（表8-3）．A 〜 E 社の 5 社は九州内に立地する企業で 2008 年から SIIQ ダイレクトを活用している．一方，F 社は九州外に立地する企業で，2010 年に初めてSIIQ ダイレクトに参加している．いずれの企業も 2010 年に成約達成数が増加しているが，B 社の伸びは比較的小さい．高度な半導体実装技術を有している A 社は 2008 年には発注先として，他企業から案件依頼が多くきていたが，2010 年には他社へ発注する案件も増加している．一方で，B 社は 2008 年当初，発注元としてビジネスマッチングが行われていたが，2010 年に他企業からの案件依頼が増加し，発注先としての役割も増えてきている．C 社，D 社，E 社は，2008 年および 2009 年において他社からの案件を受注することが中心であったが，2010 年に発注元として SIIQ ダイレクトを活用する件数が非常に多くなっ

表 8-3　次数中心性上位 6 社の入次数，出次数，成約数の推移

企業	年	入次数	出次数	成約数
A	2008	17	4	10
	2009	28	8	18
	2010	78	58	86
B	2008	2	9	2
	2009	17	22	6
	2010	25	33	14
C	2008	3	1	0
	2009	8	1	0
	2010	11	41	26
D	2008	2	2	2
	2009	4	3	3
	2010	4	34	34
E	2008	1	0	0
	2009	1	1	1
	2010	3	30	16
F	2008	0	0	0
	2009	0	0	0
	2010	33	0	26

資料：九州経済調査協会提供による SIIQ ダイレクト資料より作成．

た点で共通している．F 社は，九州内の企業で対応できない製品評価や半導体
基板設計に関する技術を有しており，2010 年から発注先として案件依頼が増
加している．

　図 8-8 は上位 6 社間の関係性の推移を図化したものである．2008 年および
2009 年には，6 社間の関係性は 1 組のみが存在している．すなわち，2008 年
に B 社から A 社へ半導体デバイス関連の試作開発に関して案件依頼があった．
しかし，この時点では契約成立には至らなかった．

　6 社間の関係性は 2009 年においても変わらなかったものの，2010 年になる
と 6 社間の関係性は多様化する．すなわち，A 社と B 社との関係性は，2008
年時には B 社が発注元となっていたが，2010 年時には A 社が発注元となり，
半導体組み立てや実装関連など複数の案件において成約が達成された．半導体
の高度な実装技術が必要となる点で A 社と B 社は補完関係にあると考えられ
る．SIIQ ダイレクトの実績資料によると，B 社から A 社への案件依頼があっ
た 2008 年から，両社間で半導体実装技術に関連する情報交換を行い，半導体
実装における連携を模索していたという．これは案件依頼時点において即座に
契約に至らなくとも，継続的な情報交換によって相互に他企業を認知するなか
で信頼関係が醸成され，取引関係が構築された事例として評価することができ

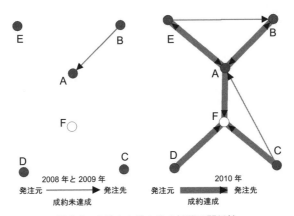

図 8-8　次数中心性上位 6 社間の関係性

注：2008 年と 2009 年の関係性は変化なし．
資料：九州経済調査協会提供による SIIQ ダイレクト資料より作成．

よう.

　また C 社と E 社も，A 社との関係性構築が図られた．特に E 社は表 8-3 が
示す通り，2009 年まで SIIQ ダイレクトの活用は少なかったが，2010 年に半導
体実装技術に関する案件で発注「元」としてだけでなく，発注「先」としても
A 社との関係性が構築された．さらに，E 社は B 社への案件依頼も行うなど実
装技術に関して，密な関係性構築が模索されている．また 2010 年には F 社の
有する高度技術を求めて，A 社，C 社，D 社との関係性が構築されることになっ
た.

　以上，SIIQ ダイレクトを介した九州半導体関連企業のネットワーク展開の
状況をまとめると，SIIQ ダイレクト立ち上げ時の 2008 年から 2009 年時点ま
で，6 社間の関係性は稀薄で，次数中心性の高い主体が個々にグループを構成
しており，ネットワーク全体では比較的密度が疎で分散的（Yokura *et al.*, 2013,
p.500）な構造を有していたといえる．したがって，各主体間の構造的な位置
が離れていると，主体間の情報交換は困難となる（與倉，2009b，p.529）．し
かし，2010 年に九州内外の半導体技術に関して卓越した知識を有するコーディ
ネーターを増員させたことにより，それまで互いの認知度が低かった企業間に
おいても関係性が構築されるようになった．そこでは，発注元から発注先への
一方向的な関係だけではなく，互いに製造技術に関する情報を交換し合い，双
方向的な協力関係も構築されている．それら取引関係を多く有している主体同
士で，情報交換など多様な関係性を構築し，ネットワーク構造の核となること
によって，それまで特定主体とのみ取引関係を有し，ネットワーク構造におい
て周辺的な位置にあり，情報入手が限定的であった主体であっても，効率的に
情報を獲得することが可能となると考えられる.

V　結　論

　かつて「頭脳無きシリコンアイランド」という言葉で表現されていたように，
九州の半導体産業は開発や設計部門ではなく，組立工程のような労働集約的な

後工程の立地を特徴としていた．しかし，大手半導体メーカーの再編や，東ア
ジア諸国の台頭など外部環境の変化に適応するために，九州内の半導体関連企
業はシステム LSI や半導体の三次元実装など他地域に競争優位を有する高度技
術分野に特化しながら，「新たなビジネス相手を探索する必要」（中川・小栁，
2012，p.9）があった．本章では，そのような九州における半導体産業の高度
化を振興する事例として，九州経済調査協会が事業実施の中核主体となる国際
会議の MAP 開催事業と，ビジネスマッチング事業を取り上げ，半導体関連企
業間の多様なネットワークの形成過程について考察した．以下では本研究の成
果をまとめた上で，九州半導体産業の持続的発展を支援する制度体制の課題に
ついて述べる．

　国内外に九州の半導体実装技術を発信することを目的として開催された
MAP では，初開催時の 2001 年から中国，韓国，台湾など東アジアからの発表
者を多く集めることに成功し，開催を重ねるごとに参加国が多様化している．
また参加者は MAP が有する商機に敏感に反応しており，MAP が研究成果の
「発表の場」としてだけではなく，来場者と商談可能なスペースを設けたり，
商社が MAP 運営に関わり参加者と取引関係を構築したりするなど，「商業の
場」としても機能していることが明らかになった．さらに MAP 参加者の多く
がリピーターとなり，技術者同士の人的ネットワークの強化にも繋がっている
ことを示した．

　MAP で構築された人脈を活用して推進されたビジネスマッチング事業にお
いては，九州内・外の企業との関係性構築が図られており，九州半導体関連企
業の販路が拡大していることが明らかになった．社会ネットワーク分析を援用
してビジネスマッチング事業を介した半導体企業間のネットワークの形成過程
を検討した結果，特定の主体が取引関係を多く有しており，それら主体同士が
関係性を構築することによって，ネットワーク構造において周辺的な位置にあ
る主体間の情報交換も効率的となっていることが示された．それら主体間の
関係性構築においては，九州内外の半導体技術に関して卓越した知識を有する
コーディネーターが重要な役割を果たしていることが示唆された．

　2006 年には MAP の実施主体が母体となり，MAP 開催で培った経験と人脈を

活かし，アジアの半導体関連企業との交流やビジネス促進を目的に，アジア半導体機構が設立されている（半導体新聞 2009 年 1 月 14 日付）．福岡大学の友景教授が会長に就き，常設事務局が九州経済調査協会に設置された．アジア半導体機構の設立によって，MAP 開催期間のみの短期的な支援ではなく，年間を通じて九州の半導体コミュニティの存在を喧伝し[20]，国際的な企業間連携の促進がなされている．「ビジネスミッション」と呼ばれる海外視察事業では，九州内の企業を連れて行き現地で外国企業と交流したり，現地で知り合った有力な外国企業を MAP に招聘したりするという活動を行っている．このような国際的なネットワーク構築活動は，アジア諸国の半導体関連団体との提携の足がかりとなっており，九州半導体産業の持続的な発展に寄与していると考えられる．

　上記のアジア半導体機構の事業と，国際会議事業はともに九州の半導体関連企業にとって，国内外の市場ニーズを把握するために重要な手段となる．しかしながら九州の 1 企業のみでそれら市場ニーズに対応することは通常困難であろう．今後，九州半導体産業の強みを継続的に国内外に発信していくためにも，今回取り上げたビジネスマッチング事業のように，「多数の企業によるアライアンス型のビジネスモデル」（中川・小栁，2012，p.9）を定着させることが重要であると考えられる．すなわち，多様な主体間連携を支援する制度体制を拡充させることにより，1 企業のみで達成することが不可能な市場ニーズに対して，既存の人脈を活かして，案件ごとに協力企業を代えていきながら，フレキシブルに対応することが求められよう．半導体実装という九州が有する競争力を維持するためにも，海外企業の活用が少ない SIIQ ダイレクトにおいて，MAP で構築された東アジア諸国とのネットワークを積極的に活用していくことが望まれよう．すなわち，九州内・九州外・東アジア，それぞれの半導体の得意分野が結びつきながら，九州半導体産業集積が進化する必要があると考えられる．

注

1) 九州半導体イノベーション協議会（2006）によると，シリコンシーベルトとは，韓国京幾道，九州，中国上海，台湾新竹，香港，シンガポールなどを結ぶ半導体

生産のベルト地帯を指し，同プロジェクトでは「福岡，北九州地域を中心に，付加価値の高い設計・開発拠点を構築し，シリコンシーベルト地域の頭脳部分を担う研究機関・企業等の集積を図る」ことを目的としている．

2) 事後評価では，札幌周辺を核とする道央地域，長野県全域，静岡県・浜松地域の3地域が総合評価A，広域仙台地域と関西広域地域が総合評価Bとなっている．

3) 岡野（2008, p.61）はこのような異業種からの参入例として，火薬を扱う商社であった地場企業が三菱電機からの技術導入によって協力企業となった事例を紹介している．

4) ここでは半導体関連産業として，工業統計表の産業細分類のなかから半導体製造装置業，半導体素子製造業（光電変換素子を除く），集積回路製造業の3業種を抽出している．

5) 特化係数は，各都道府県における全製造業の従業者数に占める半導体関連産業の割合を，全国の全製造業の従業者数に占める半導体関連産業の割合で除して求めている．

6) 九州経済圏の定義は門司税関の地域分類に従っている．

7) なお2006年以前には半導体等製造装置の分類が無いため分析から除外している．

8) 実装技術とは「リードフレームやアレイ状に電極が並んだ基盤の上にチップを載せてボンディングし，モールドする技術」（山﨑・友景，2001，p.64）を意味し，半導体実装にはプリント配線板やセラミック配線板への実装を担当する後工程メーカーや，後工程関連の半導体製造装置メーカーを中心とした産業が含まれる（九州地域産業活性化センター，2000）．

9) 九州経済調査協会への聞き取り調査によると，当時は九州内における半導体関連の企業リストや企業数など基礎的データに関して，自治体やシンクタンクなどでも把握されていなかったという．

10) 企業データベースを構築する際の，企業へのアンケートやとりまとめ作業は全て九州経済調査協会が担っていた．企業データベースには半導体関連産業の企業に関して，事業所所在地や売上高，従業員数など基礎的データ以外にも，企業が得意とする要素技術や主要な生産設備に関する情報が併載され，毎年更新されている．九州経済調査協会への聞き取りによるとデータベース構築の1年目は九州内の企業が中心でおよそ100社が収録されていたが，収録対象企業を増やしたことにより，2011年は約650社が収録されており，そのうち九州外の企業の割合も

1割ほどとなっている.

11）博多湾岸に位置するシーサイドももち地区には，福岡システムLSI総合開発セ
ンターが立地しており，九州大学や九州工業大学の半導体関連の研究開発センター
や，半導体の設計やソフトウェア開発，評価・検証を行う企業などが多く入居し
ている（伊東，2012，p.104）.

12）逆見本市では，出展者が部品の仕様書，壁掛けテレビや小型情報端末といった
半導体関連製品のサンプルを展示し，各ブースで要望に応えられそうな日本企業
と，部品調達や共同開発などの商談を行うことが主要な目的となっている（読売
新聞2003年10月9日付）.

13）近藤（2012，p.78）は2000年代の半導体関連の三大国際学会での発表件数を分
析し，近年，韓国，台湾などアジア諸国のウエイトが高まっていると指摘している.

14）九州経済調査協会への聞き取りによると，MAPではこれまで2回，資金調達
の難しさを理由として開催を取り止める危機があった．しかしながら，実行委員
会や参加企業から継続の要望が強くでたことにより開催継続が決定されることに
なったという.

15）なお，事業実施主体の九州経済調査協会にとっても，MAPは九州内外の主体と
の人的ネットワーク構築の手段として，非常に重要な役割を果たしている．九州
経済調査協会への聞き取りによると，MAPを開催することは九州経済調査協会に
とって利益を生み出す構造を有していないものの，MAPを継続することによって，
九州経済調査協会に所属する研究員の自主研究のテーマとしてMAPの成果を活用
でき，それら成果をもとに，ほかの調査予算が得やすくなることに利点があると
いう．またMAPの参加者と密な関係を構築することによって，取材先を容易に確
保することが可能となり，そこで得られる情報の質が良くなる点なども利点であ
るという.

16）MAPの開催期間においては，発表会場以外でも参加者間の会合が頻繁に行われ
ている．九州経済調査協会への聞き取りによると，MAPの事前の参加登録者のな
かで50人ほどは発表会場を訪れず，会場近辺のホテルや飲食店などで情報交換を
したり，他企業の技術者との親睦を深めたりなど既存の関係性を強化することが
目的となっているという.

17）なお，九州経済調査協会への聞き取り調査によると，民間の営利団体ではない
ため，SIIQダイレクトにおいて見積もり作成や品質・納品管理などの業務を担う

ことはできず，案件ごとに企業を紹介することが事業の中心となっているという．

18）非公開企業の商談件数を含む．

19）コーディネーターとして，九州内の半導体企業の OB が配置されており，事務局
の九州経済調査協会と連携することにより，既存の人脈（ネットワーク）を活か
した支援が行われている．

20）アジア半導体機構はホームページを通じて，半導体関連の貿易データの提供や，
アジアの半導体関連企業情報の提供などを行っている．

第9章　都市間結合と企業内ネットワーク

I　都市間結合の分析視角

　現代の企業は国内外に本社，支社，営業所，生産拠点，研究開発拠点などを複数有しており，それら企業内の複数事業所間に構築されているネットワークは，都市間関係・地域間関係の重要な構成要素の1つであると考えられている（阿部，1991；日野，1996；森川，1998など）．都市地理学における都市システム研究では，そのような企業による事業所機能の階層的な配置に基づき，都市（ノード）と都市間関係（リンク）が長らく議論されてきた（村山，1994, pp.397；日野，1996, p.3；寺谷，2002, pp.12；松原，2006, p.201）．

　都市システムは，国家的都市システム，地域的都市システム，日常生活圏的都市システムといった重層的な空間スケールから構成され（Bourne, 1975），国境を越えた世界都市間の繋がりを踏まえると，グローバルレベルの都市システムまで想定することができる（村山，1994, p.410；朴，2001, p.2；松原，2006, p.203）．日常生活圏的都市システムは都市圏に相当するものであり，主に通勤圏や小売商圏などによって分析単位となる空間スケールが決定される．一方，地域的都市システム（森川，1998）は，国家的都市システムのサブシステム（一部分）として位置付けられており，実証研究において採用される空間スケールは広狭さまざまである．日本における地域的都市システムの研究動向をみると，企業の支店配置におけるテリトリー（担当地域）制を考慮して福島県内の主要都市の階層性を検討した池沢・日野（1992）や，東北地方の都市システムを検討した日野(1996)，北海道内の都市システムを検討した寺谷(2002)，九州地方を対象とした西原（1994）や石黒（1998），日本の主要都市の管理領

域を論じた阿部（1975）のように，県レベルから地方ブロック単位までの空間スケールが採用され，都市間の結合関係に関する実証研究がなされている．

　国家スケールで日本の都市システムを検討している研究成果に目を転ずると，阿部和俊による経済的中枢管理機能に着目した一連の実証研究が代表的なものとして挙げられる．阿部（1975，2005）は，主なデータとして日本経済新聞社刊の『会社年鑑』を用いて，上場企業の管理部門（本社および支所）の立地の数量的な把握を試みている．阿部（1975，2005）では東京，大阪，名古屋の3大都市と，札幌，仙台，広島，福岡の広域中心都市に関して，管理部門の集積の程度や，本社と支所の立地に基づく都市・地域間の結びつきの強さの違いなどが明らかにされている．また埴淵（2002）も上場企業を対象として，支所（支社，営業所，出張所などのオフィス業務を担当する事業所）の機能差を考慮に入れた実証分析によって，日本の階層的な都市システムを数量的に把握している．一方，西原（1991）は事業所統計調査から本所・支所の従業者数を把握し，複数事業所からなる企業の事業所網（本所・支所間関係）の展開をもとに日本の主要74都市の階層構造を論じている．

　英語圏の研究動向をみると，1990年代後半からグローバルレベルの都市システムについて実証研究が蓄積されつつある（埴淵，2008；宮町，2008；矢野，2012）．特に英国のラフバラ大学の地理学部に拠点を置く世界都市の研究者グループであるGaWC（Globalization and World Cities Research Network：グローバル化と世界都市の研究ネットワーク）によって世界都市の階層性と都市間関係に関する多くの実証研究[1]がなされている．たとえばTaylor and Walker（2001）やTaylor（2004a）は世界都市を特徴付ける産業である会計，広告，銀行・金融，保険，法律などの高度なビジネスサービス産業（対事業所向けサービス産業）を分析の中心におき，オフィス機能の立地パターンをもとに世界都市の階層化を示している（與倉，2008，p.47）．またNGOや，建築事務所，外交機関と国連機関などを対象としたグローバルな都市間関係を測る応用研究もなされている（埴淵，2008，p.577）．

　上記のようなグローバルレベルの都市システムの実証研究では，グローバル企業（組織）にとっての世界都市の重要度をオフィス機能の立地の違いで

順序付けし，企業内ネットワークを検討している点に特徴がある．すなわち，Taylor *et al.*（2002）などによる実証研究では，各企業にとっての各世界都市の重要性[2]を，本社が立地すれば 5，地域統括本社（regional headquarters）が立地していれば 4 の得点を与えて評価している．またオフィスの重要度によって major office が 3，standard office が 2，minor office が 1 と順序付けし，オフィスが全く立地していなければ 0 と計 6 段階で得点化している[3]．企業にとって重要なオフィスでは，他都市に立地するオフィスとのビジネス上のコミュニケーションも多くなり，重要なオフィスが立地する都市では都市間関係も強くなると仮定されている[4]（Taylor, 2001; Taylor *et al.*, 2009）．

　上記した Taylor 達の分析方法はもともとグローバルスケールの都市システム研究のために開発されたものであったが，都市間関係を測る標準的な分析ツールとしてさまざまな空間スケールで援用されている（Neal, 2012, p.162; Liu and Derudder, 2013, p.433）．銀行ネットワークに基づいてブラジルの国家的都市システムを検討した Rossi and Taylor（2005, 2006），ポーランドの国家的都市システムを検討した Bańczyk（2010），中国の都市のグローバルネットワーク結合度と中国国内におけるローカルな支所立地を検討した Derudder *et al.*（2013），物流サービスプロバイダーのオフィス立地を基にイタリアの都市間ネットワークを検討した Antoine *et al.*（2014），西ヨーロッパの大都市圏（mega-city region）を対象に準国際的な都市システムを検証した Taylor *et al.*（2006, 2008）や Taylor and Pain（2007）などの研究が蓄積されている．また特定都市に焦点を絞り，世界都市全体に対する位置付けを同様の手法で評価したものとしては，オーストリアのウィーンを対象とした Musil（2009），ニューヨークを除いた米国都市において都市間結合力が低い状況を検討した Taylor *et al.*（2013）などが挙げられる．

　このようにグローバル企業の事業所配置を事業所に重みづけを施して評価する方法でグローバルな都市間関係を定量化する試みは，分析手法の精緻化を経て（Taylor *et al.*, 2008; Taylor *et al.*, 2010; Hennemann and Derudder, 2014），都市システム研究に対して大きな影響を与えているといえる．そのようななかで，上記の分析枠組みを日本の国家的都市システム分析に援用した研究は管見の限

り見あたらない．また上記の実証研究では金融業や流通業などビジネスサービス企業による本所・支所配置が分析の俎上にのせられているが，日本の都市システムを検討する際には製造業企業の事業所機能の立地分析は欠くことができないと考えられる．なぜなら，日本の都市システムの特徴として，製造業の発展が広域中心都市である札幌，仙台，広島，福岡への支所集積をもたらしており（阿部，2008，p.50），製造業企業の管理・事務部門の立地が広域中心都市の形成に果たした役割が大きいと考えられるからである．日本において製造業大企業による複数事業所配置が，国民経済レベルの地域間分業に対して大きな影響を与えてきたのである．

　以上を踏まえ，本研究は製造業企業の複数事業所配置を分析対象とし，国家的スケールで都市間結合の強度を定量化する．そして，バブル景気前の安定成長期（1985年）と世界同時不況期（2009年）との比較を行い，日本の都市システムを動態的に把握することを目的とする．II節では日本の製造業企業を把握する際に用いた分析データについて詳述し，本研究の分析手法を説明する．III節では都市の拠点性に関する指標を算出し，日本の都市システムの構造を考察する．IV節では都市間関係を地図化し，都市システムの変化を検討し，V節において本研究の成果をまとめ，残された課題を述べる．

II　分析データと分析手法

1.　分析データ

　本研究では，日本経済新聞社が刊行する『会社年鑑』（上場会社版1986年版）と，ダイヤモンド社が刊行する『組織図・系統図便覧 全上場会社版2010年版』（以下，『組織図便覧』と略す）を分析データとして用いる．『会社年鑑』は1985年7月31日時点で，『組織図便覧』は2009年9月17日時点で，全国証券市場[5]に上場している企業に関する業種[6]，資本金，組織図，各事業所[7]の所在地などが収録されている．本研究では紙幅の都合上，製造業の中から，

表 9-1　対象企業数と事業所総数

		生活関連型	基礎素材型		加工組立型	
		繊維製品	化学	鉄鋼	電気機器	輸送用機器
1985年	企業数	80	167	60	169	81
	（うち複数本社企業）	(9)	(34)	(7)	(18)	(6)
	事業所総数	728	2,706	643	2,823	874
2009年	企業数	64	172	50	213	90
	（うち複数本社企業）	(7)	(26)	(5)	(15)	(6)
	事業所総数	424	2,019	368	2,540	683

資料：『会社年鑑』と『組織図便覧』より作成.

生活関連型，基礎素材型，加工組立型の各産業類型を代表するものとして，繊維製品，化学，鉄鋼，電気機器，輸送用機器の 5 業種を分析対象として選択する.

　表 9-1 は 1985 年および 2009 年の分析対象の企業数と事業所総数を業種別に示したものである．企業数は繊維製品と鉄鋼で減少しているのに対し，化学，電気機器，輸送用機器では増加している．阿部（2008，p.49）によると複数本社制を採用する上場企業は，近年増加傾向にあるが，本研究の分析業種に限ると，輸送用機器を除いて複数本社企業数は減少傾向を示している．また藤本・山崎（2006，p.116），阿部（2008，p.50），藤本（2008，pp.68-69）などにより，2000 年代において全国的に上場企業の支所数の減少が指摘されているが，本研究においても同様に，本所・支所の合計の事業所総数は全業種において減少傾向にある．これは支所が別の事業所へと統合もしくは閉鎖されたことのほか，阿部（2008，p.50）が指摘するように持株会社制への移行によって資料上，支所として記載されなくなっている数が増加していることが要因の 1 つとして考えられる.

2.　分析手法

　本研究では支所機能を区分して分析する．なお，支社，支店，営業所，出張所といった支所の区分は，企業，産業ごとに異なり共通の定義は存在しないも

のの，一般的に本社の下に支社（もしくは支店）が置かれ，支社より下位に営業所（もしくは出張所）が置かれるといったように，企業組織の階層性が認められる（阿部，1996，p.22，2004，pp.78-79；埴淵，2002，p.392；山﨑・藤本，2004，pp.115-116）．本研究では埴淵（2002）と同様に，支所の名称に着目して，事業所を本社，支社，営業所の3区分に大別して分析を進めている[8]．本研究では都市[9]と企業に関する以下の地理行列を作成し，都市の重要性を算出する．

　いま例として，企業aが東京に本社，大阪に営業所を置き，企業bが東京に本社，大阪と名古屋に支社，福岡に営業所を置き，企業cが大阪に本社，東京に支社，名古屋に営業所を置いていると仮定する[10]．そして，各都市について企業ごとに本社が立地すれば3点，支社の立地が2点，営業所の立地が1点，事業所が立地しなければ0点と4段階で得点をつけると，以下のように「行」に都市（東京，大阪，名古屋，福岡），「列」に企業（a，b，c）を対応させた4×3の地理行列Xを定義することができる．

$$X = \begin{pmatrix} 3 & 3 & 2 \\ 1 & 2 & 3 \\ 0 & 2 & 1 \\ 0 & 1 & 0 \end{pmatrix} \qquad 式1$$

　いま，行列Xに右から転置行列X'をかけることにより，都市間関係を表す以下の4次対称行列が導かれる[11]．

$$XX' = \begin{pmatrix} 22 & 15 & 8 & 3 \\ 15 & 14 & 7 & 2 \\ 8 & 7 & 5 & 2 \\ 3 & 2 & 2 & 1 \end{pmatrix} \qquad 式2$$

　図9-1は，都市がノードとして，都市間関係がリンクとして描かれた重み付き無向グラフであり，式2の4次対称行列をもとに社会ネットワーク分析における可視化ソフトNetDrawによって描画したものである．都市間関係の強さはリンクの太さとして示される．たとえば式2の行列1行目，3列目の成分は，東京－名古屋間の都市間関係の強さを意味するが，これは企業bによる東京本社と名古屋支社との都市間関係の強さと，企業cによる東京支社と名古屋営業

図 9-1　都市間関係の例

所との都市間関係の強さの和で示される（3 × 2 + 2 × 1 = 8）．いま都市 i と都市 j の都市間関係の強さを r_{ij} とすると，都市 i の有する次数 C_i は式 3 で定義される [12]．

$$C_i = \sum_j r_{ij} \quad ただし\, i \neq j \qquad\qquad 式3$$

　したがって企業の複数事業所配置によって導かれる各都市の次数は，東京が 26，大阪が 24，名古屋が 17，福岡が 7 となる．なお Taylor 達による実証研究では各都市の次数を，グローバルネットワーク結合度と名付け，世界都市のランク付けに利用している（Taylor, 2001; Taylor *et al.*, 2002, 2009 など）．本研究では日本の都市システムを把握する際に，各都市の次数を「都市の拠点性」を表す指標として定義し，業種別に都市の拠点性を比較したうえで，都市間関係を検討する．

Ⅲ　日本の都市システムの構造

　表 9-2 は業種別に次数の値が高い順に上位 10 都市を抽出したものである．また全業種において最も高い次数を有する東京の値に対する，各都市の次数の割合（%）を記している．なお，前述したように見かけ上の支所数の減少によって，2009 年において相対的に多くの支所が立地していた一部の都市の拠点性が低く算出されうる点に留意する必要がある．1985 年と 2009 年の 2 時点間において全業種に共通する特徴として，次数の高い都市が東京，大阪，名古屋の

表 9-2　業種別の次数上位 10 都市 （1985 年と 2009 年）

a. 繊維製品

順位	都道府県	都市圏名	次数(1985年)	東京に対する割合(%)	都道府県	都市圏名	次数(2009年)	東京に対する割合(%)
1	東京都	区部	949	100.0	東京都	区部	705	100.0
2	大阪府	大阪市地域	906	95.5	大阪府	大阪市地域	696	98.7
3	愛知県	名古屋地区	484	51.0	愛知県	名古屋地区	357	50.6
4	福岡県	福岡大都市周辺地域広域市町村圏	298	31.4	福岡県	福岡大都市周辺地域広域行政圏	357	50.6
5	北海道	札幌広域市町村圏	272	28.7	京都府	京都市域	258	36.6
6	京都府	京都市域	205	21.6	北海道	札幌広域市町村圏	237	33.6
7	福井県	福井・坂井地域	158	16.6	宮城県	広域仙台都市圏	201	28.5
8	兵庫県	神戸市全域	149	15.7	広島県	広島大都市周辺地域広域行政圏	141	20.0
9	広島県	広島大都市周辺地域広域行政圏	137	14.4	兵庫県	神戸市全域	101	14.3
10	石川県	石川中央広域市町村圏	133	14.0	埼玉県	中央地域	84	11.9

b. 化学

順位	都道府県	都市圏名	次数(1985年)	東京に対する割合(%)	都道府県	都市圏名	次数(2009年)	東京に対する割合(%)
1	東京都	区部	7,755	100.0	東京都	区部	4,418	100.0
2	大阪府	大阪市地域	5,433	70.1	大阪府	大阪市地域	2,870	65.0
3	愛知県	名古屋地区	3,940	50.8	愛知県	名古屋地区	2,275	51.5
4	福岡県	福岡大都市周辺地域広域市町村圏	3,284	42.3	福岡県	福岡大都市周辺地域広域行政圏	1,910	43.2
5	北海道	札幌広域市町村圏	3,118	40.2	宮城県	広域仙台都市圏	1,658	37.5
6	宮城県	広域仙台都市圏	3,028	39.0	北海道	札幌広域市町村圏	1,273	28.8
7	広島県	広島大都市周辺地域広域行政圏	2,940	37.9	広島県	広島大都市周辺地域広域行政圏	1,242	28.1
8	香川県	高松地区	1,820	23.5	埼玉県	中央地域	761	17.2
9	新潟県	新潟地域振興局	1,362	17.6	静岡県	中部地域	742	16.8
10	静岡県	中部地域	1,298	16.7	新潟県	新潟地域振興局	697	15.8

c. 鉄鋼

順位	都道府県	都市圏名	次数(1985年)	東京に対する割合(%)	都道府県	都市圏名	次数(2009年)	東京に対する割合(%)
1	東京都	区部	1,098	100.0	東京都	区部	730	100.0
2	大阪府	大阪市地域	869	79.1	大阪府	大阪市地域	651	89.2
3	愛知県	名古屋地区	625	56.9	愛知県	名古屋地区	456	62.5
4	広島県	広島大都市周辺地域広域行政圏	495	45.1	広島県	広島大都市周辺地域広域行政圏	396	54.2
5	福岡県	福岡大都市周辺地域広域市町村圏	435	39.6	福岡県	福岡大都市周辺地域広域行政圏	390	53.4
6	宮城県	広域仙台都市圏	391	35.6	北海道	札幌広域市町村圏	299	41.0
7	北海道	札幌広域市町村圏	372	33.9	宮城県	広域仙台都市圏	293	40.1
8	新潟県	新潟地域振興局	299	27.2	新潟県	新潟地域振興局	268	36.7
9	富山県	富山広域圏	240	21.9	富山県	富山地域振興局	192	26.3
10	岡山県	備前県民局	188	17.1	沖縄県	那覇市生活圏	145	19.9

d. 電気機器

順位	都道府県	都市圏名	次数(1985年)	東京に対する割合(%)	都道府県	都市圏名	次数(2009年)	東京に対する割合(%)
1	東京都	区部	7,322	100.0	東京都	区部	6,702	100.0
2	大阪府	大阪市地域	3,930	53.7	大阪府	大阪市地域	3,680	54.9
3	愛知県	名古屋地区	3,792	51.8	愛知県	名古屋地区	3,531	52.7
4	福岡県	福岡大都市周辺地域広域行政圏	3,581	48.9	福岡県	福岡大都市周辺地域広域行政圏	3,362	50.2
5	宮城県	広域仙台都市圏	3,398	46.4	宮城県	広域仙台都市圏	3,213	47.9
6	広島県	広島大都市周辺地域広域行政圏	3,367	46.0	広島県	広島大都市周辺地域広域行政圏	2,869	42.8
7	北海道	札幌広域市町村圏	3,279	44.8	北海道	札幌広域市町村圏	2,858	42.6
8	香川県	高松地区	2,431	33.2	石川県	石川中央広域市町村圏	2,622	39.1
9	神奈川県	横浜地区	2,221	30.3	神奈川県	横浜地域	2,263	33.8
10	新潟県	新潟地域振興局	2,211	30.2	埼玉県	中央地域	2,205	32.9

e. 輸送用機器

順位	都道府県	都市圏名	次数(1985年)	東京に対する割合(%)	都道府県	都市圏名	次数(2009年)	東京に対する割合(%)
1	東京都	区部	1,370	100.0	東京都	区部	931	100.0
2	大阪府	大阪市地域	777	56.7	大阪府	大阪市地域	489	52.5
3	愛知県	名古屋地区	654	47.7	愛知県	名古屋地区	459	49.3
4	宮城県	広域仙台都市圏	601	43.9	宮城県	広域仙台都市圏	431	46.3
5	広島県	広島大都市周辺地域広域行政圏	583	42.6	広島県	広島大都市周辺地域広域行政圏	399	42.9
6	福岡県	福岡大都市周辺地域広域行政圏	577	42.1	福岡県	福岡大都市周辺地域広域行政圏	329	35.3
7	北海道	札幌広域市町村圏	566	41.3	北海道	札幌広域市町村圏	295	31.7
8	兵庫県	神戸市全域	329	24.0	兵庫県	阪神北地域	265	28.5
9	香川県	高松地区	242	17.7	香川県	神戸市全域	222	23.8
10	新潟県	新潟地域振興局	214	15.6	埼玉県	中央地域	198	21.3

資料:『会社年鑑』と『組織図便覧』より作成.

順になることが挙げられる．また繊維製品を除く 4 業種では広域中心都市の札幌，仙台，広島，福岡が 4 位～ 7 位にある点も共通している．ただし東京に対する割合をみると，業種間で大きな違いを見いだすことができる．すなわち，生活関連型の繊維製品では 2 時点通じて東京と大阪がほぼ同じ割合であり，名古屋との差は大きい．基礎素材型の化学と鉄鋼では東京，大阪，名古屋の間でそれぞれ 10 ～ 30 ポイントほどの差の開きがみられる．一方，加工組立型の電気機器と輸送用機器において東京の次数は大阪と名古屋のほぼ倍で，顕著に高い値を示している．

　また広域中心都市の拠点性に注目すると，共通して都市間の格差が拡大傾向にあるものの，業種別に異なる特徴を有している．1985 年において，繊維製品では福岡と札幌の次数がほぼ同じ値となり，広島および仙台（次数 130，東京に対する割合 13.9%）との差が大きく開いている．一方，繊維製品以外の 4業種において，広域中心都市の拠点性は比較的類似した値を示していることがわかる．2009 年において化学と電気機器では，福岡，仙台の拠点性が成長もしくは維持されているのに対して，札幌および広島は相対的に拠点性が低下し，「札幌，広島の地盤沈下」（阿部，2004，p.72；藤本，2008，p.69）と称されるような広域中心都市の二極化がみられる．

　一方，2009 年において繊維製品では多くの都市において本所・支所の撤退がみられるなかで，福岡は新たに支所が配置されるなど拠点性が増しており，名古屋と並ぶ値にまで次数も増加している．また 1985 年には東京，大阪の 2つの極への集中傾向が見られたのに対して，2009 年には繊維産地の京都市域に加え，札幌，仙台，広島などの広域中心都市の拠点性が増加している．

　鉄鋼をみると，1985 年と 2009 年ともに広域中心都市の中で広島の拠点性が最も高くなっている点が特徴である．これは広島に本社を置くマツダの存在のほかに，隣接する呉広域市町村圏に日新製鋼など大手鉄鋼業の製鉄所が立地し，その顧客となる輸送用機器の造船業の産業集積が存在していることが大きな要因であると考えられる．また繊維製品と同様に，東京と大阪が 2 極となるなかで，広域中心都市が相対的に拠点としての重要性を増していることがみてとれる．さらに鉄鋼業の支所配置の特徴として，太平洋ベルトに加えて，日本海側

の新潟，富山への支所配置が顕著にみられており（松原，1998，p.122），1985年と2009年ともに上位10位以内に両都市が含まれている．なお2009年には神戸製鋼所，住友金属工業の支店および新日本製鐵の営業所が立地する沖縄県那覇市生活圏が10位に入っている点が注目される．これは全国的に支所立地総数が減少している中で，鉄鋼大手企業の営業拠点として那覇が選択され，拠点性が維持されていることを意味する．

　また2009年の輸送用機器をみると，倒産に伴う支店閉鎖や，一部の企業において営業所の撤退がみられるなどの要因により仙台の拠点性が低下した一方，広島が広域中心都市のなかで最も拠点性が高くなっている．これはマツダをはじめとして，自動車関連企業や造船メーカー，さらに大手重工系企業の支所立地が広島において卓越していることの顕れである．

　化学，電気機器，輸送用機器において，1985年時点で広域中心都市に次いで次数が高い値を示し，支店経済の性格を有していた香川県高松地区が，2009年には上位10都市圏に含まれなくなった点が特筆に値する．高松の代わりに次数が大きく伸びているのが，さいたま市を中心とした埼玉県中央地域であり，鉄鋼を除く4業種において上位10位以内に含まれている．これらは埴淵（2002，pp.399-400）が指摘するように，四国を管轄していた高松の支所機能が関西・中国などへと移され，成長が停滞傾向にある一方で，北関東の拠点としてさいたま市（大宮）の支所機能が強化されていることを反映している．

IV　都市間関係の変化

　本節では算出された都市間関係を日本地図上に描写することにより，上場企業の複数事業所配置に基づく都市間結合の変化を考察する．なお1985年と2009年のいずれの時点においても全業種において都市間関係の強さは東京・大阪間で最も大きい値を示している．図9-2～図9-4では東京に対する次数の割合が20％以上の都市と，東京・大阪間の都市間関係の強さに対して20％以上の値を示す都市間関係を抽出している．

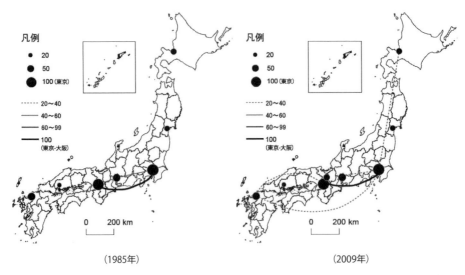

図 9-2　繊維製品製造企業の事業所配置からみた都市の拠点性と都市間結合（1985 年と 2009 年）
資料：『会社年鑑』と『組織図便覧』より作成．

　生活関連型の繊維製品をみると 1985 年において東京，大阪，名古屋の 3 大都市への支所配置数が卓越して多いことにより 3 大都市間関係が強い一方で，3 都市以外の都市との都市間関係は弱いことがみてとれる（図 9-2）．2009 年になると，企業数および事業所総数の減少によって 3 大都市の拠点性が低下する一方，福岡への支所配置数の増加によって東京および大阪と，福岡との都市間関係が強化されている．また 2009 年において福岡に次いで拠点性の高い京都では都市間関係が強い都市（東京・大阪間の都市間関係の強さの 20％以上の都市）が存在しない一方で，京都より小さな次数を示す札幌において東京との都市間関係が強くなっていることがわかる．これは京都に本社を置く繊維製品企業が 6 社であり，東京，大阪に次いで多いものの支所配置数は札幌よりも少ないのに対して，東京に本社を置く繊維製品企業による札幌への支所配置数が多いことを反映している．

　基礎素材型の化学では 1985 年において，東京・大阪間および東京・名古屋間の都市間関係が強いことに加えて，東京と広域中心都市との都市間関係も強

a. 化学

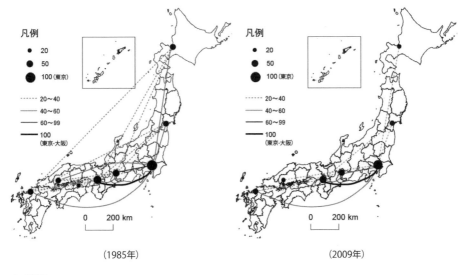

（1985年）　　　　　　　　　　　　　（2009年）

b. 鉄鋼

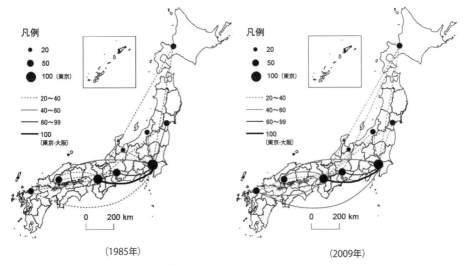

（1985年）　　　　　　　　　　　　　（2009年）

図 9-3　化学および鉄鋼製造企業の事業所配置からみた都市の拠点性と都市間結合（1985 年と 2009 年）

資料：『会社年鑑』と『組織図便覧』より作成.

a. 電気機器

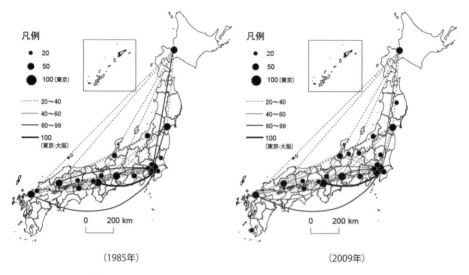

(1985年)　　　　　　　　　　　　　　　　(2009年)

b. 輸送用機器

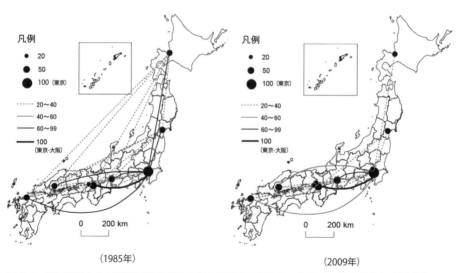

(1985年)　　　　　　　　　　　　　　　　(2009年)

図 9-4　電気機器および輸送用機器製造企業の事業所配置からみた都市の拠点性と都市間結合
　　　　（1985 年と 2009 年）
資料：『会社年鑑』と『組織図便覧』より作成.

いことがみてとれる（図 9-3-a）．また札幌および仙台と，福岡との間にも強い都市間関係がみられ，広域中心都市の都市間関係を見いだすことができる．一方，2009 年において東京への本社および支所配置の集中傾向が高まり東京の拠点性が成長したことにより，3 大都市と広域中心都市との都市間関係や，広域中心都市の都市間関係は相対的に弱まっていることがみてとれる．

　1985 年の鉄鋼をみると，化学と同様に東京・大阪間および東京・名古屋間の都市間関係の強さが目立つが，2009 年では東京・名古屋間の都市間関係よりも，大阪・名古屋間の都市間関係が強くなっていることが特徴的である（図 9-3-b）．また 2009 年には広域中心都市の拠点性が増加しているが，これは大阪および名古屋と，広域中心都市との都市間関係が強まっていることを反映したものである．すなわち東京に本社を置く鉄鋼企業の多くが大阪，名古屋のほかに広域中心都市に支社や営業所を構えていることに加えて，大阪および名古屋に本社を置く鉄鋼企業が広域中心都市に支所を配置している事例が多くなっている．

　1985 年の加工組立型の電気機器をみると，多くの企業が 3 大都市と広域中心都市に支所を配置していることから，東京と，大阪，名古屋，広域中心都市との都市間関係が強いことがみてとれる（図 9-4-a）．一方，2009 年において東京と，札幌，仙台，広島との都市間関係は相対的に弱まる一方で，東京と福岡との都市間関係は強固なまま維持され，さらに大阪と福岡との都市間関係が強化されている．また最終消費財を生産する電気機器企業では県庁所在都市への支所配置が他業種よりも顕著にみられ，1985 年には関東近郊の都市のほかに新潟，金沢，岡山，高松と，東京との都市間関係が構築されており，2009 年にはさらに長野や富山との都市間関係も相対的に強まっている．

　輸送用機器をみると，電気機器と同様に 1985 年時点では 3 大都市と広域中心都市との都市間関係の強さが際だっている（図 9-4-b）．2009 年になると全体的な支所配置数の減少のなかで，3 大都市への配置割合が高く，東京と名古屋および大阪との都市間関係も維持されているものの，広域中心都市との都市間関係の弱まりがみられる．特に札幌および仙台では支所配置数が減少し拠点性が低下しており，他都市との都市間関係が顕著に弱まっていることがわかる．

V 結 論

　本研究では製造業企業による複数事業所配置をもとに，事業所に重みづけを施して都市間関係を評価する手法によって，日本の都市システムを検討した．本研究の成果は以下のようにまとめられる．

　第1に，製造業5業種について1985年と2009年の都市の拠点性を比較検討した結果，拠点性の値は東京，大阪，名古屋の順に大きく，それらに次いで札幌，仙台，広島，福岡といった広域中心都市が高い値を示す点で共通していた．ただし繊維製品では産地の京都市域に本社を立地する企業が多いことから，広域中心都市に並んで京都が高い値を示していた．一方，化学と電気機器では，1985年から2009年の間において拠点性を維持する仙台および福岡に対して，札幌と広島では拠点性が低下しており，広域中心都市の二極化現象がみられた．また鉄鋼と輸送用機器では関連産業の集積への近接性を求めて，支所立地が広島において卓越し，広域中心都市のなかでも高い拠点性を示すなど業種によって異なる特徴が見いだされた．

　第2に，1985年と2009年の都市間関係の変化を検討した結果，対象5業種全てにおいて東京・大阪間の都市間関係が最も強いことが共通点として挙げられた．ただし東京，大阪に次いで拠点性の高い名古屋および広域中心都市との都市間関係は業種ごとに異なる特徴がみられた．すなわち生活関連型の繊維製品では，東京および大阪と，名古屋との都市間関係が弱まる一方，東京に本社を置く企業による支所配置が増えたことから福岡および札幌が東京との都市間関係を増している．基礎素材型の化学と鉄鋼では，1985年時点で東京・大阪間および東京・名古屋間の都市間関係が強く広域中心都市の都市間関係も卓越している点で共通していたが，2009年になると化学では広域中心都市と3大都市との都市間関係が弱まっていたものの，鉄鋼では広域中心都市と3大都市との都市間関係が強化されていた．また加工組立型の電気機器と輸送用機器では，3大都市と広域中心都市との都市間関係は他業種に比べ強い傾向にあったが，2009年になるとそれらの都市間関係が弱まっていることが明らかになった．このように業種によって都市間関係の変化が異なる要因としては，支所配

置が業種によって特定都市に集中する傾向がみられることが挙げられる．このような製造業企業の立地戦略の類似性は，製造業における「寡占間競争の激しさ」（松原，1998，p.125）を強く反映したものと考えられる．

　以上の成果を踏まえ，今後の研究課題を述べる．本研究では都市間関係の「方向」について考察から外していた．これは本研究で採用した分析枠組みにおいて，都市と事業所機能に関する地理行列を基に「無向グラフ」を作成し，都市間結合を検討していたためである．一方，Alderson and Beckfield（2004）や Hennemann and Derudder（2014）のように，本所・支所間の支配・従属関係を基に都市間関係の方向を考慮した既存研究も存在する．Neal（2012）および Liu and Derudder（2013）はどちらのアプローチも現実の都市システムを把握する際に有効であるものの，分析成果を統合していく必要があると主張している．都市間関係の方向を考慮に入れた「有向グラフ」を用いた研究へと展開させ，本研究の分析成果を再検討していくことが求められる．

　またオフィス機能の得点化と都市間関係の算出方法の妥当性について，検討の余地が残っていよう．本研究では資料に記載された事業所名称を基に支所機能を定義し得点化した．企業によってはウェブサイトで事業所別の従業員数を公開しており，それらデータを基に各事業所の重要度を再定義することも可能である．オフィス機能の立地得点の積で都市間関係を捉えることについて，Taylor（2004b, p.297）は空間的相互作用モデルに則った「妥当性のある仮定」と主張している．しかし埴淵（2008）が指摘するように，空間的相互作用モデルで想定されるネットワーク的な都市間関係が企業組織内で構築されているのか，「実際の関係性を質的にも探索」（p.581）する必要があろう．その際には，個人情報を利用する点で「法的・倫理的課題」があるものの，安田・鳥山（2007）や水田（2008）のように業務用電子メールの利用状況に基づいて企業組織内の関係性を把握するというアプローチが参考に値すると思われる．また企業組織内関係を構築する要素としては他にも転勤や出張のようなヒトの移動も考えられるため，企業組織のネットワーク的関係性の実証研究のさらなる蓄積によって，仮説の妥当性が主張できよう．

　本研究では依拠したデータの制約により，国家スケールでの都市システム把

握に留まっている．日系大企業の国際的な支社配置によって構築される都市間関係については，データベースの充実化により分析が可能となろう．

注

1) 埴淵（2008）によって GaWC によるグローバルスケールの都市間関係に関する研究蓄積がまとめられている．また GaWC による最新の研究成果は以下のウェブサイトで公開されている．http://www.lboro.ac.uk/gawc/（最終閲覧日 2015 年 10 月 21 日）．

2) GaWC の実証研究ではグローバルに展開するビジネスサービス企業の世界都市への立地状況に関するデータセットを整備している．なお分析対象となるビジネスサービス企業の中には日本企業として電通，博報堂，アサツーディ・ケイなどの大手広告代理店のほか，メガバンク各社が含まれている．

3) Taylor and Walker（2001）は 0 ～ 3 の 4 段階で企業にとっての世界都市の重要度を評価している．

4) 得点の高い事業所間で都市間関係が強くなるという Taylor 達の仮定は，空間的相互作用モデルに着想を得ている（Taylor, 2004b, p.297）．

5) 異なる年次間で比較検討するために，2010 年版の『組織図便覧』のみに収録されているマザーズや JASDAQ などの新興市場の上場企業は，本研究の分析対象から外している．

6)『会社年間』と『組織図便覧』の業種分類は証券コード協議会による分類に準拠しており，本研究の業種分類もそれに倣っている．

7) 本研究では事業所のオフィス機能を対象としており，工場，製作所，プラントなど「生産拠点」および，R&D やデザインセンターなど「研究開発拠点」，配送センターや倉庫など「物流拠点」に関しては分析の対象から外している．

8) 企業によっては事業所名で事業所機能を判別できないものもある．その場合には各企業のウェブサイトや有価証券報告書の記載内容を基に，事業所機能を逐次調査し定義している．

9) 本研究では経済的なまとまりを有した空間的分析単位として，2006 年の事業所・企業統計調査で定義されている広域市町村圏（都道府県内ブロック，計 350 都市圏）を用いる．なお広域市町村圏として定義されている①東京都区部，②大阪府大阪市地域，③愛知県名古屋地区，④北海道札幌広域市町村圏，⑤宮城県広域仙台都市圏，⑥広島県広島大都市周辺地域広域行政圏，⑦福岡県福岡大都市周辺地

域広域行政圏の 7 都市圏について，本文中ではそれぞれ東京，大阪，名古屋，札幌，仙台，広島，福岡と略す.

10) なお，ある企業が同一の都市圏内に本所および支所を複数配置している場合は，最も得点の高い事業所の得点を採用している.

11) 対角成分は各都市に立地する事業所の得点の 2 乗和を表す.

12) 埴淵（2008，p.580）は，関係性の推定において，前提とされる組織形態が明確に示されていないとし，「推計方法としての組織形態に関するより厳密な議論が必要」と指摘している. 実際，テリトリーを割り当てる形での事業所配置が，ここで定義された都市間関係の強度に反映されることはない.

第 10 章　グローバルな知識結合と企業間ネットワーク

I　知識結合の分析視角

　産業集積外に立地する企業・組織などとの広域的な関係性の構築が，新しい知識や情報の流入を促し，産業集積内の限定的・固定的関係から生まれるロックイン問題を克服させ，さらに産業集積内のイノベーションを促進させると考えられている（Bathelt *et al*., 2004；水野，2005；山本，2005；Bathelt, 2008）. Bathelt（2008）は，「バズ」と「パイプライン」の 2 つの概念を用いて，産業集積の成長を説明する．バズ（buzz）とは，産業集積内に環流している，イノベーションの源となる情報，知識の密なフローであり，対面接触や，日々のルーティンを基にした価値観の共有によって，産業集積内の主体が獲得できるものである．バズを通した情報や知識は，産業集積内に居るだけで獲得でき，特別な投資を必要としないことが特徴である（Bathelt, 2008, p.87）. 一方，産業集積内で獲得することのできない新しい市場や技術の情報は，産業集積外とのパイプラインを通して産業集積内へと流入する．その際に，産業集積内の主体は金銭的・時間的投資を行い，産業集積外の主体との関係性を能動的に構築しなくてはならないと主張する.

　本書の第 3 章では産業が依存する知識ベースの特性ごとに，イノベーションプロセスが大きく異なると主張し，ローカル内（産業集積内）の高度な技能を有した労働力の存在とともに，ローカルを越えた組織間の知識結合が，産業集積におけるイノベーションの要因であると指摘している.

　上記のような研究潮流ではネットワークが鍵概念となるが，実証的課題として主体間の「関係構造」に着目したアプローチの必要性が挙げられる（與倉，

2008)．従来の経済地理学のネットワーク研究では，産業集積地域の社会的文脈や制度に焦点を置いた，定性的な記述が中心であったといえる．それに対して分析ツールの発達に伴い，主体間の関係性から成るネットワークの構造に基づいて，個々の主体の活動やパフォーマンスを計量的に検討するというアプローチが着目されるようになった．すなわち，Giuliani and Bell（2005），Porter *et al.*（2005），Graf（2006），若林（2006，2009）に見られるように，組織間の取引関係や知識結合に関して社会ネットワーク分析を援用し，ネットワークの構造における位置に着目した研究の蓄積が進んでいる．

　本書の第 4 章では共同研究開発における知識フローに着目し，地域新生コンソーシアム研究開発事業を事例として，参加主体の属性（名称や所在地）に関する大規模ネットワークデータを用いることで，研究開発テーマの共有に基づいたネットワークの関係構造を，社会ネットワーク分析によって検討している．そしてライフサイエンスや情報通信，製造技術などの研究分野を，工学的知識や実践的技術を中心とした「ものづくり型」と，科学的知識に基づいた「サイエンス型」に区分し，「ものづくり型」の研究分野ではローカル内の主体が中心となるのに対して，「サイエンス型」の研究分野ではより広域的な主体が指向されるとの分析結果を得ている．ただし，同事業における広域的な共同開発は日本国内に限られており，今後の知識フロー研究の課題として，グローバルな観点の導入の必要性が説かれている．

　松原（2007，p.35）はイノベーションの空間性の議論において，多国籍企業によるグローバルな知識の獲得・結合に関する実態分析が，主に国際経営学の分野で蓄積されてきていると指摘する．たとえば，Doz *et al.*（2001）および浅川（2003）では，多国籍企業の競争優位の源泉である，グローバルな知識へのアクセス・融合・活用のプロセスおよびメカニズムを分析する際の理論的枠組として，「メタナショナル経営」という概念が提示されており，自国における優位性ではなく，グローバル規模における優位性を確保する企業戦略の重要性が主張されている．また鎌倉・松原（2012）は研究開発人材のグローバルな流動に着目し，ローカルな R&D 集積内での知識調達と，グローバルな知識結合との関連性を明らかにする必要があると主張している．さらに浅川（2006，

2011）では，エレクトロニクス産業や製薬産業などの日本企業を事例に，欧州や米国での研究開発の現地化プロセスや，自国で獲得できない先端的技術やビジネス・ノウハウに関する知識を，海外で探索・調達する実践例が示されている．

　しかしながら，グローバルな知識結合を定量的に捉えようとする研究は，まだ緒に就いたばかりである．Cooke（2009）によるバイオサイエンス分野における論文の共同執筆に関する分析や，Maggioni and Uberti（2007, 2009）による国際的な特許の共同出願の計量的な分析，玉田（2006）による特許と学術論文との国際的な引用関係の分析，また Trippl *et al.*（2009）によるオーストリアのウィーンのソフトウェア産業における域内・域外の知識の外部調達（knowledge sourcing）の集計データを用いた検討などがあるものの，その数は未だ限られているといえる[1]．

　そこで本研究では，グローバル企業による技術提携や資本提携に関する企業単位で集計したデータを基に，知識の結合・調達に基づいた企業間関係を定量的に検討することから始める．

　Ⅱでは本研究で用いる分析データと分析手法について説明した後に，製造業の業種別にネットワークの関係構造を，社会ネットワーク分析を用いて可視化し比較分析する．そして，どのような経済主体がグローバルな知識結合において中心的な役割を果たし，ネットワークの成長・進化に寄与しているのか検討する．Ⅲでは，グローバルな企業間ネットワークにおいて，どのような構造的位置にある経済主体が，良いパフォーマンスを挙げているかについて，共分散構造分析を用いてモデルを構築することによって考察する．最後に，Ⅳで本研究の成果を整理し，残された課題について述べる．

Ⅱ　グローバルな知識結合と企業間の関係構造

1. 分析データ

　本研究では，社団法人経済調査協会が編纂する『企業別外資導入総覧（上場

企業編）』を分析データとして用いる[2]．この資料には外資導入の主体である
東証 1 部および 2 部に上場する企業 1,083 社に関して，2002 年 3 月までの外資
導入の概要が収録されている．本研究では製造業 760 社に分析対象を絞り，日
本企業による 10,593 件の外資導入実績について，外国企業名，国籍，導入概
要に関するデータベースを構築した[3]．なお，『企業別外資導入総覧』は製造
業を 18 業種[4]に区分しており，本研究での業種区分もそれに依ることにする．

　外資導入は『企業別外資導入総覧』において，①外国企業からの技術導入，
②日本企業と外国企業との資本提携および合弁企業の設立，③輸入・販売といっ
たように，分野別に整理されている．図 10-1 では業種別の外資導入分野の件
数の割合を示している．全ての業種で技術導入の割合が最も高くなっており，
多くの業種で 9 割もしくはそれ以上のシェアを占めている．相対的に技術導入
の割合が低くなっているのが食料品，石油・石炭製品，非鉄金属などの業種で

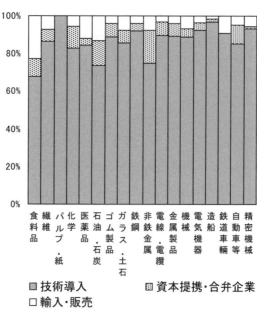

図 10-1　業種別の外国投資導入の割合

資料：経済調査協会『企業別外資導入総覧』により作成.

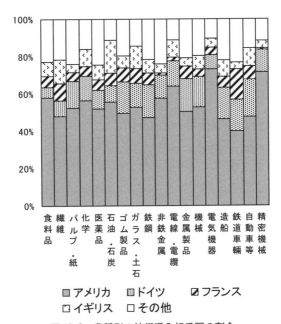

図 10-2　業種別の技術導入相手国の割合

資料：経済調査協会『企業別外資導入総覧』を基に作成.

あり，食料品の場合には輸入・販売の割合が高く，石油・石炭製品と非鉄金属
では他業種と比べて，資本提携・合弁企業の割合の高さが顕著である.

　図 10-2 は業種別の技術導入相手国の割合を表している．いずれの業種にお
いてもアメリカの割合が最も高く，特に電気機器と精密機械では 7 割を超えて
いる．次いでドイツ，フランス，イギリスなどのヨーロッパ諸国の割合の高さ
が顕著である．石油・石炭製品では，イギリスの他にオランダの割合も高く，
鉄道車輌ではドイツ，フランス，スウェーデンの比率が 10%を超えるなど業
種ごとに特徴がみられる.

2.　分析手法

　本研究では業種ごとに，異なる外資導入の関係性を同時に描き，図 10-3 の

ような多重ネットワーク[5]を作成した．分析の際には異なる関係性の強度に重みをつけており，技術導入，資本提携・合弁企業の設立，輸入・販売などの関係性のなかから，いずれか 1 つのみの関係性があれば 1 を，2 つの関係性があれば 2 を，全ての関係性を有していれば 3 の強さがあると仮定している．すなわち，本研究では資本提携・合弁企業の設立や輸入・販売による関係性を，企業間の情報・知識のパイプライン構築の一種とみなし，それらを通して企業外部にある技術の調達（知識結合）が速やかに進行されると考える．

　表 10-1 は，社会ネットワーク分析のソフトウェアである UCINET を用いて，構築した多重ネットワークにおける業種別の記述統計量を算出した結果を示している．ここで「ノード数」とは各業種の多重ネットワークの規模を表す．「総次数」とは各主体（企業）が持つ関係性（紐帯）の総数を示し，「平均次数」とは総次数を全主体数で除した値であり，1 主体当たりの紐帯の数を示す．「平均到達距離」とは，ある主体と別の主体とがネットワークにおける関係性を介して，両者が相互に結びつくまでに必要な紐帯数であり，2 つの主体間の最短距離の平均値を表す．「コンポーネント」は，ネットワークの中で各ノードが直接もしくは間接的に繋がっている，完結したサブグラフを意味する．

　ここで，平均次数，平均到達距離，総コンポーネント数，最大コンポーネントに含まれるノード数の対全ノード比といったネットワークの記述統計量に

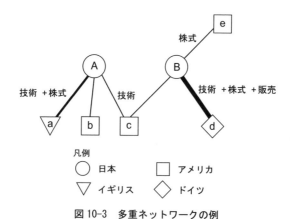

図 10-3　多重ネットワークの例
注：複数の関係性を有するほど，リンクが太く描かれている．

表 10-1　業種別のネットワーク記述統計量

	04食料品	05繊維	06パルプ・紙	07化学	08医薬品	09石油・石炭製品	10ゴム製品	11ガラス・土石製品	12鉄鋼
ノード数	338	340	28	999	548	60	174	246	552
リンク数	618	744	42	2434	1402	122	354	480	1184
平均次数	3.66	4.38	3.00	4.87	5.12	4.07	4.07	3.90	4.29
平均到達距離	3.22	4.88	1.69	4.60	4.22	3.49	3.92	4.04	3.94
コンポーネント数	40	16	7	24	7	5	9	17	7
最大コンポーネントに含まれるノード数	79	308	7	912	525	46	105	128	525
最大コンポーネントに含まれるノードが全ノードに占める割合	0.23	0.91	0.25	0.91	0.96	0.77	0.60	0.52	0.95

業種	13非鉄金属	14電線・電纜	15金属製品	16機械	17電気機器	18造船	19鉄道車輌	20自動車等	21精密機械
ノード数	115	160	123	1256	1767	621	36	360	393
リンク数	230	354	204	2594	5958	1434	66	820	872
平均次数	4.00	4.43	3.32	4.13	6.74	4.62	3.67	4.56	4.44
平均到達距離	3.58	3.53	2.20	5.89	3.97	3.47	2.02	5.15	4.34
コンポーネント数	5	2	22	56	29	1	3	15	16
最大コンポーネントに含まれるノード数	86	157	22	1002	1683	621	22	317	332
最大コンポーネントに含まれるノードが全ノードに占める割合	0.75	0.98	0.18	0.80	0.95	1.00	0.61	0.88	0.84

注：業種名の前にある数字は業種コードを表す。
資料：経済調査協会『企業別外資導入総覧』を基に作成。

対して，ウォード法によるクラスター分析を施し，18 業種の類型化を試みた．クラスター分析の際には各指標を平均値が 0，標準偏差が 1 になるように標準化し，指標間の距離として標準ユークリッド距離を用いている．分析の結果，以下のように 6 つのグループを抽出した．

　第 1 グループには，小規模なコンポーネントが複数存在し，平均次数が小さいことを特徴とする食料品，パルプ・紙，金属製品，鉄道車輌の 4 業種が含まれる．第 2 グループは，石油・石炭製品，ゴム製品，ガラス・土石製品，非鉄金属の 4 業種が含まれ，ネットワークのいずれかの記述統計量において平均的な値をとる．第 3 グループは，繊維，化学，自動車等，精密機械の 4 業種が含まれるが，このグループの特徴は，最大コンポーネントの規模が大きく，平均到達距離が大きいことが挙げられる．第 4 グループに含まれる医薬品，鉄鋼，電線・電纜，造船などの 4 業種も最大コンポーネントの規模が大きいことが特徴であるが，第 3 グループと比べて，平均到達距離は小さい．第 5 グループには機械のみが含まれるが，他のグループとの違いとして，平均到達距離が大きくコンポーネントの総数が多いことが挙げられる．最後に，第 6 グループには電気機器のみが含まれており，平均次数が大きく，95%以上のノードが 1 つのコンポーネントに含まれるという密な巨大コンポーネントの形成を特徴とする．以下では，各グループの中から，食料品，ゴム製品，繊維，医薬品，機械，電気機器の 6 業種を採り上げて，関係構造を検討していく．

3．関係構造の業種間比較

　図 10-4 は分析対象の 6 業種に関する多重ネットワークを，描画ソフトウェアである NetDraw を用いて可視化したものである．各ノードの形状は国籍別に変えている．また各ノードの大きさは関係を媒介する度合いを測る「標準化された媒介中心性」の値に比例させている．

　図 10-4-a の食料品の場合，比較的目立つコンポーネントとして，キリンビール，サッポロビール，明治製菓から成るものと，宝酒造，味の素を中心としたものがみられる．しかしながら，関係構造において複数の主体を繋ぐようなハ

ブとなるノードは少なく，小規模なコンポーネントが複数存在しており，平均次数が小さいことが特徴である．

　ゴム製品の場合には，ブリヂストン，横浜ゴムなどの大手メーカーがノードとして形成するコンポーネントが確認でき，それらがドイツの Continental 社やアメリカの Goodyear 社などの世界大手のメーカーと，ランフラットタイヤ用の補強ゴムの開発技術の供与などによって関係性を有しながら，全体として1つのコンポーネントを形成している（図 10-4-b）．また図 10-4-b の左上をみると，いくつか小さなコンポーネントが存在しており，ゴム製品のネットワークが疎でも密でもなく，中間程度の密度となることが見て取れる．

　コンポーネントの規模と平均到達距離が大きなグループの例である繊維をみると，ネットワークにおいて，特定の海外企業の媒介中心性が顕著に高いことが特徴として挙げられる（図 10-4-c）．すなわち，東洋紡や帝人などの日本の大手メーカーとともに媒介中心性が高いノードである，アメリカの化学メーカー Du Pont 社の場合には，東レや旭化成，帝人などとそれぞれ合弁企業を設立し，さらに工業用 PET フィルムの共同開発や，インターレース糸といった化学繊維技術の提供などによって複数の異なる関係性を有している．またアメリカの Cluett Peabody & Company 社の場合には各種織物の防縮加工技術の提供によって，繊維産業における巨大コンポーネントの形成に寄与している．

　つづいて最大コンポーネントの規模が大きく，平均到達距離が小さなグループの例として医薬品の関係構造をみると（図 10-4-d），日本では武田薬品工業や藤沢薬品工業のほか，大正製薬，山之内製薬などのノードの大きさが際だっている．海外企業の中では Pharmacia 社や Merck 社などアメリカの大手医薬品メーカーが，B 型肝炎ワクチンの技術や，骨髄炎治療薬などの開発などを通じて日本メーカーと関係性を有し，媒介中心性の大きさが目立っている．

　図 10-4-e は平均到達距離が大きく，コンポーネントの総数が多いグループに含まれる機械のネットワークにおいて，最大コンポーネントのみを抽出し関係構造を示している．日本企業の中では，コマツや荏原，クボタなどのノードの大きさが際だっている．海外企業では General Electric 社や Litton Industrial Products 社，IBM 社などのアメリカ企業が，工作機械の制御技術や装置製造な

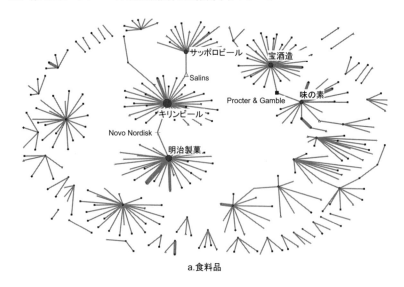

a.食料品

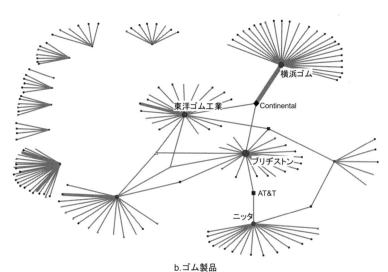

b.ゴム製品

凡例
● 日本　■ アメリカ　△ フランス
▽ イギリス　◆ ドイツ　＋ その他

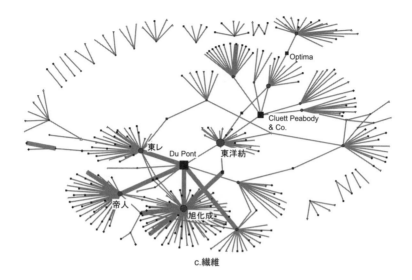

c.繊維

d.医薬品

凡例
- ● 日本　　■ アメリカ　　△ フランス
- ▼ イギリス　◆ ドイツ　　＋ その他

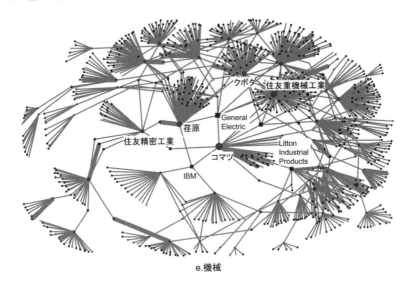

e.機械

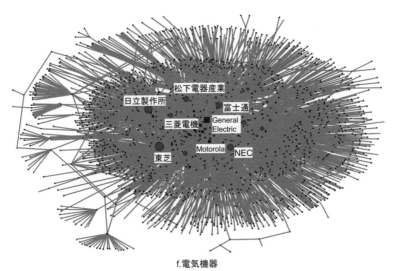

f.電気機器

凡例
● 日本　■ アメリカ　△ フランス
▽ イギリス　◆ ドイツ　＋ その他

図10-4　業種別の多重ネットワーク
資料：経済調査協会『企業別外資導入総覧』により作成.

どによって関係性を有し，媒介中心性の大きさが比較的目立つようになっている．

　図10-4-f では平均次数が高く，巨大コンポーネントを特徴とした電気機器の企業間ネットワークの最大コンポーネントを示している．全体の95％のノードが直接・間接的に結合し，密なネットワークが形成されており，ネットワークの中心には東芝や，日立製作所の他に，アメリカの General Electric 社や Motorola 社が，媒介中心性の大きなノードとして目立っている．これら企業では，半導体装置製造に関する技術提携（相互ライセンス供与）や，合弁企業の設立などにより多くの関係性を有している．

　以上，ネットワーク関係構造の可視化によって，媒介中心性の高いノードやコンポーネントの規模の差を確認することができた．しかしながら医薬品や機械，電気機器といった業種のネットワークでは，含まれるノードの数が多く，個々のノード間の関係性も入り組んでいるために，グローバルな知識結合において中心的役割を果たすノードを特定する必要がある．そこで次項では，ノード間の関係性をより簡潔に表現することで，関係構造の縮約化を試みる．

4.　ブロックモデルによる関係構造の縮約化

　本研究ではブロックモデルによってネットワークの縮約化を行う．ブロックモデルでは，「ネットワーク内で保持する位置に基づいて，ノードをいくつかのブロックに分類し，ブロック内およびブロック間の関係構造をとらえる」（安田，2001，p.115）ことができる．ネットワーク分析ツールでは CONCOR と呼ばれるアルゴリズム（White *et al.*, 1976）によって，類似した関係構造を有したブロックを抽出し，複雑なネットワークを縮約化することが可能となる（熊倉，2007；若林，2006）．各ノードはブロックモデルによって，いくつかのブロック（グループ）に分類されるが，その際に同一のブロックにあるノードは，それぞれ構造同値[6]であると考えられる．

　表10-2 は CONCOR を用いることにより構築された，医薬品における 8 × 8 の密度行列である．密度行列はブロック間の関係性を示す行列であり，本研究

では平均密度より大きな値のみを抽出し，グループ間に関係性があると判断する[7]．その結果，医薬品の558のノードは8つのグループに分けられ，図10-5のような縮約グラフとしてブロック間の関係性が描かれた．表5-3では各ブロックに属するノード数と，ブロックごとに媒介中心性が高い企業名を示している．

図10-5をみると自身に返ってくるリンクがあるが，これは，同じブロック内にあるノード間，すなわち構造同値な位置にあるノード間で関係性が存在し

表 10-2　医薬品における密度行列

ブロック	1	2	3	4	5	6	7	8
1	0	0	0	0	*0.008*	0	0	0.001
2	0	0	0	0	*0.009*	0	0	0.001
3	0	0	0	*0.211*	*0.005*	0.001	0	0.001
4	0	0	*0.211*	*0.200*	*0.025*	*0.006*	0	*0.005*
5	*0.008*	*0.009*	*0.005*	*0.025*	*0.011*	0.003	*0.007*	0.004
6	0	0	0.001	*0.006*	0.003	*0.017*	0	0
7	0	0	0	0	*0.007*	0	0	0
8	0.001	0.001	0.001	*0.005*	0.004	0	0	*0.043*

注：平均密度より大きい値を斜字で示している．
資料：経済調査協会『企業別外資導入総覧』により作成．

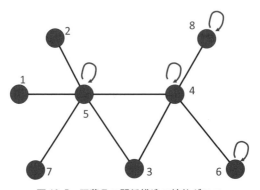

図10-5　医薬品の関係構造の縮約グラフ
資料：経済調査協会『企業別外資導入総覧』により作成．

表 10-3　医薬品における各ブロックに属するノード数と主な企業

ブロック名	1	2	3	4	5	6	7	8
ノード数	88	73	57	5	161	72	51	41
主な企業	Sanofi-Synthelabo		Pharmacia Glaxo Smith Klein Astra Zeneca	武田薬品工業 F. Hoffman Merck	藤沢薬品工業 山之内製薬 三共 Boehringer Mannheim	中外製薬 日研化学		大正製薬

資料：経済調査協会『企業別外資導入総覧』により作成.

　ていることを意味する．この縮約グラフから，ブロック 4 およびブロック 5 に
含まれる武田薬品工業や Merck 社，山之内製薬などが，医薬品ネットワーク
において巨大コンポーネントの形成に寄与していることがわかる．

　表 10-4 と図 10-6 では機械および電気機器における縮約化を行った結果を示
している．図 10-6-a をみると，ブロック 7 と 8 とが繋がっており，またブロッ
ク 4，3，6，5 の間も結合関係が存在している．しかしながら，異なるブロッ
クに属するノード間の関係性は希薄であり，密なネットワークを形成するハブ
となるブロックが存在しないことがわかる．このような分散型の構造をとるこ
とが機械産業において平均到達距離が大きくなる要因であるといえる．

　これに対して表 10-4-b および図 10-6-b をみると，電気機器産業の場合には，
ブロック 8 に属する東芝や日立製作所，NEC，富士通などの日本企業が，その
他のブロックに含まれるノードと関係性を有することにより，典型的な「中心
－周辺構造」（金光，2003，p.113）を形成している．このように知識結合にお
いてグローバル・ハブを有する構造をとることが，電気機器産業のネットワー
クの平均到達距離を縮小させていると考えられる．

　図 10-4 の多重ネットワークにおける関係構造を再びみると，機械産業の場
合には複数の異なる関係性を有しているノードが少ないのに対して（図 10-4-
e），電気機器産業の場合には，ネットワークの中心にある東芝や日立製作所，

表 10-4　機械および電気機器における各ブロックに属するノード数と主な企業

a.　機械

ブロック名	1	2	3	4	5	6	7	8
ノード数	122	126	607	151	108	3	69	70
主な企業	荏原 IBM	クボタ George Fischer	コマツ タクマ ダイキン工業	住友精密工業 Litton Industrial Products 帝人製機	General Electric MacNeal-Schwendler Air Products & Chemicals	住友重機械工業	東洋エンジニアリング V/O Licencintorg Arther D. Little Enterprise	千代田化工建設 Exxon Research & Engineering Ford Motor

b.　電気機器

ブロック名	1	2	3	4	5	6	7	8
ノード数	234	306	199	203	176	492	54	103
主な企業	Hewlett-Packard RCA		Microsoft IBM Texas Instruments	General Electric Philips Electronics Motorola Lucent Technologies	神鋼電機	東海理化 Dolby Laboratories Licensing		東芝 日立製作所 NEC 富士通 松下電器産業

資料：経済調査協会『企業別外資導入総覧』により作成.

　　富士通，NEC などの大手メーカーが，海外企業との合弁企業の設立や販売契約などを積極的に進めており，技術導入以外の関係性を多く有していることが確認できる（図 10-4-f）. このように，電気機器の方が機械よりも国際的な資本提携・販売提携が発達していることが，機械と電気機器との間で構造的な差異が生まれる要因として考えられる.

a. 機械

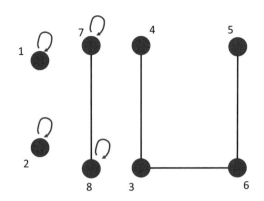

b. 電気機器

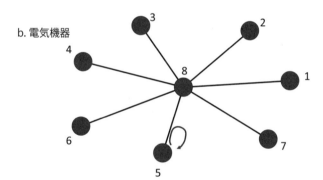

図 10-6　機械および電気機器における関係構造の縮約グラフ

注：ノードの数字は，表 4 のブロック名に対応している.

資料：経済調査協会『企業別外資導入総覧』により作成.

5. 小 括

　本章では，企業単位で集計した外資導入に関するデータを活用し，ネットワーク統計量を基に業種を類型化することで，国内だけではなくグローバルな主体間の関係構造の検討を試みた. また，ブロックモデルを用いて，複雑なネットワークを縮約化させることによって，どのようなノードがハブとなり，密なネットワークの形成に寄与しているのか，すなわち，ネットワークの成長・進化に

おいてどのようなグループが鍵となるかについて検討した．分析の結果，機械産業のような分散型構造をとる場合には，特定ブロックに属するノード間のみに関係性が限られていることが示された．一方，電気機器産業のネットワークは「中心－周辺構造」をとっており，特定の日本企業がグローバルな知識結合のネットワークにおいてハブの役割を果たすことが明らかになった．

　以上の成果を踏まえた上で，ここで残された課題について説明する．これまでみてきた関係構造の特徴が，どのようにネットワークに参加する企業に影響を与えているか，すなわち，グローバルな企業間ネットワークが生み出すパフォーマンス（経済的成果）について検討する必要がある．そこで次章では，業種別に算出されたネットワークの記述統計量と，各企業の財務諸表を分析データとして用いて，さらに共分散構造分析を分析ツールとして採用することによって，ネットワーク特性と企業のパフォーマンスとの関連性について考察していく．

Ⅲ　ネットワーク特性と企業価値との関連性

　主体間の関係構造と経済的パフォーマンスとの関連について，社会ネットワーク分析を援用して検討したものとしては，湯川（2004）と杉山ほか（2006）を挙げることができる．湯川（2004）は東京都区部に立地するインターネット関連企業を分析対象として，役員・株主・取引銀行を媒介とした協調関係の企業間ネットワークと，同一の仕入先・販売先をもつ企業間の競争関係のネットワークの関係構造を分析している．ネットワーク統計量と，売上高，利益といった企業の業績との相関関係を検討した結果，協調関係のネットワークでは，業績と無相関，もしくは負の相関関係にあり，企業間ネットワークが上手く機能していない可能性が高いとする．一方，競争関係のネットワークでは，販売先企業が有する関係性が，当該企業の業績に影響を与えると述べている．

　杉山ほか（2006）は，日本の上場企業の取引関係に関する大量データベースをもとに，社会ネットワーク分析を援用し，さまざまな財務諸表とネットワー

クの関係構造との相関を分析し，株式時価総額と関係構造の優位度の指標との
間に高い正の相関があるとの分析結果を得ている．

　このように湯川（2004）と杉山ほか（2006）では，ネットワークの記述統
計量と，売上高や株式時価総額などの企業パフォーマンスを表す「単一」の
財務指標との関連について検討している．しかしながら裃（2001，p.62）が指
摘するように，財務諸表は企業経営における重要な一部の側面を捉えてはい
るものの，企業パフォーマンスのような抽象的なものを捉える際には，「複数」
の指標を勘案した総合的な「ものさし」が必要となると考えられる．そこで本
研究では共分散構造分析を用いてそのような総合的な指標を構築し，ネット
ワーク特性と財務諸表で捉えられる企業パフォーマンスとの間の関連性につい
て考察する．

1.　多母集団同時分析

　共分散構造分析の経済地理学での応用例は少ないが，共分散構造分析を用い
ることにより，直接観測して得たデータを基に複数の因子（データの背後にあ
る要因）を設定し，因子間の関係を定量的に把握することが可能となる（金井
ほか，2006；豊田編，2007）．

　共分散構造分析を用いる利点としては，図 10-7 のようなパス図によって
複雑な関係性を表現できる点が挙げられる．（狩野・三浦，2003；豊田編，
2007）．図中の長方形は観測変数であり，統計資料やアンケート調査などから
直接データを得ることができるものである．一方，楕円で描かれているものは，
直接観測することができない潜在変数を表す．これは観測される多くの現象の
背後にあり，それら現象に影響を与える要因であると考えられる（中山ほか，
2001, p.309）．単方向の矢印（パス）は，始点から終点に向かっての因果を表し，
双方向の矢印は変数間の相関（共分散）を意味する．円で描かれた e1，e2 な
どは誤差変数であり，潜在変数や観測変数間の因果関係において予測・説明し
きれない部分を表す．共分散構造分析では，分析者が変数間の因果関係の仮説
モデルを構築し，観測変数を用いてモデルの各種パラメータを推定する．以下

の共分散構造分析の実行の際には，専門ソフトウェアである Amos5.0.1 を使用している．

　本章で検討する図 10-7 のモデルでは，「ネットワーク優位性」と「企業価値」[8] という 2 つの潜在変数を仮定する．ネットワーク優位性は，グローバル企業間ネットワークにおける各企業の構造的な位置が生み出す優位性を示すものであり，ネットワークの特性を表す媒介中心性，次数中心性 [9]，同値性 [10] の 3 つの観測変数に影響を与えると想定する．

　企業価値は，企業の財務状況の健全性や成長性に影響を与える抽象的な評価軸であり，企業のパフォーマンスを表す総合的な指標となる．本研究では企業価値が資本金，株式時価総額，1 株当たり純資産，といった 3 つの観測変数を決定すると考え，さらに誤差変数である e6 と e7 との間に相関を仮定する [11]．

　そしてネットワーク優位性が，企業価値に影響を与えると仮定する [12] ことで，ネットワークの関係構造と企業価値との間の関連性を考察することができる．このように潜在変数間に因果関係を想定するモデルは多重指標モデルと呼ばれ，共分散構造分析では頻繁に用いられる（豊田編，2007，p.8）．

　本研究では，モデルにおけるパス係数（潜在変数間，もしくは潜在変数と観

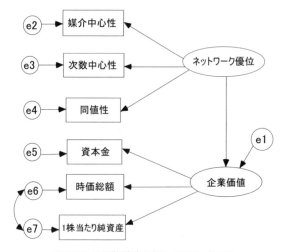

図 10-7　共分散構造分析におけるパス図

測変数との間の影響力）の大きさを業種間で比較するために，共分散構造分析の手法の中で，複数の母集団を想定した多母集団同時分析を行う[13]．

　共分散構造分析において，多母集団同時分析を行う際には，以下のような手順を踏む必要がある（狩野・三浦，2003；上淵ほか，2004）．まず，全ての推定するパラメータが母集団間で異なるという制約なしのモデル0（配置不変性）を検討する[14]．つづいて，パス係数のみが等値であるモデル1（測定不変性），パス係数と潜在変数の分散共分散が等値のモデル2，パス係数と誤差変数の分散共分散が等値のモデル3，最後に，全てのパラメータが等しいと置くモデル4を検討する必要がある．

　表10-5では，異なる制約を設けた各モデルの分析結果として，4つの適合度指標[15]を示している．表をみるとモデル0では，GFIは良好，またCFIとRMSEAは非常に良好な値をとることがわかる．しかしながらモデル1以降では，いずれの適合度指標も値が悪く，モデルを支持しなかった．したがって，業種間の比較を考慮した多母集団同時分析では，配置不変性は成立するが測定不変性は成立しないことが明らかになった．すなわち，図10-7のモデルが全ての業種で当てはまるが，変数間の因果を表すパスの影響度は業種間で異なることが示唆された．

　図10-7のモデルが支持されたことによって，異なる複数の関係性を多く有し，構造的に優位な位置にある企業ほど，すなわち，図10-4のグローバル企業間の関係構造において中心性が大きな値を示しているノードほど，資本金や時価総額などの財務諸表で測られる企業価値が大きくなることが示された．次

表10-5　多母集団の同時分析における各モデルの適合度指標

	GFI	CFI	RMSEA	AIC
モデル0（配置不変）	0.930	0.982	0.034	479.610
モデル1（測定不変）	0.632	0.665	0.115	1601.784
モデル2	0.615	0.644	0.114	1668.944
モデル3	0.605	0.643	0.110	1664.826
モデル4	0.483	0.440	0.116	2349.083

資料：経済調査協会『企業別外資導入総覧』と各社有価証券報告書により作成．

節では，配置不変性が成立することから，パス係数の大きさを業種間で比較し，ネットワーク特性が企業価値に与える影響度の差異を考察する.

2. パス係数の業種間比較

図 10-8 はモデル 0 に基づいた，食料品における最尤法による係数の推定結果を示している.「ネットワーク優位性」から「媒介中心性」および「次数中心性」への標準化されたパス係数は，0.9 を超えて高い値をとっており，また「同値性」へのパス係数も負で大きな値となることがわかる [16]. したがってネットワーク優位性を表す指標として，これら 3 つの観測変数が適切であることが示唆される.

一方，「企業価値」からのパス係数は，「1 株当たり純資産」が 0.21 と低い値をとるものの，「資本金」および「時価総額」へ向かうパス係数は 0.9 程度の値を示しており，符号も矛盾は生じていない. したがって，これら 3 つの観測変数も「企業価値」を表す指標としてふさわしいと考えられる.

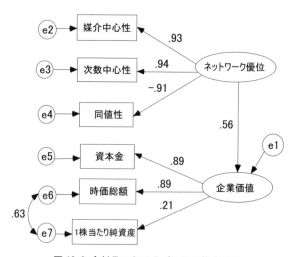

図 10-8 食料品におけるパス図の推定結果

資料 : 経済調査協会『企業別外資導入総覧』と各社有価証券報告書により作成.

表 10-6　「ネットワーク優位性」から「企業価値」へのパス係数の値

	標準化パス係数	非標準化パス係数
04食料	0.56	0.68
05繊維	0.80	1.09
07化学	0.68	0.96
08医薬品	0.80	1.22
10ゴム	0.79	1.18
11ガラス	0.70	1.22
12鉄鋼	0.78	0.80
15金属	0.71	0.67
16機械	0.49	0.70
17電機	0.70	1.20
20自動車	0.84	1.57
21精密	0.79	1.41

資料：経済調査協会『企業別外資導入総覧』と各社有価証券報告書
により作成.

　ここで「ネットワーク優位性」から「企業価値」へと向かうパス係数の値に着目し，業種間における影響力の違いについて検討する．表 10-6 は，「ネットワーク優位性」から「企業価値」へのパス係数の標準化推定値と非標準化推定値を示している．標準化推定値をみると，最小が機械の 0.49 で，最大が自動車等の 0.84 となり，いずれの業種においても正の影響を与えており，構造的に優位な位置にあるほど企業価値も向上していることがわかる．

　表 10-7 は，12 業種における非標準化推定値のパス係数の差に関する検定統計量（z 統計量）である．なお，この差に関する検定統計量は近似的に正規分布に従う（豊田編，2007，p.32）．差の検定統計量の絶対値が 1.96 を超える場合には，比較する 2 つのパス係数の値において 5％水準で有意差がある．表 10-7 から，食料品と金属製品における「ネットワーク優位性」から「企業価値」へのパス係数に関して，電気機器，自動車等，精密機械などの業種との差の検定統計量が 2.14 〜 2.99 となり，5％水準で有意な差があることがわかる．また機械をみると，それら 3 業種の他に医薬品との差の検定統計量が大きいことがみてとれる．鉄鋼と化学は，自動車等とのみ検定統計量が 2.21 および 2.26 と大きな値となり，パス係数の有意差が認められた．一方，繊維，ゴム，ガラス・

表 10-7 業種間におけるネットワーク優位性から企業価値へのパス係数の差の検定統計量

	04食料	05繊維	07化学	08医薬品	10ゴム	11ガラス	12鉄鋼	15金属	16機械	17電機	20自動車	21精密
04食料	-	1.47	1.20	1.90	1.19	1.50	0.37	0.06	0.07	*2.22*	*2.99*	*2.14*
05繊維	1.47	-	0.51	0.41	0.21	0.34	0.90	1.43	1.59	0.41	1.50	0.88
07化学	1.20	0.51	-	0.99	0.54	0.76	0.57	1.16	1.36	1.15	*2.21*	1.39
08医薬品	1.90	0.41	0.99	-	0.08	0.01	1.28	1.83	*2.07*	0.07	1.11	0.54
10ゴム	1.19	0.21	0.54	0.08	-	0.08	0.85	1.19	1.21	0.04	0.86	0.47
11ガラス	1.50	0.34	0.76	0.01	0.08	-	1.06	1.48	1.55	0.07	0.89	0.44
12鉄鋼	0.37	0.90	0.57	1.28	0.85	1.06	-	0.40	0.35	1.39	*2.26*	1.61
15金属	0.06	1.43	1.16	1.83	1.19	1.48	0.40	-	0.13	*2.08*	*2.87*	*2.09*
16機械	0.07	1.59	1.36	*2.07*	1.21	1.55	0.35	0.13	-	*2.56*	*3.25*	*2.25*
17電機	*2.22*	0.41	1.15	0.07	0.04	0.07	1.39	*2.08*	*2.56*	-	1.34	0.65
20自動車	*2.99*	1.50	*2.21*	1.11	0.86	0.89	*2.26*	*2.87*	*3.25*	1.34	-	0.43
21精密	*2.14*	0.88	1.39	0.54	0.47	0.44	1.61	*2.09*	*2.25*	0.65	0.43	-

注：統計量の絶対値を示しており，5% 水準で有意に差があるものを斜字にしている.
資料：経済調査協会『企業別外資導入総覧』と各社有価証券報告書により作成.

土石製品などの業種では，パス係数は全業種内で中間的な値をとっており，業種間の有意差が認められなかった.

　以上のことから，12 業種のなかでも食料品，金属製品，機械などの業種では「ネットワーク優位性」が「企業価値」に与える影響度が相対的に小さく，医薬品，電気機器，自動車等，精密機械などの業種では強く働くことが推測される．また繊維，鉄鋼，化学，ゴム，ガラス・土石製品などの業種では影響度が中間的であり，ネットワーク優位性の影響度の違いによって 12 業種が 3 つのグループに分かれることが示唆された．食料品や金属製品，機械などの加工技術や統合的知識 [17) を必要とする業種と比べて，科学的・分析的知識を多く必要とし，企業の合併・買収（M&A）が急速に進んでいる医薬品や電気機器，自動車等，精密機械などの業種では，海外企業から多くの技術導入を図り，他企業よりもネットワーク構造において優位な位置を占めることが，資本金や株式時価総額などで測られる企業価値を向上させる上でより重要であると考えられる.

IV 結 論

　知識創造に寄与するグローバルなネットワークを定量的に析出・描写した研究は緒に就いたばかりである．本章ではグローバル企業間の知識結合を把握するために，外資導入の実績をもとにデータベースを構築し，社会ネットワーク分析を用いて，企業間の関係構造の可視化を行った．社会ネットワーク分析を用いて算出されたネットワークの特性を表すさまざまな統計量を，共分散構造分析の変数として採用することによって，どのような構造的位置にある主体が良いパフォーマンス（経済的成果）を挙げているかについて，モデル構築を通して考察した．ここで本章の成果を振り返るとともに，今後の研究課題を述べる．

　まず製造業18業種を，ネットワーク統計量をもとに類型化し，関係構造を可視化して比較検討した結果，繊維や医薬品，電気機器のように，特定の日本企業と海外企業が，ネットワーク内で周辺に位置するノードと関係性を有して巨大コンポーネントの形成に寄与しているグループが抽出された．それに対して，食料品のようにコンポーネントの規模が小さく，他の業種と比べて相対的に技術導入が少ないグループや，機械のように多くのノードを有しながらも，ネットワークが分断されており，知識フローの好循環の鍵となるハブが存在しない業種が明らかになった．

　続いて，社会ネットワーク分析によって算出したネットワーク特性を表す指標と，財務諸表に基づいた企業の経済的成果との関連性について，多母集団同時分析により業種間の比較を行った．その結果，いずれの業種においても，関係構造において優位な位置にあるほど，株式時価総額などで測られる企業のパフォーマンスに正の影響を与えることが示された．ただし，業種ごとにその影響度には差異があり，医薬品や電気機器，自動車等，精密機械などの業種では，構造的に優位な位置にあることが企業価値を高める上で，他の業種よりも重要であることが示唆された．

　最後に残された課題を述べる．個々の企業はローカルからグローバルまで重層的な空間的次元を占めるネットワーク全体を把握して経済活動を行っているわけではない．今後の研究の方向性として，ローカルな経済活動の分析とグロー

バルな活動の分析結果とを接合させ，さらにネットワーク構造全体の中で，個々の企業・組織[18]の経済的活動がどのように位置付けられるのか明らかにする必要があろう．それによって，ローカルからグローバルまで多様な空間的次元を占めるネットワーク的関係が，企業および地域に与える経済的成果を計量的に把握することができよう．

　2 点目として，動態的視点の充実化が挙げられる．本研究で用いた『企業別外資導入総覧』によって把握できるデータは，2002 年度までのものに限られる．2003 年度以降の外資導入を把握する際には，『有価証券報告書』の「経営上の重要な契約等」の記載内容や，各企業のウェブサイトに掲載されている広報資料などを活用し，データベースの拡充を行う必要がある．それによってバブル景気期，バブル崩壊後のリストラクチャリング期，現在までの低成長期などのように期間別の比較を行うことで，動態的な分析が可能となろう．また本研究の分析枠組では，現在の企業パフォーマンスが，歴史的に蓄積されたネットワーク優位性によって影響を受けるとしたが，どのタイミングで影響を受けるかについては検討されていない．今後は歴史的効果のタイミングおよびタイムラグ概念（Henderson, 1997）を導入し，分析枠組を拡張する必要がある．さらに，その際にはパネルデータを使用することによって，企業価値として総資産やキャッシュフローの増減率などを検討し，企業価値に影響を与える企業の成長性概念（祷, 2001）を分析枠組に導入することが求められよう．

　企業間のさまざまな提携関係は，予期し得なかった問題の発生や，提携の当初の目的が解決されることによって，解消されうるものである（浅川，2003，p.241）．本研究では，そのような関係性の断裂がもたらす影響について言及できていない．また日本企業による海外への直接投資（子会社などの設立）は，部品の調達や製造拠点，販売拠点を目指したものだけではなく，現地特有の知識・能力を確保する目的もある（浅川，2003，p.14）．本研究では海外企業による日本企業への投資を扱うというデータの特性上，それらを十分考察することができなかった．今後の研究では上記の観点を導入して，知識結合の分析枠組をさらに精緻化していく必要がある．

注

1) Frenken *et al.*（2009）は，共同研究や引用関係，研究者の移動性に関して，科学計量学（Scientometrics）的アプローチによる，空間的次元を考慮に入れた実証研究をレビューしている．

2)『企業別外資導入総覧』は，「各企業の有価証券報告書，同広報資料及び企業への電話アンケートと独自の調査」によって作成されている．ただし，経済調査協会は現在解散しており，『企業別外資導入総覧』によって把握できるデータは 2002 年 3 月までのものに限られる．

3) 10,593 件の外資導入の中で，導入年が明記されているものが 9,956 件あり，最も古い導入年は 1951 年である．導入年代の内訳は，1980 年以前のものが 1,804 件，1980 年代が 4,628 件，1990 年代が 2,659 件，2000 年から 2002 年までが 865 件である．

4) 食料品，繊維，パルプ・紙，化学，医薬品，石油・石炭製品，ゴム製品，ガラス・土石製品，鉄鋼，非鉄金属，電線電纜，金属製品，機械，電気機器，造船，鉄道車輌，自動車等，精密機械の 18 業種である．

5) 多重ネットワークとは，性質の異なる複数の関係性から形成されるネットワークを指す（林編，2007，pp.158-160）．

6) 構造同値にあるノードは代替可能である（互いに入れ替えてもネットワーク構造は変化しない）ことを特徴とする．

7) ブロック間の関係性の有無を得るための基準は複数存在する．そのほかの基準に関しては金光（2003，pp.111-114）が詳しい．

8) 裵（2001，2002）は，企業の財務諸表を分析データとして用いて，株式時価総額やキャッシュフローで測られうる「企業価値」や，株主資本利益率などで測られうる「収益性」などの潜在変数（因子）を構築し，共分散構造分析によって潜在変数間の因果関係の解明を行っている．裵（2001）では，収益性が成長性にポジティブな影響を与え，さらに成長性の高さが企業価値を高めるというモデルが構築されている．裵（2002）では収益性の向上や，収益性の変動の改善が，財務構成の健全化や企業価値の改善に繋がることが示されている．しかしながら，総じて分析結果の適合度が低いために説明力が欠けており，モデルの改良の余地は大いに残されているといえる．

9) 次数中心性は各主体が有するリンク数の総数によって測られる．

10) ブロックモデルによってグループ化された企業ごとに，構造同値にあるノード
の数「e」を，ネットワーク規模「n」で除した値を，関係構造における企業の優位
性を測る指標（同値性）として用いる．ただし，この指標は比率であるため，以
下のようにロジット変換した値を観測変数とする．

$$\log\left(\frac{e/n}{1-e/n}\right)$$

11) 企業価値を計る指標としては，総資産や売上高経常利益率，自己資本利益率，
キャッシュフローなどさまざまなものが考えられる（伊藤，2007）．本研究では収
益性や効率性を測る指標を用いて分析を行った結果，今回採り上げた3変数が最
もモデルの適合度が高かった．なお，分析の際には3つの観測変数とも対数変換
した値を用いている．また本章で用いる財務諸表のデータは，2002年3月期（も
しくは直近の決算期）の各企業の有価証券報告書（連結）により得ている．本研
究では知識結合に基づくネットワーク形成の「歴史的」な蓄積が，「現在」の企業
価値にどれだけの影響を与えるかという観点から，ネットワーク特性に関しては
1951～2002年までのデータを扱い，企業価値に関しては単一時点の財務諸表デー
タを利用する．

12) なお，企業価値がネットワーク優位性に与える影響も検討課題となりうるが，そ
の際には，企業価値とネットワーク優位性のどちらか一方にのみ影響を与える操
作変数（道具的変数）を導入する必要がある（朝野ほか，2005，pp.79-80；豊田編，
2007，p.56）．しかしながら，そのような適切な操作変数を見つけることは通常，
非常に困難なため，本研究では単方向の因果のみを考察する．

13) 業種ごとに個別に分析した場合には，標本数の減少により推定値の安定性が損
なわれる，またモデル全体における母集団間（業種間）での差異の評価ができな
い，などの問題が生じる（豊田編，2007，p.75）．なお多母集団同時分析を行う際に，
各業種の標本数が少なすぎると適切な推定値が得られないため，そのような業種
を分析対象から除く必要がある．その結果，本研究で採り上げる業種は，食料品，
繊維，医薬品，化学，ゴム製品，ガラス・土石製品，鉄鋼，金属製品，機械，電
気機器，自動車等，精密機械の12業種となった．

14) 配置不変性とは，集団間で同じパス図が当てはまるが，推定値が異なるという
仮説を指す（豊田編，2007，p.76）．

15) 共分散構造分析におけるモデルの当てはまりの良さを示す指標であるGFI

（Goodness of Fit Index）と CFI（Comparative Fit Index）は 1 に近いほどモデルの説明力が高く，0.9 以上の値であれば良好，0.95 以上であれば非常に良好であり，RMSEA（Root Mean Square Error of Approximation）は 0.05 以下であれば良好と判断される．AIC は赤池の情報量基準であり，複数のモデルを相対的に比較する際に用いられ，値が小さいほどよいモデルとする（朝野ほか，2005，pp.120-122）.

16）本分析では標準化したパス係数の値の 2 乗が，パス先の変数の分散に等しくなる．したがって，パス係数が 0.9 を超えていることは，パス元の変数によって 8 割以上を説明できることを意味する．また「ネットワーク優位性」から「同値性」のパス係数の符号がマイナスであることは，関係構造において自身と類似した位置にあるノードが少なく，独自性を有するほど，優位性が高いことを意味する．

17）統合的知識とは業務における問題解決の経験など帰納的過程を基にした工学的な知識であり，分析的知識とは論文や特許など演繹的過程に基づく科学的な知識を指す．

18）本研究では企業内の複数組織や同一企業グループに関して明示的に取り扱ってこなかった．今後の研究では国内および海外における企業内の複数の研究開発拠点なども分析枠組に含める必要がある．

第11章　産業集積・ネットワーク・イノベーション研究の課題と展望

I　産業集積・ネットワーク・イノベーション研究の課題の再整理

　これまで，産業集積をめぐる議論では，ヒトに体化し，容易に移動させることが不可能な暗黙知の存在を，産業集積の形成要因の1つとして考えてきた．これに対して，現在の地域経済におけるイノベーションや知識創造の議論では，産業集積内で容易に入手することのできない，産業集積外の主体との繋がりもしくは関係性に注目が集まっている．すなわち，産業集積外からの新しい知識や情報の流入によって，産業集積内の限定的・固定的関係から生まれるネガティブな硬直性が克服され，産業集積内のイノベーションを促進させることが指摘されている．

　上記のような研究潮流では，ネットワークが鍵概念となる．ネットワークをめぐる問題は，大きく3つに分けられる．第1に，ネットワーク概念が指し示す分析領域は広範であり，研究者間でコンセンサスが存在していない点が挙げられる．ネットワーク的関係が生み出すイノベーションの議論も注目されているが，理論的・実証的な曖昧さが多く残されている．ネットワークやイノベーションをめぐる研究動向と今後の分析課題に関して，経済地理学的観点からの評価・批判が待たれていた．

　第2に，ネットワークにおける主体間の関係構造に着目したアプローチの必要性である．従来の経済地理学のネットワーク研究では，産業集積地域の社会的文脈や制度に焦点を置いた，定性的な記述が中心であったといえる．それに対して分析ツールの発達に伴い，主体間の関係性を計量的に分析し，関係構造

に基づいて，個々の主体の活動やパフォーマンスを検討するというアプローチが着目されるようになった．

　第3に，上記のような関係構造に着目するアプローチにおける空間性の欠落である．現在，組織間の取引関係や知識フローに関して，主体間の関係構造に着目した研究の蓄積が進んでいる．しかしながらそれら諸研究では，産業集積地域を事例としていても，集積内と集積外のような空間的次元の差異について言及しているものは少なく，経済地理学の研究領域として定置するためには空間性の導入が必要であった．

　第1章でみたように，現在，産業集積の成長・発展メカニズムを解明するために，専門分野の枠を越えて，多くの論者が力を注いでいる．とりわけ，主流派経済学の論者たちによって理論化された新しい空間経済学は，企業レベルの規模の経済や地理的距離といった，従来の枠組では分析不可能であった概念を数理モデルに導入したことによって注目を集めている．しかしながら，それらの成果は，経済地理学の観点からみると看過できない問題も孕んでいる．

　また産業集積に関する別の研究潮流の特徴として，ローカル内（産業集積内）の組織間関係の分析から，ローカル外の関係性の分析へと焦点がシフトしてきていることが挙げられる．それは有形的なモノやカネがやりとりされる企業間の取引関係だけではなく，無形的な情報・知識の交換が行われる共同研究開発のような水平的な組織間関係においても当てはまる．本書では，それらの課題を検討するために「ネットワーク」と「イノベーション」の2つの観点から，産業集積に関する分析を発展させることを試みた．本章では，本書で得られた成果を振り返るとともに，残された課題について述べる．

II　理論的検討の成果

　まず第1章と第2章では，経済地理学と関連諸分野におけるネットワークとイノベーションをめぐる議論の整理を行った．理論的検討の成果は以下のように4点にまとめられる．

　第1に，既存研究におけるネットワークのアプローチを，「構造的パースペクティブ」からの分析と，「ガバナンスパースペクティブ」からの分析とに大別して整理した．構造的パースペクティブからの分析では，個々のアクターの構造的な位置に着目しており，アクターの活動が，ネットワークの中における他のアクターとの関係によって決定されると考える．一方，ガバナンスパースペクティブからの分析では，ネットワークの盛衰プロセスにおいて「制度」が果たす役割に着目し，不確実性の高い環境下におけるネットワークのガバナンスの手法に焦点が置かれていることを示した．本書ではそれらの成果と課題を論じた結果，両パースペクティブに共通する課題として，空間的含意が欠落していることを指摘した．

　第2に，ネットワークの構成要素であるアクターの違い（企業組織・都市）と，ネットワークが占める空間的次元（ローカル・ノンローカル・グローバル）との2つの観点から，ネットワーク形態の整理を試みた．さらに，信頼や協働・協調関係，知識フローといったネットワークの中身・質に関する新しい議論を，構造的パースペクティブとガバナンスパースペクティブから検討した．そして，ネットワーク構造に着目する社会ネットワーク分析が，組織間関係を分析する上で有効なツールであり，経済地理学の研究領域としてそれを定置する際には，空間性の導入が必要であると指摘した．

　第3に，イノベーションをめぐる議論を空間的次元の違いに基づいて考察した．ローカルレベルのイノベーションを捉える1つの概念として，本書ではインフォーマルな知識伝達を促進させる外部環境として定義される「ミリュー」を空間的単位として採用した．また，ナショナルレベルにおけるイノベーションの議論では，政策の実行主体である国民国家の枠組が重視されており，ローカルを越えた組織間の結合を考察する際には，組織的近接性やパイプライン概念が有益であることをみた．一方，グローバルレベルにおけるイノベーションの議論では，固有の歴史や文化といった制度的枠組が，知識移転の際に重要な役割を果たしていることを確認した．ナショナル・イノベーション・スーパーシステム（NSSI）といった，グローバルスケールを考慮した新しいイノベーションシステム概念も構築されつつあるが，理論的にも実証的にも再考の余地が大

274 第11章 産業集積・ネットワーク・イノベーション研究の課題と展望

いに残されていることを明らかにした.

　第4に,知識ベース（分析的・統合的・象徴的）と集積の持続性（テンポラリー／パーマネント）に着目し,イノベーションの源泉となる知識形態を捉える際の新しい分析軸を提示した.その結果,産業が依存する知識ベースの特性ごとに,イノベーションプロセスが大きく異なっていることが明らかとなり,またローカル内の高度な技能を有した労働力の存在とともに,ローカルを越えた組織間の知識結合が,集積の持続的な発展を支えていることが示された.

　このようにネットワークとイノベーションをめぐる諸議論の整理によって,それらの計量的な実証分析が未だ緒に就いたばかりであり,空間的次元や知識ベースの違いを考慮した分析へと展開する必要性が明らかになった.

Ⅲ　実証分析の成果

　以上のような理論的検討の成果を踏まえて,第4章以降では,我が国における共同研究開発や勉強会・異業種交流会などへの参加主体に関するデータベースを構築し,ネットワークの指標化・可視化や,ネットワークが生み出すパフォーマンスとの関係を検討することによって,知識フローに基づくネットワークとイノベーションに関する計量的な実証分析を行った.その際に,分析ツールとして社会ネットワーク分析を採用し,各アクターの構造的位置を定量化した.また,地理情報システム（GIS）を援用し,業種,研究分野別のネットワークの空間性の違いなどを抽出・可視化した点が本書の大きな特徴である.以下,章ごとに分析結果の要旨を述べる.

　第4章では,産（企業）・学（大学,高等専門学校）・公（公設試験研究機関）の連携の事例として,経済産業省が実施する「地域新生コンソーシアム研究開発事業」を取り上げ,共同研究開発ネットワークの構造とイノベーションに関する計量的な分析を行った.研究テーマの共有に基づく組織間ネットワーク構造の可視化と指標化を行った結果,まず,地域ブロックごとにネットワーク構造が,共同研究開発先を多く有するコアが複数存在する「分散型」と,コアが

限られている「集中型」とに分かれることを確認した．また，共同研究に参加する組織の中心性の高さが，事業化の達成と密接に関わることを明らかにした．さらに，共同研究開発の空間的拡がりの違いを，研究分野別・組織属性別に検討した結果，「ものづくり型」と「サイエンス型」とで大きく特徴が異なること，大学や高等専門学校が遠距離との共同研究開発において中心的役割を担っていることを示した．

　第 5 章では，地域新生コンソーシアム研究開発事業におけるイノベーション（事業化）に関する決定要因の分析を行った．「産業集積」がイノベーションに与える効果は，3 種類の動学的外部性（地域特化の経済，多様性の経済，市場の競争性）によって理論的に捉えられてきた．本書では，広域市町村圏ごとに動学的外部性の値を算出し，さらに共同研究開発の実施データをもとに，主体間のネットワークを域外・域内と区別して定量化することによって「ネットワーク」がイノベーションに与える効果の推定を行った．その際に本書では，説明変数を精査した上でポアソン回帰モデルを採用することによって，既存研究で多くみられた多重共線性や被説明変数の非正規性の問題を克服している．分析の結果，産業集積が与えるイノベーションの効果は多様性の経済が主であり，地域特化の経済と市場の競争性の効果はみられないこと，域内の密なネットワークとともに域外の組織との接触もイノベーションに正の影響を与えること，研究分野別にイノベーションの決定要因において異なる特徴がみられることを明らかにした．

　第 6 章では，産業集積地域で開催される見本市に着目し，見本市の参加主体である出展者および来場者の多様な関係性構築の状況について，聞き取り調査の成果をもとに検討した．事例とした長野県の諏訪圏工業メッセは，諏訪地域内の精密微細加工技術を有した企業が多く参加し，諏訪地域内の企業にとって，他企業の技術・製品水準の観察や，将来の取引先となりうる域外の企業との商談や新規受注の獲得といった点で重要なイベントとなっている．特に，諏訪地域内の十分な営業力を有していない中小企業にとって，見本市は長期的な受注関係・信頼関係の構築の機会として重要であることが示唆された．また域外の市場の情報やニーズの獲得機会としても活用され，それら域外の情報は，産業

集積内の勉強会や研究会などの水平的関係性を通じて，域内企業に波及されることにより，産業集積が高度化する可能性が示された．

　第7章では，研究会や異業種交流会などへの参加によって構築されるインフォーマルネットワークが，イノベーションや知識創造において果たす役割を検討した．その結果，特定の主体が複数の研究会に参加することによって，新奇的な知識を異なる研究会の間で伝達し，イノベーションや知識創造において重要な役割を果たしていることが明らかになった．また，そのような主体は，共同研究開発のような契約に基づくフォーマルネットワークの形成において主導的な役割を果たし，先端的な知識や市場情報を流通させる可能性が高いことが示された．通常，研究会の開催期間が長年にわたると，参加主体が同質的になり，多様な主体との接触が抑制される傾向にあるといえる．しかし，浜松地域の場合には県外からの参加主体や，複数の研究会に流動的に参加する主体によって，新奇的な知識を獲得するチャネルが確保されることにより，信頼を基にしたフォーマルネットワークが形成され，起業家精神を抑制・抑圧するような認知的ロックインが回避されうることが示唆された．

　第8章では，九州における半導体産業の高度化を振興する事例として，国際会議の開催事業と，ビジネスマッチング事業を取り上げ，半導体関連企業間の多様なネットワークの形成過程について検討した．分析の結果，国際会議が多様な国から参加者を集め，国際取引を可能とさせる商業の場として機能していること，また既存の人的ネットワークの強化に寄与していることが明らかになった．そして国際会議で構築された人的ネットワークの活用を目的として開始されたビジネスマッチング事業では，継続的な情報交換によって相互に他企業を認知するなかで信頼関係が醸成され，九州内外の企業間で新規取引関係が構築されていることが示された．そのような多様な企業間のネットワーク形成において，半導体技術に関して卓越した知識を有するコーディネーターが重要な役割を果たしていることが示された．

　第9章では，企業の複数事業所配置に基づき，都市の拠点性と都市間結合の強さの定量的な把握を試み，製造業5業種（繊維製品，化学，鉄鋼，電気機器，輸送用機器）について，上場企業の複数事業所配置に関する1985年と2009年

の2時点のデータを比較検討した．社会ネットワーク分析を用いて日本の都市間結合を分析した結果，東京，大阪，名古屋の3大都市の次数中心性が卓越し，札幌，仙台，広島，福岡といった広域中心都市の次数中心性も高い値を示すものの，次数中心性の値に広域中心都市間で格差が生じていることが明らかになった．また業種によって特定都市に卓越した支所配置がみられ，さらに同一業種内においては各企業の支所配置パターンが類似していることから，業種の違いによって都市間関係の変化に大きな違いがみられた．

　第10章では，グローバル企業の知識結合に着目し，日本企業による外資導入の実績に関する資料をもとに，社会ネットワーク分析を用いて組織間の関係構造を考察した．また共分散構造分析を用いて，知識結合に基づく企業間ネットワークの特性と，企業のパフォーマンス（経済的成果）との関連性について検討した．その結果，製造業18業種がコンポーネント数や平均次数といったネットワーク統計量の差異によって6つのグループに類型化され，ノード数が多く複雑なネットワークを，ブロックモデルを用いて縮約化することによって，知識結合において重要な役割を果たすグローバル・ハブが抽出された．また，多母集団同時分析によって，ネットワークの関係構造において優位な位置にあるノードほど，財務諸表で測られる企業のパフォーマンスに対して正の影響を与えることが示され，医薬品や電気機器，自動車等，精密機械など科学的・分析的知識を必要とする業種ほど，ネットワーク優位性の影響が強く働くことが示唆された．

IV　残された課題

　現在の産業集積をみると，経済の柔軟性が欠落しロックインに陥っている地域（Boschma, 2005）から，起業や集団的学習といった集積の経済が発生している地域（Saxenian, 1994; Keeble *et al.*, 1999 など）まで，それらが示すパフォーマンスはさまざまである．そのような中で本書では，産業集積がイノベーションを継続的に創出するためには，産業集積内の制度的厚みだけではなく，産業

集積外との広域化したネットワーク的な関係性が決定的に重要になることを理論的かつ実証的に示してきた．本書の特徴は，プロジェクト型の共同研究開発に基づくネットワークや，産業見本市や異業種交流活動，国際会議などにより構築される緩やかな繋がりを分析対象とすることにより，テンポラリーなシステムがもたらすイノベーションに着目している点にある．

　第 2 章および第 4 章でみたように，産業集積内の卓越した産業の違いによって，組織間のネットワーク構造の地理的な発現形態は大きく異なる．知識ベースの議論に沿って，実証分析の成果を捉え直すと，「統合的」特徴を有する「ものづくり型」の産業が卓越した産業集積では，ローカル内の組織との地理的近接性が重要になる一方で，「分析的」特徴を有する「サイエンス型」の産業が卓越した産業集積では，ローカル外との関係的近接性がイノベーションにとって不可欠となると考えられる．

　プロジェクト型の共同研究開発や，産業見本市，研究会や異業種交流会，国際会議などのような期間が制限されたテンポラリーなシステムは，ローカル外の組織との関係性を有することによって，パーマネントな集積の経済を生み出す．集積の経済のなかでも特に，多様性の経済がイノベーション（事業化達成）に正の影響を与える．また，産業集積内の大学や公設試験研究機関といった制度的厚みが，集積の経済を生み出す源泉となることが示唆される．

　以上のように，本書では経済地理学におけるホットトピックである「産業集積」，「ネットワーク」，「イノベーション」という 3 つの事象に関して，理論的基礎付けと実証分析によって新たな知見を提示してきた．本書の関心の多くは，組織間のネットワークを構造的観点から把握することに基づき，産業集積の成長・発展メカニズムを解明することにあった．しかしながら全ての検討課題について，本書が回答できているとは言い難い．そこで最後に，残された課題について説明する．

　第 1 に，実証研究におけるイノベーションの定義である．第 4 章および第 5 章でも触れているが，本書では分析データの制約から，共同研究開発による事業化達成でもってイノベーションを捉えるという，狭義な定義を用いている．そのような定義では，各産業の知識ベースごとのイノベーションの特徴（漸進

的イノベーションもしくはラディカルイノベーション）を分析枠組の中に含めることができない．また生産技術の標準化といった工程イノベーションも本書では分析対象に含まれていない．今後，さまざまなイノベーション形態を射程に入れた研究を行うために，分析データの精査から推定モデルの構築に至るまで，分析枠組をさらに深化させることが必要になる．

　第2に，実証分析における動学的視点の充実である．動学的外部性を用いた第5章の要因分析では，特定期間のみが分析対象となっていた．今後の研究の方向性として，複数の期間別にイノベーションの決定要因の特徴を明らかにすることが求められる．また，ネットワークの構造分析では単時点の地域間の比較検討が中心であったため，ダイナミズムの観点を導入することが決定的に重要になると考えられる．

　最後に，本書が提供しうる政策的含意である．本書では産業集積に関わる多様な主体によって構築されたネットワークの構造を可視化することにより，どのような構造が産業集積のパフォーマンスにとって有益であるのか明らかにすることができた．ただし，これは全ての地域において一般化可能な，ベストなネットワーク構造が存在することを意味しない．本書でみたように，地域が取り得るネットワーク構造は，歴史・文化・制度といったローカルな地域固有の特徴とともに，マクロ的な環境変化や，ノンローカル，ナショナル，グローバルと多様で重層的な空間的次元を占めるネットワークからも大きな影響を受ける．今後の研究では，個々の地域に適合したネットワーク構造を，上記の観点から探索していく必要があろう．

文　献

浅川和宏（2003）：『グローバル経営入門』日本経済新聞社.

浅川和宏（2006）：メタナショナル経営論からみた日本企業の課題：グローバル R&D マネジメントを中心に，『RIETI Discussion Paper Series』06-J-030：1-31.

浅川和宏（2011）：『グローバル R&D マネジメント』慶應義塾大学出版会.

浅沼萬里（1990）：日本におけるメーカーとサプライヤーとの関係：「関係特殊的技能」の概念の抽出と定式化，『経済論叢』145（1・2）：1-45.

朝野熙彦・鈴木督久・小島隆矢（2005）：『入門 共分散構造分析の実際』講談社.

阿部和俊（1975）：経済的中枢管理機能による日本主要都市の管理領域の変遷－広域中心都市の成立を含めて，『地理学評論』48：108-127.

阿部和俊（1991）：『日本の都市体系研究』地人書房.

阿部和俊（1996）：『先進国の都市体系研究』地人書房.

阿部和俊（2004）：都市の盛衰と都市システムの変容,（所収　阿部和俊・山﨑　朗著『変貌する日本のすがた－地域構造と地域政策』古今書院：53-113）.

阿部和俊（2005）：日本の主要都市間結合の推移とその模式図化の試み，『愛知教育大学研究報告　人文・社会科学編』54：137-145.

阿部和俊（2008）：日本の都市システムと地域構造,（所収　総合研究開発機構『地方再生へのシナリオー－人口減少への政策対応』NIRA 研究報告書：45-62）.

池沢裕和・日野正輝（1992）：福島県における企業の支店配置について，『地理学評論』65：529-547.

石黒正紀（1998）：地方レベルでの都市システム－九州の事例,（所収　松原　宏編著『アジアの都市システム』九州大学出版会：138-148）.

板倉勝高（1966）：『日本工業地域の形成』大明堂.

井出策夫（2002）：諏訪・岡谷の精密機械工業集積地域,（所収　井出策夫編著『産業集積の地域研究』大明堂：95-108）.

伊藤邦雄（2007）：『ゼミナール企業価値評価』日本経済新聞社.

伊東維年（2012）：半導体設計開発拠点の構築と半導体設計企業，（所収　伊東維年・柳井雅也編『産業集積の変貌と地域政策－グローカル時代の地域産業研究－』ミネルヴァ書房：95-154）．

稲垣京輔（2003）：『イタリアの起業家ネットワーク：産業集積プロセスとしてのスピンオフの連鎖』白桃書房．

祷　道守（2001）：企業財務データと共分散構造分析による収益性と企業価値の分析，『年報経営分析研究』17：62-69.

祷　道守（2002）：信用リスクの評価と共分散構造分析による企業モデル，『京都マネジメント・レビュー』1：185-206.

今井賢一（1982）：内部組織と産業組織，（所収　今井賢一・伊丹敬之・小池和男著『内部組織の経済学』東洋経済新報社：119-134）．

今井賢一・金子郁容（1988）：『ネットワーク組織論』岩波書店．

今川拓郎（2003）：集積のメカニズム：新しい空間経済モデル，『経済セミナー』580：115-121.

上淵　寿・沓澤　糸・無藤　隆（2004）：達成目標が援助要請と情報探索に及ぼす影響の発達：多母集団の同時分析を用いて，『発達心理学研究』15：324-334.

遠藤　聡（2012）：地域経済研究における制度論的アプローチの諸潮流と展開－現代日本の地域経済政策への示唆を求めて，『龍谷政策学論集』2（1）：47-64.

大熊　毅（2001）：地域経済の活性化と自立的発展－地方経済自立のための方策，（所収　財務省財務総合政策研究所『地方経済の自立と公共投資に関する研究会報告書』）．

大塚昌利（1986）：『地方都市工業の地域構造－浜松テクノポリスの形成と展望』古今書院．

岡野秀之（2008）：日本の半導体クラスター－九州を中心に－，（所収　山﨑　朗編著，九州経済調査協会・国際東アジア研究センター編『半導体クラスターのイノベーション－日中韓台の競争と連携－』中央経済社：55-84）．

岡野秀之（2011）：産業空間のネットワーク化と地域産業活性化－九州半導体産業の波及・融合・進化の事例を通じて－，（所収　塩見英治・山﨑　朗『人口減少下の制度改革と地域政策』中央大学出版部：145-160）．

岡室博之（2009）：『技術連携の経済分析－中小企業の企業間共同研究開発と産学官連携』同友館．

岡本信司（2007）：地域クラスターの形成と発展に関する課題と考察－浜松地域と神
　　戸地域における比較分析，『研究 技術 計画』22：129-145.

小田宏信（2004）：産業地域論－マーシャルから現代へ，（所収　杉浦芳夫編『空間
　　の経済地理』朝倉書店：24-52）.

小田宏信（2005）：『現代日本の機械工業集積－ME 技術革新期・グローバル化期に
　　おける空間動態－』古今書院.

落合　望（2004）：浜松信用金庫における地域振興支援，（所収　浜松信用金庫・信
　　金中央金庫総合研究所編『産業クラスターと地域活性化－地域・中小企業・金
　　融のイノベーション』同友館：227-237）.

小田宏信（2012）：古典的集積論の再考と現代的意義 － 20 世紀中葉の経済地理学的
　　成果を中心に，『地域経済学研究』23：36-50.

科学技術振興機構研究開発戦略センター編（2009）：『21 世紀の科学技術イノベーショ
　　ン－日本の進むべき道－』丸善プラネット.

梶川裕矢・森　純一郎・坂田一郎・松島克守（2009）：浜松地域における産業構造の
　　分析と浜松イノベーションマネジメントシステムの構築に向けた取り組み，『研
　　究・技術計画学会第 24 回年次学術大会講演要旨集』24：17-21.

鹿嶋　洋（1995）：諏訪地方におけるプリント配線板製造業の発展，『地域調査報告』
　　17：121-132.

加藤和暢（2000）：M. ポーター－国と地域の競争優位－，（所収　矢田俊文・松原　宏
　　編著『現代経済地理学－その潮流と地域構造論－』ミネルヴァ書房：240-259）.

金井明子・松原　宏・丹羽　清（2006）：学習地域におけるテーマ共有の重要性―東
　　大阪地域の例―，『研究 技術 計画』21：294-306.

金光　淳（2003）：『社会ネットワーク分析の基礎：社会的関係資本にむけて』勁草書房.

狩野　裕・三浦麻子（2003）：『グラフィカル多変量解析（増補版）』現代数学社.

鎌倉夏来・松原　宏（2012）：多国籍企業によるグローバルな知識結合と研究開発機
　　能の地理的集積，『経済地理学年報』58：118-137.

亀山嘉大（2006）：『集積の経済と都市の成長・衰退』大学教育出版.

岸本千佳司（2011）：九州半導体産業における中小企業連携，『ながさき経済』617：
　　1-10.

喜多　一（2009）：中小企業集積での産学連携－諏訪産業集積研究センター（SIARC）
　　の取り組み，『産学官連携ジャーナル』5（9）：36-38.

城戸宏史（2002）：クラスター化するシリコン・アイランド，（所収　山﨑　朗編『ク
　　ラスター戦略』有斐閣：179-205）．

九州地域産業活性化センター（2000）：『戦略産業へのアプローチ－九州地域におけ
　　る戦略的産業創出可能性調査報告書－』．

九州半導体イノベーション協議会（2006）：『九州シリコン・クラスター新発展戦略
　　報告書』．

熊倉広志（2007）：構造同値と直接結合に注目した音楽市場の構造分析，『商学研究
　　所報』38（4）：1-22．

桑田耕太郎・田尾雅夫（1998）：『組織論』有斐閣．

経済産業省（2005）：『平成17年度　地域新生コンソーシアム研究開発事業公募要領』

経済産業省（2008）：企業立地促進法基本計画作成状況，http://www.meti.go.jp/press/
　　20080616015 /20080616015-2.pdf

近藤章夫（2008）：東アジア半導体クラスターの知識リンケージ，（所収　山﨑　朗編著，
　　九州経済調査協会・国際東アジア研究センター編『半導体クラスターのイノベー
　　ション－日中韓台の競争と連携－』中央経済社：193-215）．

近藤章夫（2012）：立地と集積からみた研究開発とイノベーション，（所収　伊藤維
　　年・柳井雅也編『産業集積の変貌と地域政策－グローバル時代の地域産業研究－』
　　ミネルヴァ書房：67-93）．

斉藤和巳（2007）：『ウェブサイエンス入門：インターネットの構造を解き明かす』
　　NTT出版．

榊原清則・松本陽一（2011）：学会という「場」の商業化，（所収　榊原清則・辻本
　　将晴・松本陽一『イノベーションの相互浸透モデル－企業は科学といかに関係
　　するか－』白桃書房：48-58）．

坂田一郎・梶川裕矢・武田善行・柴田尚樹・橋本正洋・松島克守（2006）：地域クラ
　　スター・ネットワークの構造分析－ 'Small-World'Networks 化した関西医療及び
　　九州半導体産業ネットワーク－，『RIETI Discussion Paper Series』06-J-055：1-28．

坂田一郎・梶川裕矢・武田善行・橋本正洋・柴田尚樹・松島克守（2007）：地域クラ
　　スターのネットワーク形成のダイナミクス－ 12地域・分野のネットワーク・アー
　　キテクチュアの比較分析－，『RIETI Discussion Paper Series』07-J-023：1-41．

サクセニアン，A.（2000）：シリコンバレーと台湾新竹コネクション－技術コミュニ
　　ティと産業の高度化，（所収　青木昌彦・寺西重郎編著編『転換期の東アジアと

日本企業』東洋経済新報社：311-354）．

酒向真理（1998）：日本のサプライヤー関係における信頼の役割，（所収　藤本隆宏・西口敏宏・伊藤秀史編『リーディングス　サプライヤー・システム：新しい企業間関係を創る』有斐閣：91-118）．

佐藤正志（2015）：浜松地域における産業集積の構造変化，（所収　一般社団法人日本立地センター『広域関東圏における主要産業集積地域の構造変化と将来の発展方向に関する調査研究』：111-149）．

佐藤泰裕・田渕隆俊・山本和博（2011）：『空間経済学』有斐閣．

ジェイティービー能力開発編（2006）：『イベント & コンベンション概論』ジェイティービー能力開発．

島　裕（2003）：諏訪だからできる　諏訪だから拡がる－技術集積地域における「ものづくりブランド」の発信に向けて，『日経研月報』300：48-53．

末吉健治・松橋公治（2005）：産業支援システムの形成と企業間ネットワークの展開－山形県米沢市における産業支援システムを中心に，『福島大学地域創造』16：5275-5303．

杉山浩平・本田　治・大崎博之・今瀬　真（2006）：ネットワーク分析手法による日本企業間の取引関係ネットワークの構造分析，『社会情報学研究』11（2）：45-56．

杉山武志（2011）：集団学習におけるリテラシーの実践と地域アイデンティティの徹底化－大阪市生野・東成区異業種交流会「フォーラム・アイ」を事例に，『経済地理学年報』57：105-125．

鈴木洋太郎（2000）：P. クルーグマン－新しい空間経済学－，（所収　矢田俊文・松原　宏編著『現代経済地理学－その潮流と地域構造論－』ミネルヴァ書房：260-278）．

関　満博・辻田素子編（2001）：『飛躍する中小企業都市－「岡谷モデル」の模索』新評論．

外枦保大介（2012）：進化経済地理学の発展経路と可能性，『地理学評論』85：40-57．

園部哲史・大塚啓二郎（2004）：『産業発展のルーツと戦略－日中台の経験に学ぶ－』知泉書館．

高岡美佳（1998）：産業集積とマーケット，（所収　伊丹敬之・松島　茂・橘川武郎編『産業集積の本質－柔軟な分業・集積の条件－』有斐閣：95-129）．

高橋孝明（2003）：経済活動の地理的分布パターンと一国の厚生，（所収　山崎福寿

編『都市再生の経済分析』東洋経済新報社：281-316）.

立見淳哉（2007）：産業集積への制度論的アプローチーイノベーティブ・ミリュー論
　　と「生産の世界」論,『経済地理学年報』53：369-393.

田中史人（2004）：『地域企業論－地域産業ネットワークと地域発ベンチャーの創造』
　　同文舘出版.

玉田俊平太（2006）：特許引用文献調査による技術革新の源泉となった知識の研究,『ビ
　　ジネス＆アカウンティングレビュー』1：79-87.

辻田素子（2004）：地域経済活性化に果たす中小企業の役割－静岡県西部地域の事例,
　　『商工金融』54（4）：5-18.

寺谷亮司（2002）：『都市の形成と階層分化－新開地北海道・アフリカの都市システム』
　　古今書院.

戸田順一郎（2004）：イノベーション・システム・アプローチとイノベーションの空
　　間性,『経済学研究（九州大学）』70：45-62.

友澤和夫（1995）：工業地理学における「フレキシビリティ」研究の展開,『地理科学』
　　50：289-307.

友澤和夫（2000）：A.J. スコットー「新産業空間論」を超えて－,（所収　矢田俊文・
　　松原　宏編『現代経済地理学－その潮流と地域構造論－』ミネルヴァ書房：172-
　　193）.

豊田秀樹編著（2007）：『共分散構造分析［Amos 編］－構造方程式モデリングー』東
　　京図書.

内閣府政策統括官（2003）：産業集積のメリットと地域経済の成長に関する統計的検
　　証,『地域の経済 2003』：66-78.

中川敬基・小栁真二（2012）：九州の半導体産業の発展系譜と行方,『九州経済調査月報』
　　66（800）：2-9.

中澤高志（2013）：経済地理学における生態学的認識論と 2 つの「埋め込み」,『経済
　　地理学年報』59：468-488.

中野　勉（2007）：巨大産業集積の統合メカニズムについての考察－社会ネットワー
　　ク分析からのアプローチー,『組織科学』40（3）：55-65.

長山宗広（2004）：浜松地域の産業集積の変化－輸送用機械を中心に,（所収　浜松
　　信用金庫・信金中央金庫総合研究所編『産業クラスターと地域活性化－地域・
　　中小企業・金融のイノベーション』同友館：91-127）.

長山宗広（2010）：新しい産業集積の形成と地域振興，（所収　吉田敬一・井内尚樹
　　編著『地域振興と中小企業−持続可能な循環型地域づくり』ミネルヴァ書房：
　　119-150）.

中山義光・内田賢悦・加賀屋誠一（2001）：共分散構造分析に基づく地域情報インフ
　　ラ整備による地域振興効果の評価に関する研究,『地域学研究』32：305-314.

西口敏宏編著（2003）:『中小企業ネットワーク：レント分析と国際比較』有斐閣.

西野勝明（2009）：浜松の産業集積と環境変化への適応能力−「産業集積生態論」の
　　視点より,『経営と情報（静岡県立大学）』21（2）：39-49.

西原　純（1991）：企業の事業所網の展開からみたわが国の都市群システム,『地理
　　学評論』64：1-25.

西原　純（1994）:九州地方の卸売活動からみた都市間結合関係と都市群システム,『地
　　理学評論』67：357-382.

日本政策投資銀行（2000）:『地域レポート：技術集積型地域　内外の環境変化の影
　　響と今後の対応−長野県内の業態転換事例に学ぶ』.

野尻　亘・藤原武晴（2004）：ジャスト・イン・タイムの空間的含意−欧米の経済地
　　理学の研究から−,『経済地理学年報』50：26-45.

朴　倧玄（2001）:『東アジアの企業・都市ネットワーク：韓日間の国際的都市シス
　　テムの視点』古今書院.

長谷川　信（1992）：浜松産業の技術集積，（所収　上原信博編著『先端技術産業と
　　地域開発−地域経済の空洞化と浜松テクノポリス（新装版）』御茶の水書房：67-
　　87）.

埴淵知哉（2002）：企業の空間組織から見た日本の都市システム,『人文地理』54：
　　71-86.

埴淵知哉（2008）：GaWC による世界都市システム研究の成果と課題−組織論および
　　NGO 研究の視点から−,『地理学評論』81：571-590.

浜松市（2011）:『ものづくりはままつ魅力発見！』浜松市商工部.

林　幸雄編著（2007）:『ネットワーク科学の道具箱−つながりに隠れた現象をひも
　　とく』近代科学社.

原　真志（2005）：グローバル競争時代における日本のデジタルコンテンツ産業集積
　　の競争優位とイノベーションの方向性−SD ガンダムフォースプロジェクトを事
　　例に,『経済地理学年報』51：368-386.

半澤誠司（2016）:『コンテンツ産業とイノベーション－テレビ・アニメ・ゲーム産業の集積』勁草書房.

一橋大学イノベーション研究センター編（2001）:『イノベーション・マネジメント入門』日本経済新聞社.

日野正輝（1996）:『都市発展と支店立地－都市の拠点性』古今書院.

ふくおかフィナンシャルグループ・九州経済調査協会編（2009）:『シリコンアイランド九州の革新者たち』西日本新聞社.

藤川昇悟（1999）:現代資本主義における空間集積に関する一考察,『経済地理学年報』45：21-37.

藤田和史（2007）:「知識・学習」からみた試作開発型中小企業の発展とその地域的基盤－長野県諏訪地域を事例として,『地理学評論』80：1-19.

藤田昌久（1996）:空間経済システムの自己組織化と発展について,（所収　大山道広・西村和雄・吉川　洋編『現代経済学の潮流1996』東洋経済新報社：89-114）.

藤田昌久（2003）:空間経済学の視点から見た産業クラスター政策の意義と課題,（所収　石倉洋子・藤田昌久・前田　昇ほか編『日本の産業クラスター戦略：地域における競争優位の確立』有斐閣：211-261）.

藤田昌久・久武昌人（1999）:日本と東アジアにおける地域経済システムの変容－新しい空間経済学の視点からの分析,『通産研究レビュー』13：40-101.

藤本隆宏（2003）:『能力構築競争－日本の自動車産業はなぜ強いのか』中央公論新社.

藤本典嗣（2008）:企業の事業所配置と地域の将来展望,（所収　総合研究開発機構『地方再生へのシナリオ人口減少への政策対応』NIRA研究報告書：63-85）.

藤本典嗣・山﨑　朗（2006）:大企業の事業所立地と生活圏域の階層性（2000-2003）－上場企業の本社・支所の圏域別集積状況,『自由が丘産能短期大学紀要』39：111-131.

古川智史（2010）:クリエイターの集積におけるネットワーク構造－大阪市北区扇町周辺を事例に,『経済地理学年報』56：88-105.

細谷祐二（2008）:ジェイコブズの都市論－イノベーションは都市から生み出される,『産業立地』47（6）：33-40.

細谷祐二（2009）:産業立地政策,地域産業政策の歴史的展開－浜松にみるテクノポリスとクラスターの近接性について（その2）,『産業立地』48（2）：37-45.

松尾昌宏（2001）:『産業集積と経済発展』多賀出版.

松橋公治（2002）：米沢市における電機・電子工業をめぐる社会的環境ネットワーク
　　－業界ぐるみの地域的「学習」組織の展開，『駿台史学』115：57-96.

松橋公治（2004）：中小企業集積地域における企業外環境ネットワークの地域間比較
　　－花巻・北上両市における産業支援システムを中心に，『明治大学人文科学研究
　　所紀要』54：229-269.

松橋公治（2005）：非大都市圏の産業集積地域における中小企業のネットワーク展開
　　の意義，『経済地理学年報』51：329-347.

松原　宏（1995）：フレキシブル生産システムと工業地理学の新展開－A.J.Scott の
　　New Industrial Spaces 論を中心に－，『西南学院大学経済学論集』29：87-105.

松原　宏（1998）：企業組織と都市システム，（所収　松原　宏編著『アジアの都市
　　システム』九州大学出版会：118-127）.

松原　宏（2006）：『経済地理学：立地・地域・都市の理論』東京大学出版会.

松原　宏（2007）：知識の空間的流動と地域的イノベーションシステム，『東京大学
　　人文地理学研究』18：22-43.

松原　宏（2012）：日本におけるクラスター政策の空間構造－東北・仙台地域と九州・
　　福岡地域の比較－，『中央大学経済研究所年報』43：737-756.

間淵公彦（2004）：浜松地域の大手企業分析，（所収　浜松信用金庫・信金中央金庫
　　総合研究所編『産業クラスターと地域活性化－地域・中小企業・金融のイノベー
　　ション』同友館：63-89）.

水田秀行（2008）：企業組織ネットワークの解析－戦略的な組織構造と個人間のコミュ
　　ニケーションの役割，『情報処理』46（3）：298-303.

水野　勲（2009）：「新しい経済地理学」と地理的モデリングの問題，『地域と環境』8・
　　9：19-30.

水野真彦（2005）：イノベーションの地理学の動向と課題－知識，ネットワーク，近
　　接性－，『経済地理学年報』51：205-224.

水野真彦（2007）：経済地理学における社会ネットワーク論の意義と展開方向－知識
　　に関する議論を中心に－，『地理学評論』80：481-498.

水野真彦（2011）：『イノベーションの経済空間』京都大学出版会.

水野真彦（2014）：産業の集積と都市，（所収　藤井　正・神谷浩夫編『よくわかる
　　都市地理学』ミネルヴァ書房：62-63）.

水野真彦・立見淳哉（2007）：認知的近接性，イノベーション，産業集積の多様性，『季

刊経済研究』30（3）：1-14.

宮町良広（2008）:「グローカル化」時代におけるグローバル都市のネットワーク,『経済地理学年報』54：269-284.

村山祐司（1994）：都市群システム研究の成果と課題,『人文地理』46：396-417.

毛里和子・森川裕二編（2006）:『図説ネットワーク解析』岩波書店.

森川　洋（1998）:『日本の都市化と都市システム』大明堂.

文部科学省（2010）:『平成22年度地域イノベーションクラスタープログラムパンフレット』.

安田　雪（2001）:『実践ネットワーク分析：関係を解く理論と技法』新曜社.

安田　雪・高橋伸夫（2007）：戦略提携をどう見るか：視角としての社会ネットワーク対ダイアドー経営学輪講 Gulati（1998）ー,『赤門マネジメント・レビュー』6：485-491.

安田　雪・鳥山正博（2007）：電子メールログからの企業内コミュニケーション構造の抽出,『組織科学』40（3）：18-32.

矢野桂司（2012）:都市システムと世界都市,（所収　小林　茂・宮澤　仁編著『グローバル化時代の人文地理学』放送大学教育振興会：141-156）.

山倉健嗣（1993）:『組織間関係ー企業間ネットワークの変革に向けて』有斐閣.

山﨑　朗（2003）：地域産業政策としてのクラスター計画,（所収　石倉洋子・藤田昌久・前田　昇ほか『日本の産業クラスター戦略ー地域における競争優位の確立ー』有斐閣：175-210）.

山﨑　朗・岡野秀之（2004）：シリコンクラスターにおける産学連携,『産業学会研究年報』20：1-13.

山﨑　朗・友景　肇編（2001）:『半導体クラスターへのシナリオーシリコンアイランド九州の過去と未来ー』西日本新聞社.

山﨑　朗・藤本典嗣（2004）:「生活圏域」の特質と階層性ー「二層の広域圏」にもとづく事業所立地分析,『經濟學研究（九州大学）』71（1）：109-123.

山崎壮一（2002）:「技術の諏訪」が、ビジネス拡げる「諏訪圏工業メッセ2002」10月開催,『いっとじゅっけん』47（6）：2-4.

山崎壮一（2004）：天の時、地の利、人の和ー諏訪圏工業メッセ,『地域開発』481：2-6.

山崎壮一（2006）：広域的・横断的なものづくり拠点を創成する（特集：動き始め

た諏訪地域－自主自立と連携協調の融合へ），『産学官連携ジャーナル』2（9）：2-6.

山田仁一郎・山下　勝・若林直樹・神吉直人（2007）：高業績映画プロジェクトのソーシャル・キャピタル－優れた日本映画の「組」はどのような社会ネットワークから生まれるのか？－，『組織科学』40（3）：41-54.

山村英司（2004）：集積の経済と立地選択の変遷過程－関東圏市区レベルにおける加工組立5産業の事例研究1960～2000年－，『日本経済研究』50：105-123.

山本健兒（2000）：P. クルーグマンと A. マーシャルの産業集積論，『經濟學研究』（九州大学）67（4・5）：1-25.

山本健兒（2002）：学習する地域としての長野県諏訪・岡谷地域－機械金属工業技術の学習と革新，『経済志林』69（4）：271-302.

山本健兒（2005）：『産業集積の経済地理学』法政大学出版局.

山本健兒・松橋公治（1999）：中小企業集積地域におけるネットワーク形成－諏訪・岡谷地域の事例，『経済志林』66（3・4）：85-182.

山本健兒・松橋公治（2000）：中小企業集積地域におけるイノベーションと学習－長野県岡谷市 NIOM メンバーの事例，『経済志林』68（1）：269-322.

湯川　抗（2004）：企業間ネットワークからみたネット企業のクラスターと企業戦略－ネット企業における協調と競争の関係構造－，『FRI 研究レポート』214：1-35.

輿倉　豊（2008）：経済地理学および関連諸分野におけるネットワークをめぐる議論，『経済地理学年報』54：40-62.

輿倉　豊（2009a）：イノベーションの空間性と産業集積の継続期間，『地理科学』64：78-95.

輿倉　豊（2009b）：産学公の研究開発ネットワークとイノベーション－地域新生コンソーシアム研究開発事業を事例として－，『地理学評論』82：521-547.

輿倉　豊（2012）：共同研究開発の関係構造と空間的パターン－地域結集型共同研究事業を事例として，『東京大学人文地理学研究』20：39-56.

輿倉　豊（2013a）：空間経済学，（所収　松原　宏編著『現代の立地論』古今書院：83-94）.

輿倉　豊（2013b）：地域イノベーションのネットワーク分析，（所収　松原　宏編著『日本のクラスター政策と地域イノベーション』東京大学出版会：81-124）.

吉田孟史（2004）:『組織の変化と組織間関係－結びつきが組織を変える－』白桃書房.

若林直樹（2006）:『日本企業のネットワークと信頼－企業間関係の新しい経済社会学的分析』有斐閣.

若林直樹（2009）:『ネットワーク組織－社会ネットワーク論からの新たな組織像－』有斐閣.

渡辺幸男（1997）:『日本機械工業の社会的分業構造－階層構造・産業集積からの下請制把握』有斐閣.

Alderman, N. (2005): "Mobility versus embeddedness: The role of proximity in major capital projects", In Lagendijk, A. and Oinas, P. eds. *Proximity, Distance and Diversity, Issues on Economic Interaction and Local Development*, Ashgate: Aldershot: 255-276.

Alderson, A.S. and Beckfield, J. (2004): "Power and position in the world city system", *American Journal of Sociology*, 109: 811-851.

Aldrich, H.E. (1999): *Organizations Evolving*, London: Sage. オルドリッチ，H.E. 著，若林直樹・高瀬武典・岸田民樹ほか訳（2007）:『組織進化論－企業のライフサイクルを探る』東洋経済新報社.

Aldrich, H.E. and Whetten, D. (1981): "Organization sets, action sets, and networks: Making the most of simplicity", In Nystrom, P.C. and Starbuck, W. eds. *Handbook of Organizational Design (V.1)*, Oxford: Oxford University Press: 385-408.

Archibugi, D., Howells, J. and Michie, J. (1999): "Innovation systems in a global economy", *Technology Analysis and Strategic Management*, 11: 527-539.

Amin, A. (1999): "An institutionalist perspective on regional economic development", *International Journal of Urban and Regional Research*, 23: 365-378.

Amin, A. and Cohendet, P. (2004): *Architectures of Knowledge: Firms, Capabilities, and Communities*, Oxford: Oxford University Press.

Amin, A. and Thrift, N. (1992): "Neo-Marshallian nodes in global networks", *International Journal of Urban and Regional Research*, 16: 571-587.

Amin, A. and Thrift, N. (1995): "Institutional issues for the European regions: From markets and plans to socioeconomics and powers of association", *Economy and Society*, 24: 41-66.

Amin, A. and Thrift, N. (2000): "What kind of economic theory for what kind of economic geography?", *Antipode*, 32: 4-9.

Antoine,S., Sillig, C., Ghiara, H. and Ginet, P. (2014): "How logistics link Italian cities: A city network analysis supported by LinkedIn data", *GaWC Research Bulletin* 438, http://www.lboro.ac.uk/gawc/rb/rb438.html: .

Archibugi, D., Howells, J. and Michie, J. (1999): "Innovation systems in a global economy", *Technology Analysis and Strategic Management*, 11: 527-539.

Arrow, K. J. (1962): "The economic implications of learning by doing", *Review of Economic Studies*, 29: 155-173.

Asheim, B. (2002): "Temporary organisations and spatial embeddedness of learning and knowledge creation", *Geografiska Annaler: Series B, Human Geography*, 84: 111-124.

Asheim, B.T. and Coenen, L. (2005): "Knowledge bases and regional innovation systems: Comparing Nordic clusters", *Research Policy*, 34: 1173-1190.

Asheim, B.T. and Coenen, L. (2006): "Contextualising regional innovation systems in a globalising learning economy: On knowledge bases and institutional frameworks", *Journal of Technology Transfer*, 31: 163-173.

Asheim, B.T. and Gertler, M.S. (2005): "The geography of innovation: Regional innovation systems", In Fagerberg, J., Mowery, D.C. and Nelson, R.R. eds. *The Oxford Handbook of Innovation*, Oxford: Oxford University press: 291-317.

Asheim, B.T. and Herstad, S.J. (2005): "Regional innovation systems, varieties of capitalism and non-local relations: Challenges from the globalising economy", In Boschma, R.A. and Kloosterman, R.C. eds. *Learning from Clusters: A Critical Assessment from an Economic-Geographical Perspective*, Springer: Dordrecht: 169-201.

Asheim, B., Coenen, L. and Vang, J. (2007): "Face-to-face, buzz, and knowledge bases: Sociospatial implications for learning, innovation, and innovation policy", *Environment and Planning C: Government and Policy*, 25: 655-670.

Baldwin, R., Forslid, R., Martin, P. Ottaviano, G. and Robert-Nicoud, F. (2003): *Economic Geography and Public Policy*, Woodstock: Princeton University Press.

Bańczyk, M. (2010): "From connectivity to metropolis power: Measuring national city networks with METROX methodology - The case of Poland", *GaWC Research Bulletin* 341, http://www.lboro.ac.uk/gawc/rb/rb341.html: .

Barabási, A.L. (2002): *Linked: The New Science of Networks*, Cambridge: Perseus Publishing. バラバシ, A.L.. 著, 青木　薫訳（2002）:『新ネットワーク思考〜世界のしくみ

を読み解く〜』NHK出版.

Barnes, T.J. (2004): "The rise (and decline) of American regional science: Lessons for the new economic geography?", *Journal of Economic Geography*, 4: 107-129.

Bathelt, H. (2005): "Cluster relations in the media industry: Exploring the 'distanced neighbour' paradox in Leipzig", *Regional Studies*, 39: 105-127.

Bathelt, H. (2006): "Geographies of production: Growth regimes in spatial perspective 3- Toward a relational view of economic action and policy", *Progress in Human Geography*, 30: 223-236.

Bathelt, H. (2008): "Knowledge-based clusters: Regional multiplier models and the role of 'buzz' and 'pipelines'", In Karlsson, C. ed. *Handbook of Research on Cluster Theory*, Cheltenham: Edward Elgar: 78-92.

Bathelt, H. and Glückler, J. (2003): "Toward a relational economic geography", *Journal of Economic Geography*, 3: 117-144.

Bathelt, H. and Schuldt, N. (2008a): "Between luminaires and meat grinders: International trade fairs as temporary clusters", *Regional Studies*, 42: 853-868.

Bathelt, H. and Schuldt, N. (2008b): "Temporary face-to-face contact and the ecologies of global and virtual buzz", *SPACES Online*, 6(2008-04): 1-23.

Bathelt, H. and Schuldt, N. (2010): "International trade fairs and global buzz, part I: Ecology of global buzz", *European Planning Studies*, 18: 1957-1974.

Bathelt, H., Malmberg, A. and Maskell, P. (2004): "Clusters and knowledge: Local buzz, global pipelines and the process of knowledge creation", *Progress in Human Geography*, 28: 31-56.

Batty, M. (2001): "Editorial: Cities as small worlds", *Environment and Planning B: Planning and Design*, 28: 637-638.

Benneworth, P. and Hospers, G.-J. (2007): "The new economic geography of old industrial regions: Universities as global-local pipelines", *Environment and Planning C: Government and Policy*, 25: 779-802.

Berry, B. J. L. (1999): "Déjà vu, Mr. Krugman", *Urban Geography*, 20: 1-2.

Boggs, J.S. and Rantisi, N.M. (2003): "The 'relational turn' in economic geography", *Journal of Economic Geography*, 3: 109-116.

Borgatti, S., Everett, M. and Freeman, L. (2002): *UCINET for Windows: Software for Social*

Network Analysis, Harvard: Analytic Technologies.

Boschma, R. (2005): "Proximity and innovation: A critical assessment", *Regional Studies*, 39: 61-74.

Boschma, R. and Frenken, K. (2006): "Why is economic geography not an evolutionary science? Towards an evolutionary economic geography", *Journal of Economic Geography*, 6: 273-302.

Boschma, R. and Frenken, K. (2011): "Technological relatedness, related variety and economic geography", In Cooke, P., Asheim, B., Boschma, R., Martin, R., Schwartz, D. and Tödtling, F. eds. *Handbook of Regional Innovation and Growth*, Cheltenham: Edward Elgar: 187-197.

Boschma, R., Lambooy, J. and Schutjens, V. (2002): "Embeddedness and innovation", In Taylor, M. and Leonard, S. *Embedded Enterprise and Social Capital: International perspectives*, Aldershot: Ashgate: 19-35.

Bourne, L.S. (1975): *Urban Systems: Strategies for Regulation: A Comparison of Policies in Britain, Sweden, Australia, and Canada*, Oxford: Oxford University Press .

Brakman, S. and Garretsen, H. (2003): "Rethinking the 'new' geographical economics", *Regional Studies*, 37: 637-648.

Brakman, S., Garretsen, H. and van Marrewijk, C. (2001): *An Introduction to Geographical Economics*, Cambridge: Cambridge University Press.

Brakman, S., Garretsen, H., van Marrewijk, C. and Schramm, M. (2004): "Empirical research in geographical economics", In Brakman, S. and Heijdra, B. J. eds. *The Monopolistic Competition Revolution in Retrospect*, Cambridge: Cambridge University press: 261-284.

Breschi, S. and Lissoni, F. (2001): "Knowledge spillovers and local innovation systems: A critical survey", *Industrial and Corporate Change*, 10: 975-1005.

Brown, J.S. and Duguid, P. (2001): "Knowledge and organization: A social-practice perspective", *Organization Science*, 12: 198-213.

Bunnell, T.G. and Coe, N.M. (2001): "Spaces and scales of innovation", *Progress in Human Geography*, 25: 569-589.

Burt, R.S. (1992): *Structural Holes: The Social Structure of Competition*, Cambridge: Harvard University Press. バート, R.S. 著, 安田　雪訳 (2006)：『競争の社会的構造－構造的空隙の理論』新曜社.

Camagni, R.ed. (1991): *Innovation Networks: Spatial Perspectives*, London: Belhaven Press.

Camagni, R. (1993): "From city hierarchy to city networks: Reflections about an emerging paradigm", In Lakshmanan, T.R. and Nijkamp, P. eds. *Structure and Change in the Space Economy*, Berlin: Springer Verlag: 66-87.

Camagni, R. and Salone, C. (1993): "Network urban structures in northern Italy: Elements for theoretical framework", *Urban Studies*, 30: 1053-1064.

Cantner, U. and Graf, H. (2006): "The network of innovators in Jena: An application of social network analysis", *Research Policy*, 35: 463-480.

Cantner, U. and Graf, H. (2010): "Growth, development and structural change of innovator networks: The case of Jena", In Boschma, R. and Martin, R. eds. *The Handbook of Evolutionary Economic Geography*, Cheltenham: Edward Elgar: 370-387.

Capello, R. (2000): "The city network paradigm: Measuring urban network externalities", *Urban Studies*, 37: 1925-1945.

Capello, R. and Rietveld, P. (1998): "The concept of network synergies in economic theory: Policy implications", In Button, K., Nijkamp, P. and Priemus, H. eds. *Transport Networks in Europe*, Cheltenham: Edward Elgar: 57-83.

Capineri, C. and Kamann, D.J.F. (1998): "Synergy in networks: Concepts", In Button, K., Nijkamp, P. and Priemus, H. eds. *Transport Networks in Europe*, Cheltenham: Edward Elgar: 35-55.

Carrington, P.J., Scott, J. and Wasserman, S. (2005): *Models and Methods in Social Network Analysis*, Cambridge: Cambridge University Press.

Chen, L.C. (2009): "Learning through informal local and global linkages: The case of Taiwan's machine tool industry", *Research Policy*, 38: 527-535.

Christaller, W. (1933): *Die zentralen Orte in Süddeutschland*, Jena: Gustav Fischer. クリスタラー, W. 著, 江沢譲爾訳 (1969):『都市の立地と発展』大明堂.

Clark, G.L. (1998): "Stylized facts and close dialogue: Methodology in economic geography", *Annals of the Association of American Geographers*, 88: 73-87.

Clark, G.L. and Wójcik, D. (2005): "Path dependence and financial markets: The economic geography of the German model, 1997-2003", *Environment and Planning A*, 37: 1769-1791.

Clark, G. L., Feldman, M. P. and Gertler, M. S. (2000): *The Oxford Handbook of Economic*

Geography, Oxford: Oxford University press.

Coase, H.R. (1937): "The nature of the firm", *Economica*, 4: 386-405.（所収　コース, H.R., 宮沢健一・後藤　晃・藤垣芳文訳（1992）：企業の本質,『企業・市場・法』東洋経済新報社：39-64）.

Coenen, L. (2007): "The role of universities in the regional innovation systems of the North East of England and Scania, Sweden: Providing missing links?", *Environment and Planning C: Government and Policy*, 25: 803-821.

Cohen, W.M. and Levinthal, D.A. (1990): "Absorptive capacity: A new perspective on learning and innovation", *Administrative Science Quarterly*, 35: 128-152.

Combes, P.P. (2000): "Economic structure and local growth: France, 1984-1993", *Journal of Urban Economics*, 47: 329-355.

Cooke, P. (1992): "Regional innovation systems: Competitive regulation in the new Europe", *Geoforum*, 23: 365-382.

Cooke, P. (2009): "The economic geography of knowledge flow hierarchies among internationally networked medical bioclusters: A scientometric analysis", *Tijdschrift voor Economische en Sociale Geografie*, 100: 332-347.

Cooke, P., Heidenreich, M. and Braczyk, H-J. eds. (2004): *Regional Innovation Systems: The Role of Governances in a Globalized World*, second edition, London: UCL Press（first edition, 1998）.

Cooke, P., Laurentis, C.D., Tödtling, F. and Trippl, M. (2007): *Regional Knowledge Economies: Markets, Clusters and Innovation*, Cheltenham: Edward Elgar.

Davis, D.R. and Weinstein, D.E. (1996): "Does economic geography matter for international specialization?", *NBER Working Paper*, 5706.

Davis, D. R. and Weinstein, D. E. (1999): "Economic geography and regional production structure: An empirical investigation", *European Economic Review*, 43: 379-407.

De Lucio, J.J., Herce, J.A. and Goicolea, A. (2002): "The effects of externalities on productivity growth in Spanish industry", *Regional Science and Urban Economics*, 32: 241-258.

De Montis, A., Barthélemy, M., Chessa, A. and Vespignani, A. (2007): "The structure of interurban traffic: A weighted network analysis", *Environment and Planning B: Planning and Design*, 34: 905-924.

Derudder, B., Taylor, P.J., Hoyler M., Ni, P., Liu, X., Zhao, M., Shen, W. and Witlox, F. (2013): "Measurement and interpretation of connectivity of Chinese cities in world city network", *Chinese Geographical Science*, 23(3): 261-273.

Desmet, K. and Fafchamps, M. (2005): "Changes in the spatial concentration of employment across US counties: A sectoral analysis 1972-2000", *Journal of Economic Geography*, 5: 261-284.

Dicken, P., Kelly, P.F., Olds, K. and Yeung, H.W.C. (2001): "Chains and networks, territories and scales: Towards a relational framework for analysing the global economy", *Global Networks*, 1: 89-112.

Dixit, A. K. and Stiglitz, J. E. (1977): "Monopolistic competition and optimum product diversity", *American Economic Review*, 67: 297-308.

Dluhosch, B. (2000): *Industrial Location and Economic Integration*, Cheltenham: Edward Elgar.

Dobson, A.J. (2002): *An Introduction to Generalized Linear Models*, 2nd ed., London: Chapman & Hall/CRC. ドブソン，A.J. 著，田中　豊・森川敏彦・山中竹春・冨田誠訳（2008）:『一般化線形モデル入門』共立出版.

Dore, R. (1983): "Goodwill and the spirit of market capitalism", *The British Journal of Sociology*, 34: 459-482.

Doz, Y., Santos, J. and Williamson, P. (2001): *From Global to Metanational : How Companies Win in the Knowledge Economy* , Boston: Harvard Business School Press.

Drennan, M.P. (2004): "Book review: World City Network: A Global Urban Analysis", *Journal of Planning Education and Research*, 24: 226-227.

Duranton, G. and Rodríguez-Pose, A. (2005): "Guest editorial: When economists and geographers collide, or the tale of the three lions and the butterflies", *Environment and Planning* A, 37: 1695-1705.

Dymski, G.A. (1996): "On Krugman's model of economic geography", *Geoforum*, 27: 439-452.

Eccles, R.G. (1981): "The quasifirm in the construction industry", *Journal of Economic Behavior and Organization*, 2: 335-357.

Edquist, C. (2005): "Systems of innovation: Perspectives and challenges", In Fagerberg, J., Mowery, D.C. and Nelson, R.R. eds. *The Oxford Handbook of Innovation*, Oxford:

Oxford University press: 181-208.

Ellison, G. and Glaeser, E. L. (1997): "Geographic concentration in U.S. manufacturing industries: A dartboard approach", *Journal of Political Economy*, 105: 889-927.

Etzkowitz (2008): *The Triple Helix: University-Industry-Government Innovation in Action*, London: Routledge. エツコウィッツ, E. 著, 三藤利雄・堀内義秀・内田純一訳 (2009):『トリプルヘリックス—大学・産業界・政府のイノベーション・システム』芙蓉書房出版.

Etzkowitz, H. and Leydesdorff, L. (2000): "The dynamics of innovation: From National Systems and "Mode 2" to a Triple Helix of university-industry-government relations", *Research Policy*, 29: 109-123.

Faulkner, R.R. and Anderson, A.B. (1987): "Short-term projects and emergent careers: Evidence from Hollywood", *The American Journal of Sociology*, 92: 879-909.

Feldman, M. P. and Audretsch, D. B. (1999): "Innovation in cities: Science-based diversity, specialization and localized competition", *European Economic Review*, 43: 409-429.

Florida, R. (1995): "Toward the learning region", *Futures*, 27: 527-536.

Freeman, C. (2002): "Continental, national and sub-national innovation systems: Complementarity and economic growth", *Research Policy*, 31: 191-211.

Frenken, K., Hardeman, S. and Hoekman, J. (2009): "Spatial scientometrics: Towards a cumulative research program", *Journal of Informetrics*, 3: 222-232.

Frenken, K., Van Oort, F. and Verburg, T. (2007): "Related variety, unrelated variety and regional economic growth", *Regional Studies*, 41: 685-697.

Friedmann, J. (1986): "The world city hypothesis", *Development and Change*, 17(1): 69-83. フリードマン, J. 著, 廣松　悟訳 (1997):世界都市仮説, (所収　ノックス, P.L.・テイラー, P.J. 編, 藤田直晴訳編『世界都市の論理』鹿島出版会 : 191-201).

Fromhold-Eisebith, M. (2006): "Effectively linking international, national, and regional innovation systems: Insights from India and Indonesia", In Lundvall, B., Intarakumnerd, P., Vang, J. eds. *Asia's Innovation Systems in Transition*, Cheltenham: Edward Elgar: 75-99.

Fromhold-Eisebith, M. (2007): "Bridging scales in innovation policies: How to link regional, national and international innovation systems", *European Planning Studies*, 15: 217-233.

Fujita, M. and Krugman, P. (2004): "The new economic geography: Past, present and the future", *Papers in Regional Science*, 83: 139-164.

Fujita, M. and Thisse, J.-F. (2002): *Economics of Agglomeration: Cities, Industrial Location, and Regional Growth*, Cambridge: Cambridge University Press.

Fujita, M., Krugman, P. and Mori, T. (1999): "On the evolution of hierarchical urban systems", *European Economic Review*, 43: 209-251.

Fujita, M., Krugman, P. and Venables, A. (1999): *The Spatial Economy: Cities, Regions and International Trade*, Cambridge, Mass.: The MIT Press. 藤田昌久・クルーグマン，P.・ベナブルズ，A.J. 著，小出博之訳（2000）:『空間経済学　都市・地域・国際貿易の新しい分析』東洋経済新報社.

Gertler, M.S. (2004): *The Institutional Geography of Industry Practice*, Oxford: Oxford University press.

Gertler, M.S. (2008): "Buzz without being there: Communities of practice in context", In Amin, A. and Roberts, J. *Community, Economic Creativity, and Organization*, Oxford: Oxford University Press: 203-226.

Gertler, M.S. and Wolfe, D.A. (2006): "Spaces of knowledge flows: Clusters in a global context", In Asheim, B., Cooke, P. and Martin, R. eds. *Clusters and Regional Development: Critical reflections and explorations*, London and New York: Routledge: 218-235.

Giuliani, E. and Bell, M. (2005): "The micro-determinants of meso-level learning and innovation: Evidence from a Chilean wine cluster", *Research Policy*, 34: 47-68.

Glaeser, E.L., Kallal, H.D., Scheinkman, J.A. and Shleifer, A. (1992): "Growth in cities", *Journal of Political Economy*, 100: 1126-1152.

Gordon, I.R. (2002): "Global cities, internationalisation and urban systems", In McCann, P. ed. *Industrial Location Economics*, Cheltenham: Edward Elgar: 187-206. ゴードン，I.R.（2007）:グローバル・シティ，国際化，都市システム，（所収　マッカン，P. 編著，上遠野武司編訳『企業立地行動の経済学：都市・産業クラスターと現代企業行動への視角』学文社：147-174）.

Gordon, I.R. and McCann, P. (2000): "Industrial clusters: Complexes, agglomeration and/or social networks?", *Urban Studies*, 37: 513-532.

Gorman, S.P. and Kulkarni, R. (2004): "Spatial small worlds: New geographic patterns for an information economy", *Environment and Planning B: Planning and Design*, 31: 273-296.

Grabher, G. (1993): "The weakness of strong ties: The lock-in of regional development in the Ruhr area", In Grabher, G. ed. *The embedded firm: On the socioeconomics of industrial networks*, London and New York: Routledge: 255-277.

Grabher, G. (2001a): "Commentaries", *Environment and Planning A*, 33: 1329-1334.

Grabher, G. (2001b): "Ecologies of creativity: The Village, the Group, and the heterarchic organisation of the British advertising industry", *Environment and Planning A*, 33: 351-374.

Grabher, G. (2002a): "The project ecology of advertising: Tasks, talents, and teams", *Regional Studies*, 36: 245-262.

Grabher, G. (2002b): "Cool projects, boring institutions: Temporary collaboration in social context", *Regional Studies*, 36: 205-214.

Grabher, G. (2004): "Temporary architectures of learning: Knowledge governance in project ecologies", *Organization Studies*, 25: 1491-1514.

Grabher, G. and Powell, W.W. (2004): "Introduction", In Grabher, G. and Powell, W.W. eds. *Networks* I, Cheltenham: Edward Elgar: xii-xxxi.

Graf, H. (2006): *Networks in the Innovation Process: Local and Regional Interactions*, Cheltenham: Edward Elgar.

Granovetter, M.S. (1973): "The strength of weak ties", American Journal of Sociology, 78: 1360-1380. グラノヴェッター, M.S. 著, 大岡栄美訳 (2006)：弱い紐帯の強さ,（所収　野沢慎司編監訳『リーディングス・ネットワーク論：家族・コミュニティ・社会関係資本』勁草書房：123-158）.

Granovetter, M.S. (1985): "Economic action and social structure: The problem of embeddedness", *American Journal of Sociology*, 91: 481-510. グラノヴェター, M. 著, 渡辺　深訳 (1998)：経済行為と社会構造,『転職：ネットワークとキャリアの研究』ミネルヴァ書房：239-280.

Greunz, L. (2004): "Industrial structure and innovation-evidence from European regions", *Journal of Evolutionary Economics*, 14: 563-592.

Guimerà, R. and Amaral, L.A.N. (2005): "Functional cartography of complex metabolic networks", *Nature*, 433: 895-900.

Guimerà, R., Mossa, S., Turtschi, A. and Amaral, L.A.N. (2005): "The worldwide air transportation network: Anomalous centrality, community structure, and cities' global roles", *Proceedings of the National Academy of Sciences*, 102: 7794-7799.

Gulati, R. (1998): "Alliances and networks", *Strategic Management Journal*, 19: 293-317.

Hansen, K. (2004): "Measuring performance at trade shows scale development and validation", *Journal of Business Research*, 57: 1-13.

Hassink, R. (2005): "How to unlock regional economies from path dependency? From learning region to learning cluster", *European Planning Studies*, 13: 521-535.

Helpman, E. and Krugman, P. (1985): *Market Structure and Foreign Trade*, Cambridge: MIT Press.

Henderson, J.V. (1997): "Externalities and industrial development", *Journal of Urban Economics*, 42: 449-470.

Henderson, J.V. (2004): "The monopolistic competition model in urban economic geography", In Brakman, S. and Heijdra, B. J. eds. *The Monopolistic Competition Revolution in Retrospect*, Cambridge: Cambridge University press: 285-303.

Henderson, J.V., Kuncoro, A. and Turner, M. (1995): "Industrial development in cities", *Journal of Political Economy*, 103: 1067-1090.

Hennemann, S. and Derudder, B. (2014): "An alternative approach to the calculation and analysis of connectivity in the world city network", *Environment and Planning B: Planning and Design*, 41: 392-412.

Hess, M. and Yeung, H.W.C. (2006): "Guest editorial: Whither global production networks in economic geography? Past, present, and future", *Environment and Planning A*, 38: 1193-1204.

Hoare, T. (1992): "Review of geography and trade", *Regional Studies*, 26: 679.

Hoover, E.M. (1937): *Location Theory and the Shoe and Leather Industries*, Cambridge: Harvard Univ. Press. フーヴァー, E.M. 著, 西岡久雄訳 (1968):『経済立地論』大明堂.

Isard, W. (1956): *Location and space-economy*, Cambridge: MIT Press. アイザード, W. 著, 木内信蔵監訳 (1964):『立地と空間経済』朝倉書店.

Isserman, A. M. (1996): ""It's obvious, it's wrong, and anyway they said it years ago"? Paul Krugman on large cities", *International Regional Science Review*, 19: 37-48.

Jacobs, J. (1969): *The Economy of Cities*, New York: Random House. ジェコブス, J. 著, 中江利忠, 加賀谷洋一訳 (1971):『都市の原理』鹿島研究所出版会.

Johnston, R. J. (1992): "Review of Paul Krugman, Geography and Trade", *Environment and*

Planning A, 24: 1066.

Kanter, R.M. and Myers, P.S. (1991): "Interorganizational bonds and intra organizational behavior: How alliances and partnerships change the organizations forming them", In Etzioni, A. and Lawrence, P.R. eds. *Socio-Economics: Toward a New Synthesis*, Armonk: M.E. Sharpe: 329-344.

Keeble, D., Lawson, C., Moore, B. and Wilkinson, F. (1999): "Collective learning processes, Networking and 'institutional thickness' in the Cambridge region", *Regional Studies*, 33: 319-332.

Keeble, D., Lawson, C., Lawton Smith, H., Moore, B. and Wilkinson, F. (1998): "Internationalisation processes, networking and local embeddedness in technology-intensive small firms", *Small Business Economics*, 11: 327-342.

Kogut, B. (1989): "The stability of joint ventures: Reciprocity and competitive rivalry", The *Journal of Industrial Economics*, 38: 183-198.

Kogut, B. and Zander, U. (1993): "Knowledge of the firm and the evolutionary theory of the multinational corporation", *Journal of International Business Studies*, 24: 625-646.

Krugman, P. (1979): "Increasing returns, monopolistic competition, and international trade", *Journal of International Economics*, 9: 469-479.

Krugman, P. (1980): "Scale economies, product differentiation, and the pattern of trade", *American Economic Review*, 70: 950-959.

Krugman, P. (1991a): "Increasing returns and economic geography", *The Journal of Political Economy*, 99: 483-499.

Krugman, P. (1991b): *Geography and Trade*, Leuven: Leuven University Press. クルーグマン，P. 著，北村行伸・高橋　亘・妹尾美起訳（1994）:『脱「国境」の経済学』東洋経済新報社.

Krugman, P. (1998): "What's new about the new economic geography?", *Oxford Review of Economic Policy*, 14(2): 7-17.

Krugman, P. (2000): "Where in the world is the 'new economic geography'?", In Clark, G. L., Feldman, M. P. and Gertler, M. S. eds. *The Oxford Handbook of Economic Geography*, Oxford: Oxford University press: 49-60.

Langlois, R. and Robertson, P. (1995): *Firms, Markets and Economic Change: A Dynamic Theory of Business Institutions*, London: Routledge. ラングロワ，L.・ロバートソン，

P. 著，谷口和弘訳（2004）:『企業制度の理論－ケイパビリティ・取引費用・組織境界』NTT 出版.

Lash, S. and Urry, J. (1994): *Economies of Signs and Space*, London: Sage.

Laursen, K. and Salter, A. (2004): "Searching high and low: What types of firms use universities as a source of innovation?", *Research Policy*, 33: 1201-1215.

Linge, G.J.R. (1991): "Just-in-time: More or less flexible", *Economic geography*, 67: 316-332.

Liu, X. and Derudder, B. (2013): "Analyzing urban networks through the lens of corporate networks: A critical review", *Cities*, 31: 430-437.

Lorentzen, A. (2007): "The geography of knowledge sourcing: A case study of Polish manufacturing enterprises", *European Planning Studies*, 15: 467-486.

Lundvall, B.-Å. ed. (1992): *National Systems of Innovation: Towards a Theory of Innovation and Interactive Learning*, London: Pinter Publishers.

Maggioni, M.A. and Uberti, T.E. (2009): "Knowledge networks across Europe: Which distance matters?", *The Annals of Regional Science*, 43: 691-720.

Maggioni, M.A., Nosvelli, M. and Uberti, T.E. (2007): "Space versus networks in the geography of innovation: A European analysis", *Papers in Regional Science*, 86: 471-493.

Malerba, F. (2002): "Sectoral systems of innovation and production," *Research Policy*, 31: 247-264.

Malmberg, A. (1996): "Industrial geography: Agglomeration and local mileu", *Progress in Human Geography*, 20: 392-403.

Malmberg, A. (2003): "Beyond the cluster: Local milieus and global connections", In Peck, J. and Yeung, H. W. C. eds. *Remaking the Global Economy: Economic-Geographical Perspectives*, London: Sage: 145-159.

Malmberg, A. and Maskell, P. (2002): "The elusive concept of localization economies: Towards a knowledge-based theory of spatial clustering", *Environment and Planning A*, 34: 429-449.

Marchionni, C. (2004): "Geographical economics versus economic geography: Towards a clarification of the dispute", *Environment and Planning A*, 36: 1737-1753.

Markusen, A. (1996): "Sticky places in slippery spaces: A typology of industrial districts", *Economic geography*, 72: 293-313.

Markusen, A. (2003): "Fuzzy concepts, scanty evidence, policy distance: The case for rigour and policy relevance in critical regional studies", *Regional Studies*, 37: 701-717.

Marshall, A. (1890): *Principles of Economics*, London: Macmillan. マーシャル, A. 著, 馬場啓之助訳 (2000):『経済学原理』東洋経済新報社.

Martin, R. (1999): "The new 'geographical turn' in economics: Some critical reflections", *Cambridge Journal of Economics*, 23: 65-91.

Martin, R. and Sunley, P. (1996): "Paul Krugman's geographical economics and its implications for regional development theory: A critical assessment", *Economic geography*, 72: 259-292.

Martin, R. and Sunley, P. (2001): "Rethinking the "economic" in economic geography: Broadening our vision or losing our focus?", *Antipode*, 33: 148-161.

Maskell, P. (2001): "Towards a knowledge-based theory of the geographical cluster", *Industrial and Corporate Change*, 10: 921-943.

Maskell, P. and Malmberg, A. (1999a): "Localised learning and industrial competitiveness", *Cambridge Journal of Economics*, 23: 167-185.

Maskell, P. and Malmberg, A. (1999b): "The competitiveness of firms and regions: 'Ubiquitification' and the importance of localized learning", *European Urban and Regional Studies*, 6: 9-25.

Maskell, P., Bathelt, H. and Malmberg, A. (2004): "Temporary clusters and knowledge creation: The effects of international trade fairs, conventions and other professional gatherings", *SPACES Online*, (2004-04): 1-34.

Maskell, P., Bathelt, H. and Malmberg, A. (2006): "Building global knowledge pipelines: The role of temporary clusters", *European Planning Studies*, 14: 997-1013.

Massey, D. (1984): *Spatial Divisions of Labour*, London: Methuen. マッシィ, D. 著, 富樫幸一・松橋公治訳 (2000):『空間的分業：イギリス経済社会のリストラクチャリング』古今書院.

McCann, P. (2005): "Transport costs and new economic geography", *Journal of Economic Geography*, 5: 305-318.

Meijers, E. (2005): "Polycentric urban regions and the quest for synergy: Is a network of cities more than the sum of the parts?", *Urban Studies*, 42: 765-781.

Meijers, E. (2007): "From central place to network model: Theory and evidence of a paradigm change", *Tijdschrift voor Economische en Sociale Geografie*, 98: 245-259.

Meyerson, D., Weick, K.E. and Kramer, R.M. (1996): "Swift trust and temporary groups", In Kramer, R.M. and Tyler, T.R. eds. *Trust in Organizations: Frontiers of Theory and Research*, Thousand Oaks: Sage Publications: 166-195.

Mitchell, K. and Olds, K. (2000): "Chinese business networks and the globalization of property markets in the Pacific Rim", In Yeung, H.W.C. and Olds, K. eds. *Globalization of Chinese business firms*, New York: St. Martin's Press: 195-219.

Moodysson, J., Coenen, L. and Asheim, B. (2008): "Explaining spatial patterns of innovation: Analytical and synthetic modes of knowledge creation in the Medicon Valley life-science cluster", *Environment and Planning A*, 40: 1040-1056.

Mowery, D.C. and Sampat, B.N. (2005): "Universities in national innovation systems", In Fagerberg, J., Mowery, D.C. and Nelson, R.R. eds. *The Oxford Handbook of Innovation*, Oxford: Oxford University press: 209-239.

Murdoch, J. (1995): "Actor-networks and the evolution of economic forms: Combining description and explanation in theories of regulation, flexible specialization, and networks", *Environment and Planning A*, 27: 731-757.

Murphy, J.T. (2006): "Building trust in economic space", *Progress in Human Geography*, 30: 427-450.

Musil, R. (2009): "Global capital control and city hierarchies: An attempt to reposition Vienna in a world city network", *Cities*, 26: 255-265.

Narula, R. and Zanfei, A. (2005): "Globalization of innovation: The role of multinational enterprises", In Fagerberg, J., Mowery, D.C. and Nelson, R.R. eds. *The Oxford Handbook of Innovation*, Oxford: Oxford University press: 318-345.

Neal, Z. (2012): "Structural determinism in the interlocking world city network", *Geographical Analysis*, 44: 162-170.

Neary, J.P. (2001): "Of hype and hyperbolas: Introducing the new economic geography", *Journal of Economic Literature*, 39: 536-561.

Nelson, R.R. ed. (1993): *National Innovation Systems: A Comparative Analysis*, Oxford: Oxford University press.

Nooteboom, B. (2000): *Learning and Innovation in Organizations and Economies*, Oxford: Oxford University Press.

Nooteboom, B. (2006): "Innovation, learning and cluster dynamics", In Asheim, B., Cooke,

P. and Martin, R. eds. *Clusters and Regional Development: Critical Reflections and Explorations*, London and New York: Routledge: 137-163.

Nooteboom, B., Haverbeke, W.V., Duysters, G., Gilsing, V. and van den Oord, A. (2007): "Optimal cognitive distance and absorptive capacity", *Research Policy*, 36: 1016-1034.

Norcliffe, G. and Rendace, O. (2003): "New geographies of comic book production in North America: The new artisan, distancing, and the periodic social economy", *Economic Geography*, 79: 241-263.

Olsen, J. (2002): "On the units of geographical economics", *Geoforum*, 33: 153-164.

Ottaviano, G.I.P. and Puga, D. (1998): "Agglomeration in the global economy: A survey of the 'new economic geography", *World Economy*, 21: 707-731.

Ottaviano, G.I.P. and Thisse, J.-F. (2005): "New economic geography: What about the N?", *Environment and Planning A*, 37: 1707-1725.

Overman, H.G. (2004): "Can we learn anything from economic geography proper", *Journal of Economic Geography*, 4: 501-516.

Owen-Smith, J. and Powell, W.W. (2002): "Knowledge networks in the Boston biotechnology community", *Paper presented at the Conference on 'Science as an Institution and the Institutions of Science' in Siena*, 25-26 January.

Owen-Smith, J. and Powell, W.W. (2004): "Knowledge networks as channels and conduits: The effects of spillovers in the Boston biotechnology community", *Organization Science*, 19: 549-583.

Park, S.O. (1996): "Networks and embeddedness in the dynamic types of new industrial districts", *Progress in Human Geography*, 20: 476-493.

Park, S.O. (2005): "Network, embeddedness, and cluster processes of new economic spaces in Korea", In Le Heron, R. and Harrington, J.W. eds. *New Economic Spaces: New Economic Geographies*, Aldershot: Ashgate: 6-14.

Park, S.O. and Markusen, A. (1995): "Generalizing new industrial districts: A theoretical agenda and an application from a non-Western economy", *Environment and Planning A*, 27: 81-104.

Parr, J.B. (2002): "Agglomeration economies: Ambiguities and confusions", *Environment and Planning A*, 34: 717-731.

Parr, J.B., Hewings, G.J.D., Sohn, J. and Nazara, S. (2002): "Agglomeration and trade: Some

文　献　307

additional perspectives", *Regional Studies*, 36: 675-684.

Peeters, J.J.W. and Garretsen, H. (2004): "Globalisation, wages and employment: A new economic geography perspective", In Brakman, S. and Heijdra, B. J. eds. *The Monopolistic Competition Revolution in Retrospect*, Cambridge: Cambridge University press: 236-260.

Perrons, D. (2001): "Towards a more holistic framework for economic geography", *Antipode*, 33: 209-215.

Phelps, N.A. and Ozawa, T. (2003): "Contrasts in agglomeration: Proto-industrial, industrial and post-industrial forms compared", *Progress in Human Geography*, 27: 583-604.

Pinch, S. and Henry, N. (1999): "Paul Krugman's geographical economics, industrial clustering and the British motor sport industry." *Regional Studies*, 33: 815-827.

Piore, M.J. and Sabel, C.F. (1984): *The Second Industrial Divide: Possibilities for Prosperity*, New York: Basic Books. ピオリ，M.J.，セーブル，C.F. 著，山之内靖，永易浩一，石田あつみ訳（1993）:『第二の産業分水嶺』筑摩書房.

Plummer,P. and Sheppard, E. (2001): "Must emancipatory economic geography be qualitative?", *Antipode*, 33: 194-199.

Polenske, K.R. (2004): "Competition, collaboration and cooperation: An uneasy triangle in networks of firms and regions", *Regional Studies*, 38: 1029-1043.

Porter, K., Whittington, K.B. and Powell, W.W. (2005): "The institutional embeddedness of high-tech regions: Relational foundations of the Boston biotechnology community", In Breschi, S. and Malerba, F. eds. *Clusters, Networks, and Innovation*, Oxford: Oxford University Press: 261-296.

Porter, M. (1990): *The Competitive Advantage of Nations*, New York: The Free Press. ポーター，M.E. 著，土岐　坤，中辻萬治，小野寺武夫，戸成富美子（1992）:『国の競争優位（上・下）』ダイヤモンド社.

Porter, M. (1998): "Clusters and the new economics of competition", *Harvard Business Review*, Nov-Dec: 77-90. ポーター，M.，沢崎冬日訳（1999）：クラスターが生むグローバル時代の競争優位,『ダイヤモンド・ハーバード・ビジネス』, Feb-Mar : 28-45.

Powell, W.W. and Grodal, S.（2005）: "Networks of innovators", In Fagerberg, J., Mowery, D.C. and Nelson, R.R. eds. *The Oxford Handbook of Innovation*, Oxford: Oxford University press: 56-85.

Power, D. and Jansson, J. (2008): "Cyclical clusters in global circuits: Overlapping spaces in furniture trade fairs", *Economic Geography*, 84: 423-448.

Pred, A. (1977): *City-Systems in Advanced Economies: Past Growth, Present Processes and Future Development Options*, London: Hutchinson.

Rallet, A. and Torre, A. (2009): "Temporary geographical proximity for business and work coordination: When, how and where?", *SPACES Online*, 7(2009-02): 1-25.

Ramírez-Pasillas, M. (2008): "Resituating proximity and knowledge cross-fertilization in clusters by means of international trade fairs", *European Planning Studies*, 16: 643-663.

Ramírez-Pasillas, M. (2010): "International trade fairs as amplifiers of permanent and temporary proximities in clusters", *Entrepreneurship & Regional Development*, 22: 155-187.

Ratanawaraha, A. and Polenske, K.R. (2007): "Measuring the geography of innovation: A literature review", In Polenske, K.R. ed. *The Economic Geography of Innovation*, Cambridge: Cambridge University Press: 30-59.

Ravishanker, N. and Dey, D.K. (2002): *A First Course in Linear Model Theory*, London: Chapman & Hall/CRC.

Romer, P. M. (1986): "Increasing returns and long-run growth", *Journal of Political Economy*, 94: 1002-1037.

Rossi, E. and Taylor, P. (2005): "Banking networks across Brazilian cities: Interlocking cities within and beyond Brazil", *Cities*, 22: 381-393.

Rossi, E. and Taylor, P. (2006): "'Gateway cities' in economic globalisation: How banks are using Brazilian cities", *Tijdschrift voor Economische en Sociale Geografie*, 97: 515-534.

Sako, M. (1992): *Prices, Quality, and Trust: Inter-firm Relations in Britain and Japan*, Cambridge: Cambridge University Press.

Sako, M. (1998): "Does trust improve business performance?", In Lane, C. and Bachman, R. eds. *Trust within or between Organizations*, Oxford: Oxford University Press: 88-117.

Sako, M. and Helper, S. (1998): "Determinants of trust in supplier relations", *Journal of Economic Behavior and Organization*, 34: 387-417.

Samuelson, P. (1952): "The transfer problem and transport costs: The terms of trade when impediments are absent", *Economic Journal*, 62: 278-304.

Saxenian, A. (1994): *Regional Advantage: Culture and Competition in Silicon Valley and Route 128*, Cambridge: Harvard Univ. Press. サクセニアン, A. 著, 大前研一訳 (1995)：『現代の二都物語』講談社.

Saxenian, A. (2007): *The New Argonauts: Regional Advantage in a Global Economy*, Cambridge: Harvard Univ. Press. サクセニアン, A. 著, 酒井泰介訳, 星野岳穂・本山康之監訳 (2008)：『最新・経済地理学：グローバル経済と地域の優位性』日経BP 社.

Saxenian, A. and Hsu, J.Y. (2001): "The Silicon Valley-Hsinchu connection: Technical communities and industrial upgrading", *Industrial and Corporate Change*, 10: 893-920.

Schmutzler, A. (1999): "The new economic geography", *Journal of Economic Surveys*, 13: 355-379.

Schuldt, N. and Bathelt, H. (2011): "International trade fairs and global buzz. Part II: Practices of global buzz", *European Planning Studies*, 19: 1-22.

Scott, A.J. (1988): *New Industrial Spaces-Flexible Production Organization and Regional Development in North America and Western Europe*, London: Pion.

Scott, A.J. (1993): "Interregional subcontracting patterns in the aerospace industry: The Southern California nexus", *Economic geography*, 69: 142-156.

Scott, A.J. (1998): *Regions and the World Economy: The Coming Shape of Global Production, Competition, and Political Order*, Oxford: Oxford University Press.

Scott, A.J. (2002): "A new map of Hollywood: The production and distribution of American motion pictures", *Regional Studies*, 36: 957-975.

Scott, A. J. and Storper, M. (1987): "High technology industry and regional development: A theoretical critique and reconstruction", *International Social Science Journal*, 112: 215-232.

Serrano, G. and Cabrer, B. (2004): "The effects of knowledge spillovers on productivity growth inequalities in Spanish regions", *Environment and Planning A*, 36: 731-753.

Simmie, J. (2001): *Innovative Cities*, London: Spon Press.

Sjöberg, Ö. and Sjöholm, F. (2002): "Common ground? Prospects for integrating the economic geography of geographers and economists", *Environment and Planning A*, 34: 467-486.

Smitka, M.J. (1991): *Competitive Ties: Subcontracting in the Japanese Automotive Industry*, New York: Columbia University Press.

Staber, U. (2001): "The structure of networks in industrial districts", *International Journal of Urban and Regional Research*, 25: 537-552.

Storper, M. (1997): *The Regional World: Territorial Development in a Global Economy*, New York: The Guilford Press.

Storper, M. and Venables, A.J. (2004): "Buzz: Face-to-face contact and the urban economy", *Journal of Economic Geography*, 4: 351-370.

Storper, M. and Walker, R. (1989): *The Capitalist Imperative: Territory, Technology, and Industrial Growth*, Oxford: Basl Blackwell.

Sydow, J. and Staber, U. (2002): "The institutional embeddedness of project networks: The case of content production in German television", *Regional Studies*, 36: 215-227.

Taylor, P.J. (2001): "Specification of the world city network", *Geographical Analysis*, 33: 181-194.

Taylor, P.J. (2004a): *World City Network: A Global Urban Analysis*, London: Routledge.

Taylor, P.J. (2004b): "Reply to "A critical comment on the Taylor approach for measuring world city interlock linkages" by C. Nordlund", *Geographical Analysis*, 36: 297-298.

Taylor, P. and Pain, K. (2007): "Polycentric mega-city regions: Exploratory research from Western Europe", In Todorovich, P. *The Healdsburg Research Seminar on Megaregions*, New York: Lincoln Institute of Land Policy and Regional Plan Association: 59-68.

Taylor, P.J. and Walker, D.R.F. (2001): "World cities: A first multivariate analysis of their service complexes", *Urban Studies*, 38: 23-47.

Taylor, P.J., Catalano, G. and Walker, D.R.F. (2002): "Measurement of the world city network", *Urban Studies*, 39: 2367-2376.

Taylor, P., Evans, D. and Pain, K. (2006): "Organization of the polycentric metropolis: Corporate structures and networks", In Hall, P. and Pain, K. eds. *The Polycentric Metropolis: Learning from Mega-City Regions in Europe*, London: Earthscan: 53-64.

Taylor, P.J., Evans, D. and Pain, K. (2008): "Application of the interlocking network model to mega-city-regions: Measuring polycentricity within and beyond city-regions", *Regional Studies*, 42: 1079-1093.

Taylor, P.J., Ni, P., Derudder, B., Hoyler, M., Huang, J., Lu, F., Pain, K., Witlox, F., Yang, X., Bassens, D. & Shen, W. (2009): "Measuring the world city network: New results and developments", *GaWC Research Bulletin* 300, http://www.lboro.ac.uk/gawc/rb/rb300. html:

Taylor, P.J., Ni, P., Derudder, B., Hoyler, M., Huang, J. and Witlox, F. (2010): *Global Urban Analysis: A Survey of Cities in Globalization*, London and New York: Routledge.

Taylor, P., Hoyler, M., Pain, K. and Vinciguerra, S. (2013): "Extensive and intensive globalizations: Explicating the low connectivity puzzle of US cities using a city-dyad analysis", *Journal of Urban Affairs*, 36: 876-890.

Ter Wal, A.L.J. and Boschma, R. (2009): "Applying social network analysis in economic geography: Framing some key analytic issues", *The Annals of Regional Science*, 43: 739-756.

Thrift, N. (2000): "Pandra's box? Cultural geographies of economies", In Clark, G. L., Feldman, M. P. and Gertler, M. S. eds. *The Oxford Handbook of Economic Geography*, Oxford: Oxford University Press: 689-704.

Tödtling, F. and Trippl, M. (2005): "One size fits all? Towards a differentiated regional innovation policy approach", *Research Policy*, 34: 1203-1219.

Tödtling, F., Lehner, P. and Trippl, M. (2006): "Innovation in knowledge intensive industries: The nature and geography of knowledge links", *European Planning Studies*, 14: 1035-1058.

Torre, A. and Rallet, A. (2005): "Proximity and localization", *Regional Studies*, 39: 47-59.

Trippl, M., Tödtling, F. and Lengauer, L. (2009): "Knowledge sourcing beyond buzz and pipelines: Evidence from the Vienna software sector", *Economic geography*, 85: 443-462.

Uzzi, B. (1997): "Social structure and competition in interfirm networks: The paradox of embeddedness", *Administrative Science Quarterly*, 42: 35-67.

van Oort, F.G. and Atzema, O. (2004): "On the conceptualization of agglomeration economies: The case of new firm formation in the Dutch ICT sector", The Annals of Regional Science, 38: 263-290.

Viladecans, E. (2004): "Agglomeration economics and industrial location: City-level evidence", *Journal of Economic Geography*, 4: 565-582.

Watts, D.J. and Storogatz, S.H. (1998): "Collective dynamics of 'small-world' networks", *Nature*, 393: 440-442.

Weber, A. (1909): *Über den Standort der Industrien*, Tübingen: Verlag von J.C.B.Mohr. アル

フレッド・ウェーバー著，篠原泰三訳（1986）:『工業立地論』大明堂.

Wenger, E., McDermott, R., and Snyder, W. (2002): *Cultivating Communities of Practice: A Guide to Managing Knowledge*, Boston: Harvard Business School Press. ウェンガー, E., マクダーモット, R., スナイダー, W. 著，櫻井祐子訳（2002）:『コミュニティ・オブ・プラクティス:ナレッジ社会の新たな知識形態の実践』翔泳社.

White, H.C., Boorman, S.A. and Breiger, R.L. (1976): "Social structure from multiple networks. I. Blockmodels of roles and positions", *American Journal of Sociology*, 81: 730-780.

Wickham, J. and Vecchi, A. (2008): "Local firms and global reach: Business air travel and the Irish software cluster", *European Planning Studies*, 16: 693-710.

Williamson, O.E. (1975): *Markets and Hierarchies: Analysis and Antitrust Implications-A Study in the Economics of Internal Organization*, New York: Free Press. ウイリアムソン, O.E., 浅沼萬里・岩崎　晃訳（1980）:『市場と企業組織』日本評論社.

Yeung, H.W.C. (1994): "Critical reviews of geographical perspectives on business organizations and the organization of production: Towards a network approach", *Progress in Human Geography*, 18: 460-490.

Yeung, H.W.C. (2005): "Rethinking relational economic geography", *Transactions of the Institute of British Geographers*, 30: 37-51.

Yeung, H.W.C. and Olds, K. eds. (2000): *Globalization of Chinese Business Firms*, New York: St. Martin's Press.

Yokura, Y. (2015): "Building relationships at local trade fairs in Japan: A case study of the Suwa Area Industrial Messe", In Bathelt, H. and Zeng, G. eds. *Temporary Knowledge Ecologies: The Rise and Evolution of Trade Fairs in Asia-Pacific*, Cheltenham: Edward Elgar: 197-216.

Yokura, Y., Matsubara, H. and Sternberg, R. (2013): "R&D networks and regional innovation: A social network analysis of joint research projects in Japan", *Area*, 45: 493-503.

Yoon, H. and Malecki, E. J. (2010): "Cartoon planet: Worlds of production and global production networks in the animation industry", *Industrial and Corporate Change*, 19: 239-271.

初出一覧

　本書の各章について，第 11 章以外は，以下のように筆者の既出論文をもとにしている．なお本書をまとめるにあたり，統計的な分析手法について説明を補足するとともに，重複部分の削除，図表のデータ更新など大幅に加筆・修正を行っている．

第 1 章：産業集積論を巡る主流派経済学および経済地理学における議論の検討
　　　　－新しい空間経済学の成果を中心に－，『経済地理学年報』52 巻 4 号，
　　　　2006 年.

第 2 章：経済地理学および関連諸分野におけるネットワークをめぐる議論，
　　　　『経済地理学年報』54 巻 1 号，2008 年.

第 3 章：イノベーションの空間性と産業集積の継続期間，『地理科学』64 巻
　　　　2 号，2009 年.

第 4 章：産学公の研究開発ネットワークとイノベーション－地域新生コンソーシアム研究開発事業を事例として－，『地理学評論』82 巻 6 号，2009
　　　　年.

第 5 章：産業集積におけるイノベーションの決定要因分析－地域新生コンソーシアム研究開発事業を対象として－，『経済地理学年報』55 巻 4 号，
　　　　2009 年 .

第 6 章：地方開催型見本市における主体間の関係性構築－諏訪圏工業メッセを
　　　　事例として，『経済地理学年報』57 巻 3 号，2011 年 .

第 7 章：産業集積地域におけるインフォーマルネットワークの構築と役割－静岡県浜松地域を事例として，『E-journal GEO』7 巻 2 号，2012 年 .

第 8 章：九州半導体産業における多様なネットワークの形成過程と制度的な支援体制，『経済地理学年報』60 巻 3 号，2014 年 .

第 9 章：大企業の事業所配置からみた日本の主要都市の拠点性と都市間結合強度の定量分析，『地理科学』71 巻 1 号，2016 年．

第 10 章：日本企業によるグローバルなネットワーク形成と知識結合，『地理学評論』83 巻 6 号，2010 年．

第 11 章：書き下ろし

あとがき

　これまでの筆者の研究生活を振り返ると，本書の主題の1つであるテンポラリークラスター，もしくはテンポラリーな地理的近接性の重要性を実感する機会が多かったことに気づく．修士1年次に受講した集中講義では，大分大学の宮町良広先生から，欧米の経済地理学の成果に対して批判的な視点を育む必要性を学ぶことができた．それまで経済地理学の教科書や専門書で紹介されている内容を，ある意味で鵜呑みにしていた筆者にとって，研究の方向性を定める契機となった．また2009年に提出した博士論文の審査の際には，お茶の水女子大学の水野　勲先生に副査をご担当していただき，クルーグマン流の新経済地理学の考え方について再検討することができた．東大駒場に短期滞在されていたハノーファー大学のシュテルンベルグ先生には，大学院時代に行った日本の地域イノベーションのネットワーク分析に関心を寄せていただいた．指導教員の松原　宏先生が共同研究の「ハブ」となってくださり，ドイツと日本とでやりとりしながら，有り難いことに3名で地域イノベーションに関する共著論文を海外の学術雑誌において発表することもできた．

　また，お一人ごとにお名前を挙げることは控えるが，各学会での報告の際にはさまざまな角度から質問やコメントをいただき，さらに論文投稿の際には担当編集者や匿名の査読者の方々から示唆をいただいたことによって，研究の幅を広げ，内容を深めることができた．

　もちろん学部，大学院，ポスドクとして学び，そして助教として奉職し，15年間お世話になった東京大学人文地理学教室では，パーマネントクラスターの恩恵を日々，享受することができた．学部および大学院ゼミの恩師である松原　宏先生からは，本書のテーマについて多くのご示唆をいただいた．著者の関心が脇道に逸れそうなときには適宜修正していただき，論文執筆の際には丁寧にご指導いただいた．理系出身で，人文・社会科学の調査方法や地理学の基礎

316 あとがき

を有していなかった筆者への指導は困難であったと思われるが，経済地理学の理論について多くのことを学ばせていただいた．心より御礼を申し上げたい．また，学部および大学院在学中は谷内　達先生，荒井良雄先生，永田淳嗣先生，梶田　真先生，新井祥穂先生からご指導いただいた．感謝の気持ちを申し上げたい．

　大学院ゼミでは院生諸氏から多くの知的刺激や研究上の貴重なアドバイスを受けることができた．とりわけ，大学院で所属していた「松原研」ゼミの先輩である近藤章夫先生，保屋野　誠先生，半澤誠司先生からは，折に触れて著者の研究生活に関して助言をしていただき，現在も共同研究などで大変お世話になっている．また，大学院ゼミの「戦友」である濱田博之，外枦保大介，佐藤正志の各氏，そして森嶋俊行，岡部遊志，古川智史，鎌倉夏来の後輩諸氏とはゼミ以外の場においても，日常的に研究に関して議論することも多く，研究上の様々なアイデアや問題意識を深めることができた．貴重な時間を割いて議論につきあっていただいたことに感謝したい．

　なお，本書に収録されている研究は，科学研究費補助金と，福武学術文化振興財団および統計情報研究開発センターによる助成金により遂行された．また，本書は社団法人日本地理学会出版助成を受けて刊行されたものである．ここに記して御礼を申し上げる．

　また本書の出版に際し，古今書院の原　光一氏に大変お世話になった．出版助成への申請の際には，締め切りまでの期間が短いなかで，出版企画にお目を通していただいただけでなく，校正の際にも色々とお骨折りいただき，ご迷惑をおかけした．厚く御礼を申し上げたい．

　最後に，東京大学での進学において理系から文系への転身を許し，著者の研究生活を支え続けてくれた両親に感謝したい．

2016 年 11 月

與倉　豊

索　引

著者紹介

與倉　豊（よくら　ゆたか）

1980 年　鹿児島県に生まれる
2009 年　東京大学大学院総合文化研究科博士課程修了・博士（学術）
　　　　　日本学術振興会特別研究員，東京大学大学院総合文化研究科助教を経て
現在　　　静岡大学学術院人文社会科学領域准教授
専攻　経済地理学，産業集積論
主な著書　"Temporary Knowledge Ecologies: The Rise of Trade Fairs in the Asia-Pacific
　　　　　Region"（分担執筆，Edward Elgar，2015 年）
　　　　　『地域分析ハンドブック－ Excel による図表づくりの道具箱─』（分担
　　　　　執筆，ナカニシヤ出版，2015 年）
　　　　　『日本のクラスター政策と地域イノベーション』（分担執筆，東京大学
　　　　　出版会，2013 年）
　　　　　『現代の立地論』（分担執筆，古今書院，2013 年）

書　名	産業集積のネットワークとイノベーション
コード	ISBN978-4-7722-4198-4 C3033
発行日	2017 年 1 月 27 日　初版第 1 刷発行
著　者	與倉　豊
	Copyright ©2017 Yutaka YOKURA
発行者	株式会社古今書院　橋本寿資
印刷所	株式会社太平印刷社
製本所	渡邉製本株式会社
発行所	古今書院
	〒 101-0062　東京都千代田区神田駿河台 2-10
電　話	03-3291-2757
ＦＡＸ	03-3233-0303
振　替	00100-8-35340
ホームページ	http://www.kokon.co.jp/
	検印省略・Printed in Japan